イラストで見る 体育

全単元・全時間の授業のすべて

小学校6年

藤﨑 敬・古家 眞 編著

東洋館
出版社

はじめに

●体育の学習を楽しく、子供が達成感のもてる授業にする

体育の授業研究会の指導案の「児童の実態」を見ると、クラスの多くの子供が体育を「好き」と答えているが、高学年になるにしたがい、体育が「嫌い」と答える子供が増える。この原因は学習する運動内容の技能の上でのつまずきや、子供同士の人間関係によるものではないかと思われる。このような現状を改善するために、授業において子供一人一人が能力に応じた課題をもって学び、「できた」という達成感をもつことが大切である。また、学習がより楽しくなるために協力し合えるペアやトリオ、チーム等、学ぶ組織を生かして、認め合い・励まし合い・協力し学び合う授業にしたい。

●学習指導要領の解説に示されている目標・内容

今回の改訂において、体育科の目標・学年の目標・内容は「知識及び技能」「思考力、判断力、表現力等」「学びに向かう力、人間性等」の資質・能力で示されている。「学びに向かう力、人間性等」の解説の内容では、今までの「態度」と同じように示されている。目標・内容・例示から、子供自身が学習課題をもてる授業となるよう、本書では具体的に書かれている。

●年間計画から単元の展開までを具体化

本書の年間指導計画は各学校に活用しやすいように示しているが、単元計画では学校・子供の実態に応じ、時数の増減に対応できるように考えた。例えば、第一段落で時数を増減したり、第二段落で増減してもよく、何よりも子供の学習課題が解決しやすいように二段階で示し、子供が学びの過程で課題を解決できるようにした。

●主体的・対話的で深い学びの実現に向けて

これからの時代に求められる資質・能力を身に付け、生涯にわたって能動的に学び続けることができるようにするため、主体的・対話的で深い学びの実現に向けた授業改善が求められている。そこで、授業改善に役立つ具体策や事例を示し、主体的・対話的で深い学びの学習が展開することに役立つようにした。

●子供への配慮「運動の苦手な子供」「意欲的でない子供」への対応

解説では知識及び技能に「運動の苦手な子供」、学びに向かう力、人間性等に「意欲的でない子供」の配慮が示されている。配慮を要する子供に教師が寄り添うヒントを提供した。その積み重ねが豊かなスポーツライフにつながることを期待した。

●体育指導の情報源としての活用を期待して

週案の記入例、本時の目標やポイント、展開例、評価の具体化など指示上で欠かせない内容が、見やすく、簡潔に示してある。指導する子供の実態に合わせてご活用いただき、子供が進んで学び、子供が学習を通して自信をもち、子供一人一人が自己肯定感のもてる授業となることを願っている。

令和2年2月　　藤﨑　敬

本書活用のポイント

各単元のはじめに新学習指導要領に基づく指導・学習の見通しを示し、それ以降の頁は、1時間毎の授業の展開、学習活動の進め方、指導上の留意点がひと目で分かるように構成している。

単元・指導時間

年間計画をベースに、単元の領域・単元・指導時間が示されている。

単元の目標

単元の目標は学習指導要領に基づき、単元に合った「知識及び技能」「思考力、判断力、表現力等」「学びに向かう力、人間性等」の内容で示している。

単元の計画

単元の指導時間・段階・段階の内容・具体的な学習内容や活動が書いてある。また、この単元の学習過程も示しているものであり、子供の学びの過程との関連もあるようにした。

子供への配慮の例

①運動が苦手な子供

子供の個々の運動経験や技能の程度に応じた、指導を工夫する手立て等が示されている。運動学習の場合、子供一人一人の能力に応じた内容で取り組むことが、運動嫌いにならないと考えた。その子供に応じた取組の具体的な例等が紹介されている。

②意欲的でない子供

運動を楽しむ経験が足りなかったり、運動での失敗を恐れての積極的な行動をとれない等、運動を楽しく行うことや友達と一体感がもてる経験ができるような工夫例が紹介されている。

主体的・対話的で深い学びの実現に向けて

主体的な学びとは運動学習や保健学習で興味・関心を高め、学習課題の解決に自ら粘り強く取り組む、また、学習を振り返り課題の修正や新しい課題に取り組む学習とする。運動学習では、自己の能力に適した学習課題をもち、達成感がもてる学習の仕方のヒントが書かれている。対話的な学びでは、子供同士や他の資料からの情報で対話し、思考を深め、判断したことを、伝えることができる例などが書かれている。

本時案

子供が目指す方向とタイトルを示している。単元の時数が分母、その何時間目を示すのが分子になっている。

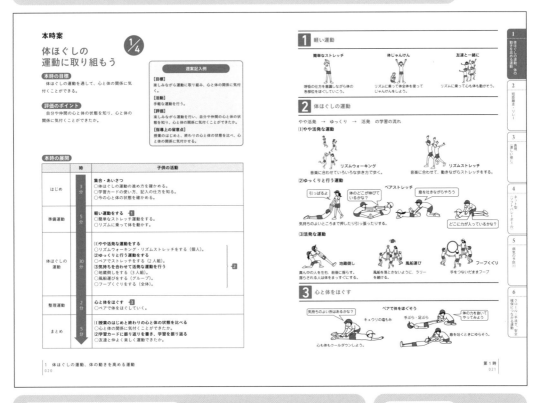

本時の目標・評価のポイント

本時の目標は単元の目標・内容からその時間内で、どの子供にも共通して学ぶ内容を示している。また、評価のポイントは、その授業で「本時の目標」を達成するための評価の視点が示されている。

週案記入例

実際の授業の展開をイメージして、その授業のねらいや学習活動・指導上の留意点などが書かれているが、週案簿のスペース等もあるので、この欄を参考にする場合は、授業の展開を想定し、安全への配慮等を記載してほしい。

本時の展開

授業の流れに沿って、本時の展開が、具体的に示されているので、本書を活用するとき具体的な授業のイメージができると考えている。

これを参考に子供の主体的・対話的な学びとなる展開となるようにしてほしい。

展開に関わる資料・イラスト等の解説

参考となるイラストは、コピーして子供に提供してもよく、資料によっては拡大したりして添付したり、情報ツール（タブレット等）と併用することで、対話的な学びに役立てることができる。DVD には単元で使用する学習カード等も収録されている。

評価

評価の観点は３つで「知識・技能」は基本的な動きや技能が身に付いているか、「思考・判断・表現」は課題解決の工夫を他者に伝えることができるか。「主体的に学習に取り組む態度」は進んで学習に取り組んでいるかを把握する視点を示している。単元を通してこれらの観点を評価し、子供のよい点や可能性、進歩の状況等を評価できるようにしている。

1

第6学年における
指導のポイント

学習過程を明確に設定し、「子供の実態」「子供の学び」を踏まえた単元づくりを！

1 内容について

第 6 学年の内容は、以下のように構成されている。

A　体つくり運動：「体ほぐしの運動」「体の動きを高める運動」
B　器械運動：「マット運動」「鉄棒運動」「跳び箱運動」
C　陸上運動：「短距離走・リレー」「ハードル走」「走り幅跳び」「走り高跳び」
D　水泳運動：「クロール」「平泳ぎ」「安全確保につながる運動」
E　ボール運動：「ゴール型」「ネット型」「ベースボール型」
F　表現運動：「表現」「フォークダンス」
G　保健：「病気の予防」（第 5 学年は「心の健康」「けがの防止」）

---

2 単元づくり

　6 年生の単元づくりに当たっては、子供が運動や健康についての興味や関心を高め、運動や健康等に関する課題を見付け、粘り強く意欲的に学習課題の解決に取り組む学習過程を設定する。

　具体的には、単元の導入時に子供に学習の見通しをもたせ、子供一人一人に自己の運動能力、体力の状況や体育学習に対する興味・関心の状況を客観的に把握させる。そして、学習課題の設定が適切に行われているかを修正できるようにするとともに、子供が自らの学習を振り返りつつ、仲間と共に考えたり話し合ったりする中で思考を深め、よりよく学習課題を解決し、次の学びにつながるようにする。なお、年間指導計画、単元計画作成等に当たっては、以下の点に留意することが必要である。

○体つくり運動の体の動きを高める運動では、特に子供の発達の段階を考慮して、体の柔らかさ及び巧みな動きを高めるための運動に重点を置いて指導する。
○陸上運動では、子供の実態に応じて投の運動を加えて指導することができる。
○水泳運動のクロールと平泳ぎについては、水中からのスタートを指導する。また、学校の実態に応じて背泳ぎを加えて指導することができる。
○ボール運動では、バスケットボール及びサッカー、ソフトバレーボール、ソフトボールを主として取り扱うが、これらに替えてハンドボール、タグラグビー、フラッグフットボールなど型に応じてその他のボール運動を指導することもできるものとする。なお、学校の実態に応じてベースボール型は取り扱わないことができる。
○表現運動では、学校や地域の実態に応じてリズムダンスを加えて指導することができる。
○保健では、けがや病気からの回復についても触れる。また、薬物についての学習では、有機溶剤の心身への影響を中心に取り扱う。また、覚醒剤等についても触れるものとする。

体育科で目指す資質・能力を
子供たちに育てる授業を目指して！

1 資質・能力の捉え方

　体育科では、生涯にわたって心身の健康を保持増進し、豊かなスポーツライフを実現するための資質・能力を育成することが求められている。この資質・能力は、今回の改訂で以下の3つの柱として示された。

> ①知識及び技能（体つくり運動系は知識及び運動）
> ②思考力、判断力、表現力等
> ③学びに向かう力、人間性等

2 授業づくりのポイント

　体育学習を通して上記の資質・能力を育成していく上で、大切なポイントは次の3点である。
①各種の運動の特性に触れ、楽しさや喜びを味わえるようにする
　器械運動には達成という特性があり、ボール運動には競争という特性があるが、子供に運動の特性に応じた楽しみ方があることを実感させ、理解することで、その後に出合う運動に対しても、その楽しみ方の知識を働かせて、見通しをもって運動に取り組んだり、より深く楽しさを追求したりすることができる。そこで、課題解決的な学習を通して、子供一人一人が自己の能力に合った学習課題を設定し、その挑戦・克服・達成に向けた実践を重ね、自己の学習の状況を振り返ることによって、基本的な技能や運動に必要な知識を習得することができる。
　その際、教師は技能の定着状況だけではなく、技能を習得するためにどのような学習の過程を積み重ねてきたかを評価することが必要である。また、学習内容が主に個人で取り組む運動と集団で取り組む運動とでどのように学習課題を設定するかも指導することが求められる。
②励まし合いや教え合いを活発にする
　単元導入時より、学習中に体育ならではの見合いや励まし合い、教え合い等を活発にする場面を意図的・計画的に設ける。この活動や教師の言葉かけにより、子供が「誰も認めてくれない」「どうせやってもできない」といった消極的な自己評価に陥らないようにする。
③子供に運動が「好き」、「大切だ」という実感を得させ、中学校の学習につながるようにする
　授業の振り返りの時間等で、仲間と協力して運動ができた楽しさを子供の発言から引き出したり、場や用具等の安全に留意している姿を価値付けたりすることによって、子供が「体育って楽しいな」「体育は大切だな」と実感できるようになる。そして、こうした実感の積み重ねが中学校の学習につながるとともに、生涯にわたって豊かなスポーツライフを実現する資質・能力を育成することにつながることを体験的に理解させることが必要である。

単元を見通して、主体的・対話的で深い学びの視点から授業を改善する！

1 第6学年における主体的・対話的で深い学び

　学習指導要領の改訂で主体的・対話的で深い学びの実現に向けた授業改善が示された。体育科における主体的な学びは、発達の段階に応じた内容から子供たちが自己に適した学習課題をもち、学習過程を通して解決していくことである。対話的な学びは学習する仲間と協力し合って課題解決のための学び合いをすることであり、その結果が深い学びとなり豊かなスポーツライフへとつながる活動と考える。

①主体的な学び

ア　運動の楽しさや健康の意義等に気付くこと

　これまでの学習経験を生かしながら、運動の内容によって異なる特性に気付き、各種の運動の特性に応じた基本的な技能を身に付けるとともに、仲間とともに運動する楽しさや喜びを味わう。また、保健領域では「病気の予防」の学習を通して健康の意義等に気付くようにする。

イ　運動や健康についての興味や関心を高めること

　自己の運動能力や体力、興味・関心の状況を知り、仲間とともに意欲的に運動に取り組むとともに、自らの心と体の健康についても関心をもって学習に取り組むことができるようにする。

ウ　学習課題の解決に向けて自ら粘り強く取り組み、考察するとともに、学習を振り返り、課題を修正したり新たな課題を設定したりすること

　単元を通して、自己やグループの能力に適した学習課題を見付け、解決に向かって学習に取り組み、その状況を振り返り、学習課題を修正したり新たな学習課題を見付けたりすることができるようにする。この一連の課題解決的な学習の中で、教師の適切な助言や評価によって子供が進んで学習課題を設定し、修正できるようにする。

②対話的な学び

ア　運動や健康についての課題の解決に向けて、子供が他者との対話を通して、自己の思考を広げたり深めたりすること

　課題解決的な学習の過程で、その解決のための方法や活動を工夫するとともに、自己や仲間の考えたことを他者に伝える力を養うことができるようにする。この場合の他者とは、共に学ぶ仲間だけでなく、教師、保護者等も含めた総称であり、他者からの意見をもとにして、自己の考えを修正したり新たな発見につなげたりすることができるようにする。

③深い学び

ア　上記の学びの過程を通して、自己の運動や健康についての課題を見付け、解決に向けて試行錯誤を重ねながら、思考を深め、よりよく解決すること

　子供が学習課題を設定・解決し、自己評価するという一連の学習を通して試行錯誤を重ねることが学びの深まりにつながる。この過程で、教師による積極的な言葉かけや子供の更なる学習意欲の向上につながるような評価が求められる。

　この学びを進めていく際には、子供同士が学習課題の解決に向けて積極的に話し合ったり、自己評

価に活用できる学習資料や学習カードを準備したりすることが必要である。そして、ICT 機器を活用して子供が互いの考えを伝え合うことができるようにする。

　また、これら 3 つの学びの過程をそれぞれ独立して取り上げるのではなく、相互に関連を図りながら学習が展開されることにより、「知識及び技能」「思考力、判断力、表現力等」「学びに向かう力、人間性等」を育成していくことが求められる。

② ICT を活用した体育授業の在り方

　文部科学省は「教科指導における ICT 活用とは、教科の学習目標を達成するために教師や児童生徒が ICT を活用すること」とし、以下の 3 つに分けて示している。

①学習指導の準備と評価のための教師による ICT 活用
②授業での教師による ICT 活用
③児童生徒による ICT 活用

　体育授業においては、指導する教員も運動とともに力の個人差は大きく、得意・不得意分野があるが、「よい師範」をゆっくり見ることのできる ICT 機器の活用は有効である。

　運動分野の得意な教師による師範を動画で撮影し共有したり、タブレット端末でスロー再生アプリを使い大型モニターで説明したりすることも効果的である。教員個人の能力に関係なく同レベルの指導を同学年全学級でできることも ICT 活用で期待できる。また、子供同士が互いに教え合い学び合う学習の充実や授業づくりにつながる可能性が高いと言える。

　ICT 機器の例として、タブレット型端末とパソコンの特徴等は以下の通りである。

【タブレット端末】
1　携帯性にすぐれ、持ち運びが容易である。
2　起動の時間が短く、バッテリー持続時間が長い。
3　写真撮影、提示ができる。ビデオ撮影、視聴ができる。
4　プレゼンテーションが手軽に行える。
5　テレビ電話ができる。
6　CD の音声を入れることができる。
7　画面と同じものを大画面に表示できる。
8　ビデオ編集が容易にできる。
9　アプリケーションソフトを簡単に入れることができる。
10　インターネットやメールができる。
○遅延再生機能：自分の動きをすぐに確認する。
○スローモーション再生機能：動きの流れを一つずつ確認する。
○連続再生機能：手本となる動きを常に確認できるようにする。
○技のポイントとなる部分に焦点を当てて撮影することができる。
【コンピュータ】
○タブレット端末と同様の機能を使用することができる。
○両手が空くため、学習カード等と照らし合わせながら教え合いをすることができる。
○大型画面の場合、複数人で見合い、教え合うことができる。

子供たち一人一人に適切な支援を行い、「楽しい」体育を実現する！

　学習指導要領解説では、「小学校における体育の見方・考え方」を、「運動やスポーツは特性に応じた楽しさや喜びがあることと体力の向上につながっていることに着目するとともに、『すること』だけでなく『みること』、『支えること』、『知ること』など、自己の適性等に応じて、運動やスポーツとの多様な関わり方について考えること」としている。

　6年生を指導する教師は、子供一人一人が身に付けている技能や興味・関心には大きな個人差があることを認識するとともに、中学校での学習に向けて各種の運動の特性に応じた基本的な技能や健康で安全な生活を営むための技能を身に付けさせることが求められる。その際、運動を苦手と感じている子供でも易しく安心して学習に取り組めるなどの活動が展開されるようにすることが求められる。また、運動に意欲的でない子供の思いや願いに寄り添い、どのような手立てを講じればより意欲的になれるのかなど、指導方法の検討を含めた授業改善に粘り強く取り組むことが大切である。

1　運動が苦手な子供への指導

①易しい運動から取り組み、徐々に難しい動きに挑戦できるようにする。

②わずかずつでもできたことを取り上げて称賛する。

③運動に取り組む際に、自己のペースでできるようにしたり得意なやり方でできるようにしたりするなど、無理のないようにさせる。

④特に器械運動では、器械・器具にぶつかって痛みを感じることで苦手になる子供が多く見られるので、器械・器具の下にマットを敷いたり、補助者を付けたりする場を設定する。

2　意欲的でない子供への指導

①仲間のやり方を見て真似をしながら運動したり、仲間に気付いたことを言ってもらったりしながら取り組めるようにする。

②自身の伸びや仲間との関わりの成果を仲間同士で積極的に認める場を設定したり、仲間と一緒に達成する課題を設定したりする。

③特にボール運動では、仲間と助け合ったり協力したりすることができない子供が見られるので、役割を果たしたことや最後まで全力でプレイしたこと、味方を励ます言葉がけがあったことなどの取組を、授業のまとめで取り上げて称賛したり、子供が相互に称え合ったりする場面を設定する。

④特に表現運動では、6年生でも仲間の前で表現することに恥ずかしい思いをもつ子供が見られるので、中学年から5年生までのリズムダンスや表現運動で学習した体幹部を中心に軽快なリズムに乗って踊る活動を取り入れ、心と体をほぐすようにする。

⑤特に水泳運動では、水に対する恐怖心や違和感を抱く子供が見られるので、すぐに泳法の練習を行うのではなく、もぐったり浮いたりしながら呼吸の仕方について確認する場を設定する。

第6学年における年間指導計画

月	時	領域・内容	時間
4月（7時間）	1	**体つくり運動** ○体ほぐしの運動 ○体の動きを高める運動	4時間
	2		
	3		
	4		
	5	**陸上運動** ○短距離走・リレー	5時間
	6		
	7		
5月（8時間）	8		
	9		
	10	**表現運動** ○表現 ○フォークダンス	6時間
	11		
	12		
	13		
	14		
	15		
6月（11時間）	16	**ボール運動** ○ネット型（ソフトバレーボール）	6時間
	17		
	18		
	19		
	20		
	21		
	22	**保健** ○病気の予防(1)	4時間
	23		
	24		
	25		
7月（6時間）	26	**水泳運動** ○クロール・平泳ぎ ○安全確保につながる運動	7時間
	27		
	28		
	29		
	30		
	31		
	32		
9月（8時間）	33	**陸上運動** ○ハードル走	6時間
	34		
	35		
	36		
	37		
	38		
	39	**器械運動** ○鉄棒運動	5時間
	40		
10月（11時間）	41		
	42		
	43		
	44	**陸上運動** ○走り高跳び	6時間
	45		
	46		
	47		
	48		
	49		
	50	**器械運動** ○マット運動	6時間
	51		
	52		
	53		
	54		
	55		

月	時	領域・内容	時間
11月（10時間）	56	**保健** ○病気の予防(2)	4時間
	57		
	58		
	59		
	60	**ボール運動** ○ゴール型（バスケットボール）	10時間
	61		
12月（7時間）	62		
	63		
	64		
	65		
	66		
	67		
	68		
	69		
1月（7時間）	70	**体つくり運動** ○体の動きを高める運動	5時間
	71		
	72		
	73		
	74		
	75	**器械運動** ○跳び箱運動	6時間
	76		
2月（9時間）	77		
	78		
	79		
	80		
	81	**ボール運動** ○ゴール型（サッカー）	10時間
	82		
	83		
	84		
3月（6時間）	85		
	86		
	87		
	88		
	89		
	90		

2

イラストで見る
全単元・全時間の授業のすべて
小学校体育 6 年

1 体ほぐしの運動、体の動きを高める運動

(4時間)

【単元計画】

1時	2時
[第一段階] 体ほぐしの運動	
運動のねらいや行い方を知り、自己の体の状態に応じて、運動の行い方を工夫する。	約束を守り、仲間に励ましの声をかけたりしながら助け合って運動する。
1 体ほぐしの運動に取り組もう POINT：今もっている力で運動できる教材を選び、「運動って楽しい！」という気持ちを育てるようにする。	**2 目的に合った運動を選ぼう** POINT：「心と体の関係に気付く」や「仲間との交流を深める」という目的意識をもって運動を選べるようにする。

[主な学習活動]
○課題の確認
○準備運動
○体ほぐしの運動
 ①やや活動的な運動
  ・リズムウォーキング、リズムストレッチ
 ②ゆっくりと行う運動
  ・ペアストレッチ
 ③活発な運動
  ・地蔵倒し
  ・風船運び
  ・フープくぐり
○整理運動
○振り返り
	[主な学習活動]
	○課題の確認
	○準備運動
	○体ほぐしの運動
	 ①やや活動的な運動
	  ・新聞運び
	 ②ゆっくりと行う運動
	  ・ペアストレッチ
	 ③活発な運動
	【2〜3人】・ボール運び ・人運び ・地蔵倒し
	＊【グループ】と【全員】は選択する。
	【グループ】・ボールチェンジ ・岩登り
	  ・大根抜き ・ラインナップ ・風船バレー
	【全員】・みんなで座ろう ・みんなで風船
	○整理運動
	○振り返り

授業改善のポイント

主体的・対話的で深い学びの実践に向けて

　体の動きを高める運動では、子供が、体の動きが高まった実感をもつことと思考を働かせながら運動に取り組むことがポイントとなる。
①自己の体力に応じた運動の課題や行い方を選ぶこと
②運動の行い方を仲間に伝えること
③運動に積極的に取り組むこと

　この3つの視点をもって言葉かけをしていくようにする。そして「できるようになったこと」や「楽になってきたこと」を価値付け、称賛していくようにする。

1

体ほぐしの運動、体の
動きを高める運動

2

短距離走・リレー

3

表現
(激しい感じ)

4

ネット型
(ソフトバレーボール)

5

病気の予防(1)

6

クロール・平泳ぎ、安全
確保につながる運動

単元の目標

○知識及び運動

・体ほぐしの運動では、手軽な運動を行い、心と体との関係を理解し、仲間と関わり合うことができる。体の動きを高める運動では、体の柔らかさ、巧みな動き、力強い動き、動きを持続する能力を高めるための行い方を理解し、体の動きを高めることができる。

○思考力、判断力、表現力等

・自己の体の状態や体力に応じて、運動の行い方を工夫するとともに、自己や仲間が考えたことを他者に伝えることができる。

○学びに向かう力、人間性等

・運動に積極的に取り組み、約束を守り、助け合って運動をしたり、仲間の考えや取組を認めたり、場や用具の安全に気を配ったりすることができる。

3時	4時
[第二段階] 体の動きを高める運動	
体力を高める運動の必要性や適時性、学習の進め方などを知り、長なわのポイントを生かして運動をする。	ストレッチやケンステップ走路のねらいや行い方を知り、なめらかに行うためのポイントを見付け、ポイントを生かして運動をする。
1　体の動きを高める運動の学習の進め方を理解しよう POINT：「どんな工夫をした？」「どうやったらできた？」をくり返し考え、中学年との円滑な接続を図れるようにする。 ○学習課題の確認、準備運動 ○オリエンテーション ○巧みな動きを高めるための運動 　・長なわ 　①もとの動きに取り組む 　②工夫した動きに取り組む ○整理運動、振り返り	2　体の動きの高め方を理解しよう POINT：「この運動で何が高まるのか」をくり返し考え、目的意識をもって運動に取り組めるようにする。 ○学習課題の確認、準備運動 ○体の柔らかさを高めるための運動 　・ボールを転がすストレッチ ○巧みな動きを高めるための運動 　・ケンステップ走路 ○整理運動、振り返り

子供への配慮の例

①運動が苦手な子供

心や体の変化、高まりに気付けるよう、ペアやグループで話し合う場面の設定をしていく。また、仲間と関わり合うことのよさに気付けるよう言葉かけをしていく。

高まりが実感しやすいよう、これまでの経験が生かせる運動や扱いやすい用具を扱うようにする。また、はじめは易しい動きやゆっくりとした動作で行えるよう言葉かけをしていく。

②意欲的でない子供

体ほぐしの運動では、用具や言葉かけを工夫することで、仲間と一緒に活動することや身体接触をすることへの抵抗感を軽減していく。

体の動きを高める運動では、自己の課題を見付け解決していけるよう、発問の言葉かけをしていく。また、グループの編成の仕方を工夫していく。さらに達成感をもてるように、称賛の言葉かけをしながら高まりを実感できるようにする。

本時案

体ほぐしの
運動に取り組もう

本時の目標

体ほぐしの運動を通して、心と体の関係に気付くことができる。

評価のポイント

自分や仲間の心と体の状態を知り、心と体の関係に気付くことができたか。

本時の展開

	時	子供の活動
はじめ	3分	**集合・あいさつ** ○体ほぐしの運動の進め方を確かめる。 ○学習カードの使い方、記入の仕方を知る。 ○今の心と体の状態を確かめる。
準備運動	5分	**軽い運動をする** ◀**1** ○簡単なストレッチ運動をする。 ○リズムに乗って体を動かす。
体ほぐしの運動	30分	**(1)やや活発な運動をする** ○リズムウォーキング・リズムストレッチをする（個人）。 **(2)ゆっくりと行う運動をする** ○ペアでストレッチをする（2人組）。 **(3)気持ちを合わせて活発な運動を行う** ○地蔵倒しをする（3人組）。 ○風船運びをする（グループ）。 ○フープくぐりをする（全体）。 ◀**2**
整理運動	2分	**心と体をほぐす** ◀**3** ○ペアで体をほぐしていく。
まとめ	5分	**(1)授業のはじめと終わりの心と体の状態を比べる** ○心と体の関係に気付くことができたか。 **(2)学習カードに振り返りを書き、学習を振り返る** ○友達と仲よく楽しく運動できたか。

1 軽い運動

簡単なストレッチ

呼吸の仕方を意識しながら体の
各部位をほぐしていこう。

体じゃんけん

リズムに乗って体全体を使って
じゃんけんをしよう。

友達と一緒に

リズムに乗って心も体も動かそう。

2 体ほぐしの運動

やや活発 → ゆっくり → 活発 の学習の流れ

(1)やや活発な運動

リズムウォーキング
音楽に合わせていろいろな歩き方で歩く。

リズムストレッチ
音楽に合わせて、動きながらストレッチをする。

(2)ゆっくりと行う運動

ペアストレッチ

引っぱるよ

体のどこが伸びて
いるかな？

息を吐きながらやろう

気持ちのよいところまで押したり引っ張ったりする。

どこに力が入っているかな？

(3)活発な運動

地蔵倒し
真ん中の人を左右、前後に揺らす。
揺らされる人は体をまっすぐにする。

風船運び
風船を落とさないように、ラリー
を続ける。

フープくぐり
手をつないだままフープ

3 心と体をほぐす

ペアで体をほぐそう

気持ちのよい所はあるかな？

キュウリの塩もみ

手ぶら・足ぶら

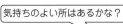

心も体もクールダウンしよう。

体の力を抜いて
やってみよう

息を吐くときにゆらそう。

本時案

目的に合った運動を選ぼう

本時の目標

仲間と関わり合い、仲間のよさを認め合うとともに、仲間と関わり合うことの楽しさや大切さを体験できるようにする。

評価のポイント

仲間のよさを認め合うとともに、仲間と関わり合うことの楽しさや大切さを味わうことができたか。

週案記入例

[目標]
仲間と関わり合うことの楽しさや大切さを味わう。

[活動]
仲間と関わり合える手軽な運動を行う。

[評価]
仲間と関わり合うことの楽しさや大切さを味わうことができたか。

[指導上の留意点]
仲間と関わり合う手軽な運動を多く取り入れ、仲間と関わり合うことのできる運動を選ばせる。

本時の展開

	時	子供の活動
はじめ	3分	**集合・あいさつ** ○本時のねらいを確認する。 ○仲間との関わり合いについて、前時の活動を振り返る。 ○今の心と体の状態を確かめる。
準備運動	5分	**軽い運動をする** ○簡単なストレッチ運動をする。 ○リズムに乗って体を動かす。
体ほぐしの運動	32分	**(1)やや活発な運動をする** ○新聞運びをする。 1 **(2)ゆっくりと行う運動をする** ○ペアでストレッチをする（2人組）。 2 **(3)気持ちを合わせて活発な運動を行う** ○2〜3人組でできる運動を選ぶ（2〜3人組）。 ○グループでできる運動を選ぶ（グループ）。 3 ○全員でできる運動を選ぶ（全体）。
整理運動	2分	**心と体をほぐす** 4 ○ペアで体をほぐしていく。
まとめ	3分	**(1)授業のはじめとおわりの心と体の状態を比べる** ○心と体の関係に気付くことができたか。 **(2)学習カードに振り返りを書き、学習を振り返る** ○友達と仲よく楽しく運動できたか。

1 やや活発な運動

新聞紙の大きさをかえてやってみよう

新聞運び
新聞紙が落ちないようなスピードで走る。

2 ゆっくりと行う運動

ペアストレッチ

息を吐きながら伸ばそう

心と体をリラックスさせよう。

2人で息を合わせて

力を抜いて

どこに力が入っているかな？

3 活発な運動

【2〜3人組】

ボール運び　　　　　　人運び　　　　　　地蔵倒し

【グループ】

ボールチェンジ　　岩登り　　　　大根抜き　　ラインナップ　　風船バレー

【全体】

みんなで座ろう　　　　　　　　　　みんなで風船

4 心と体をほぐす

みんなで体をほぐそう

気持ちのよい所はあるかな？

心も体もクールダウンしよう

体の力を抜いてやってみよう

1 体ほぐしの運動、体の動きを高める運動

2 短距離走・リレー

3 表現（激しい感じ）

4 ネット型（ソフトバレーボール）

5 病気の予防(1)

6 クロール・平泳ぎ、安全確保につながる運動

本時案

体の動きを高める 運動の学習の 進め方を理解しよう

③/④

本時の目標

体の動きを高める運動の必要性や適時性、学習の進め方を理解し、長なわを跳ぶポイントを見付けながら運動することができる。

評価のポイント

体の動きを高める運動の学習の進め方を理解することができたか。次にやってみたい運動を考えることができたか。

<table>
<tr><td colspan="2" align="center">週案記入例</td></tr>
<tr><td colspan="2">

[目標]
学習の進め方を理解する。

[活動]
長なわを跳ぶポイントを見付けながら運動する。

[評価]
学習の進め方を理解しているか。

[指導上の留意点]
新体力テスト等の結果に見られる回数や記録ではなく、体の基本的な動きを高めることを指導の重点とする。
</td></tr>
</table>

本時の展開

	時	子供の活動
はじめ	3分	**集合・あいさつ** ○班ごと（4〜5人程度）に整列する。 ○単元のめあて「『かつどん』を使って体の動きを高めよう」を知る。
準備運動	2分	**本時の運動につながる準備運動をする** ○足や足首、手、肩等のストレッチ運動をする（アップテンポの曲♪）。 　→伸びている体の部位を意識して運動できるよう声かけをする。
体の動きを高める運動	30分	**「かつどん」を使って体の動きを高める〜オリエンテーション〜** ○学習の進め方を理解する。 **1** ○今もっている力で、長なわの8の字跳びをやってみる。 **2** ○8の字跳びの運動のポイントを見付ける。 　→「なわがどこを通過したときに入るとよいかな？」と声かけをする。 ○運動の行い方を工夫する。 **3** 　→「人数」や「回し方」を工夫している班を紹介し、価値付ける。 "かつどん" か んがえて つ たえて どん どんやろう！
整理運動	2分	**運動で使った体の部位をゆっくりとほぐす** ○足や足首、手、肩等のストレッチ運動をする（スローテンポの曲♪）。 　→伸びている体の部位を意識して運動できるよう声かけをする。
まとめ	8分	**本時の学習を振り返る 4** ○学習の進め方について理解したことを記録する。 ○次にやってみたい運動を考える。 　→「今日の出来は□□だったから、次は（も）◇◇してみたい」等の話型を使って、次時に向けて学習改善を図れるようにする。

1 学習の進め方を理解する

体力ってどうやって高めるの？

知る なぜその運動に取り組むのかを知る
長なわとびに取り組むと **巧みな動き**も高まるんだ！

取り組む 動きのポイントを見付けながら取り組む
なわが地面につくタイミングで入ったら **とべた！**
体力が高まった!!

工夫する 動きを工夫する
逆回しでとぶ　回転しながらとぶ　2人で一緒にとぶ
方向の工夫　姿勢の工夫　人数の工夫など
さらに体力が高まった!!

子どものための **体の動きを高める運動 まるわかりリーフレット**

どうして体力を高めるの？

いろいろな運動やスポーツに生かせるから／健康的に長生きできるから／□な時でも動ける体になるから／けがや病気になりにくい体になるから

今がチャンス!!
ちょうど今、何でもできるようになりやすい時期だから
だいたい 11～12 才が **ゴールデンエイジ**

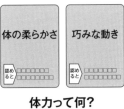 体の柔らかさ
認めると□□□□□□□

 巧みな動き
認めると□□□□□□□

体力って何？

力強い動き
認めると□□□□□□□

動きを維持する能力
認めると□□□□□□□

体の動きの高まりとは？

 できた！　楽になった！

どんな工夫をするの？

用具 ・ボール・□なわ・長なわ・フープ など
姿勢 ・しゃがんで・笑顔で □□□□□ など
人数 ・2人・3人・グループ など
方向 ・□□□□・後ろ向き など
リズム ・速い・ゆっくり・4拍子・3拍子 など

2 もとの動きのポイントを見付ける

8の字跳び

どうやったらうまくとべるかな…

Q　なわがどこを通過したときに入るとよいでしょうか？
A　自分の目の前を通過したとき

Q　とぶときは足のうらをどのように床に着けますか？
A　つま先だけ

Q　なわはどこから抜けるとよいでしょうか？
A　回し手のすぐ横

3 運動の行い方を工夫する

2人で跳ぶ

逆回しで跳ぶ

出る方向を変えて

4 振り返る

体の動きを高める運動は、自分にとってどのような価値がありますか。今日答えられなくても、単元を通して考えていきましょう。

巧みな動きを高めれば、ぼくが入っているベースボールクラブでも生かせそうだな。今日は逆回し跳びができたから、次は出る方向を変えて跳んでみたいな。

1 体ほぐしの運動、体の動きを高める運動
2 短距離走・リレー
3 表現（激しい感じ）
4 ネット型（ソフトバレーボール）
5 病気の予防(1)
6 クロール・平泳ぎ、安全確保につながる運動

本時案

体の動きの高め方を理解しよう

本時の目標

　ストレッチやケンステップ走路の運動を通して、体の動きの高め方を理解することができる。

評価のポイント

　運動のねらいを知り、ポイントを見付けたり運動の行い方を工夫したりして体の動きの高め方を理解することができたか。

週案記入例

[目標]
体の動きの高め方を理解する。

[活動]
【柔】徒手でのストレッチ
【巧】ケンステップ走路

[評価]
体の動きの高め方を理解できたか。

[指導上の留意点]
新体力テスト等の結果に見られる回数や記録だけではなく、体の基本的な動きを高めることを指導の重点とする。

本時の展開

	時	子供の活動
はじめ	3分	**集合・あいさつ** ○班ごと（4〜5人程度）に整列する。 ○単元のめあて「『かつどん』を使って体の動きを高めよう」を確認する。
準備運動	5分	**本時の運動につながる準備運動をする** ○足や足首、手、肩等のストレッチ運動をする（アップテンポな曲♪）。 　→伸びている体の部位を意識して運動できるよう声かけをする。
体の動きを高める運動	30分	**「かつどん」（か んがえて、つ たえて、ど んどんやろう）を使って体の動きを高める** 1 2 3 4 ○「体だけでストレッチ」の運動の行い方を理解し、やってみる。 　→「ストローに吹くように息を吐きましょう」と声かけをする。 ○「ケンステップ走路」の運動の行い方を知り、やってみる。 ○「ケンステップ走路」の運動のポイントを見付ける。 　→「つま先をどのように使うとよいかな？」と声かけをする。 ○運動の行い方を工夫する。 　→「色」や「並べ方」等を工夫している班を紹介し、価値付ける。
整理運動	2分	**運動で使った体の部位をゆっくりとほぐす** ○足や足首、手、肩等のストレッチ運動をする（落ち着いた曲♪）。 　→伸びている体の部位を意識して運動できるよう声かけをする。
まとめ	5分	**本時の学習を振り返る** 5 ○体の動きの高め方について理解したことを記録する。 ○次にやってみたい運動を考える。 　→「今日の出来は□□だったから、次は（も）◇◇してみたい」等の話型を使って、次時に向けて学習改善を図れるようにする。

1 学習の進め方を理解する

＊前時の **1** を参照

2 ボールを使ったストレッチに取り組む

大きいボールで

小さいボールで

二人で
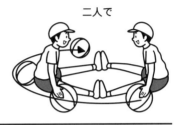

3 もとの動きのポイントを見付ける

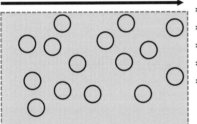

＊縦5m、横2m程度の枠
＊ケンステップ15〜20個
＊ケンステップは4色程度
＊1グループ5人程度
＊1人ずつ行う。

どうやったらできましたか。つま先でリズミカルにできましたね。

4 運動の行い方を工夫する

片脚だけで

ケンパで

色を限定して

5 振り返る

今日は、体の柔らかさを高めるための運動で、膝を曲げたらできた。
次は膝を伸ばしてやってみたいな。

お風呂上がりなど体が温まっているときに行うと効果的ですよ。
家庭でも取り組んでみましょう。

1 体ほぐしの運動、体の動きを高める運動

2 短距離走・リレー

3 表現（激しい感じ）

4 ネット型（ソフトバレーボール）

5 病気の予防(1)

6 クロール・平泳ぎ、安全確保につながる運動

「体の動きを高める運動」の学習カード＆資料

使用時 **第1〜4時**

本カードは単元全体を通して使用する。体の動きを高める運動において「何を高めるために」「どのような工夫をしたか」また、「どのようなことを考えながら運動に取り組んでいたか」を見取るカードである。自己の課題を見付け、その解決のために何をしていくかという思考の流れが明確になるようにする。

収録資料活用のポイント

①使い方

まず、授業のはじめに本カードを子供に配付する。本時のめあてとともに「もとの動き」が分かるようにイラストで確認する。工夫したい動きが出てきたら子供が言葉やイラストで書き込み、自己の課題をもって取り組めるようにする。

②留意点

資料を活用し、運動の行い方やポイント、想定される子供の気付きや発言、工夫の視点を生かした運動例を確認しておく。

振り返りでは、「どんなことを伝えたか」「どんな動きができたか」と「次にどうしていくのか」という視点で書くように指示する。

学習カード 6-1-1

学習カード 6-1-2

月　　日

体つくり運動

巧みな動きを高めるための運動
長なわ

（工夫の視点）
リズム　姿勢　人数　用具　方向

◎運動の行い方
・回っているなわを跳び、反対
　側に抜ける。

◎運動のポイント
・なわが目の前を通り過ぎたときに入る。
・一定のリズムで跳ぶ。
・片足で踏み切り、反対側に走り抜ける。

学習場面

する
「なわの真ん中で跳
ぼう」
「次は、抜ける方向
を工夫してみよう」

見る
「△△さんがスムーズに
跳べているのは（くり
かえし）なぜかな？」

支える
「△△さんのアドバイスでやってみよう」
「くりかえしやってみよう」
「あきらめずにチャレンジしよう」

知る
「前よりもスムーズに跳
べるようになったとい
うことは、巧みな動き
が高まったということ
だ」

工夫の視点を活用した運動例

リズム	姿勢	方向
なわを速く回す	回転して跳ぶ	むかえ跳び

方向	人数	用具
ブーメラン跳び	２人で跳ぶ	跳びながらボールキャッチ

2 短距離走・リレー

（5時間）

【単元計画】

1時	2時
[第一段階] 全力追いかけ走の行い方を知り、スピードに乗って走るための工夫を考えながら全力で走る。	
短距離走・リレーの学習内容を知り、追う、追われる感覚を味わいながら全力追いかけ走を楽しむ。	ペアで互いのスタート位置を変えて、全力追いかけ走をして全力で走るためのポイントを見付ける。
1　全力追いかけ走をやってみよう① POINT：短距離走において「追う」「追われる」直線上の鬼ごっこのように全力で走る。 [主な学習活動] ○集合・あいさつ ○今日の主運動につながる準備運動（タイとタコ） ○全力追いかけ走 　①40m 先をゴールにしてペアでスタート位置を決めて取り組む。 　②肩をタッチして追いついたらそのままペアでゴールする。 ○運動で使った部位をゆったりとほぐす。 ○まとめ 　①追う、追われるときのポイントをペアで整理する。 　②次時の学習内容を知る。	2　全力追いかけ走をやってみよう② POINT：スタート、腕の振り、リズム、視線などのポイントを意識しながら全力で走る。 [主な学習活動] ○集合・あいさつ ○今日の主運動につながる準備運動（タイとタコ） ○全力追いかけ走 　①スタート位置を 50cm刻みにして取り組む。 　②タグとりやカーブでも全力追いかけ走に挑戦する。 ○運動で使った部位をゆったりとほぐす。 ○まとめ 　①スタンディングスタート、前傾姿勢など走り方のポイントをクラスで共有する。 　②次時の学習内容を知る。 　※ 50m 走の記録計測を実施する（チーム編成）

授業改善のポイント

主体的・対話的で深い学びの実践に向けて

　短距離走・リレーでは学びのつながりが大切である。短距離走では、「どうしたら自分の全力を活かして走ることができるのか」、その学びを活かしてリレーでは「どうしたら個人の走りを活かしてスムーズなバトンパスができるのか」を個人やチームで課題解決をしながら、個人やチームの最適な「課題解決」を目指す。本単元では、短距離走の「全力追いかけ走」を取り上げる。これは単元後半のスムーズなバトンパスが「追う、追われる」の鬼ごっこのような状態であることに気付かせることにある。単元後半では、この教材を「バトンパス鬼ごっこ」として取り上げる。また、リレー学習内容の中核は「バトンパス」である。本単元では、短距離走の合計タイムよりもリレータイムが短縮されるという「リレーの不思議」に迫る。バトンゾーン、利得距離、オーダーの工夫をしてスムーズなバトンパスに向けてチームメンバーのよさを活かして練習する。短距離走の合計タイムよりもより速く走るためにどうしたらよいかとより踏み込んで学びを深めていくことがポイントとなる。そのため、他チームの影響を受けないセパレートコースに 6 年生では取り組ませたい。

1	体ほぐしの運動、体の動きを高める運動
2	**短距離走・リレー**
3	表現（激しい感じ）
4	ネット型（ソフトバレーボール）
5	病気の予防(1)
6	クロール・平泳ぎ、安全確保につながる運動

単元の目標 ......

○知識及び技能
・決められた距離を全力で走ったり、スピードに乗ったバトンパスをしたりする動き方を理解するとともに、滑らかなバトンをすることができる。

○思考力、判断力、表現力等
・自身の走力を向上させたり、リレーでのチームに適した作戦を工夫するとともに、考えたことを友達に伝え、練習方法を選ぶことができる。

○学びに向かう力、人間性等
・短距離走やリレーなどの約束を守り、積極的に計測や記録などの役割分担を務め、課題解決の場面で仲間と意欲的に活動をしたり、場や用具の安全に気を配ったりすることができる。

3・4・5時

［第二段階］
スピードに乗ったバトンパスでセパレートコースリレーを行い、チーム最高記録を目指す。

「追う」「追われる」全力走の学びを活かして、スピードに乗ったバトンパスをもとにリレーを楽しむ。

3　チームの課題を解決しながらセパレートコースリレーでチーム最高記録を達成しよう

POINT：50m × 4 人（200m）セパレートコースを行う。スピードに乗ったバトンパスを中心の学習課題として、走る順番（オーダー）、直線、カーブの走り方などチームに必要な課題に取り組む。

［主な学習活動］
○集合・あいさつ
○今日の主運動につながる準備運動（バトンパス鬼ごっこ）
　①1 人 50m ずつ 4 人の 200m セパレートコースリレーをする。
　　3 時間目（バトンパス）4 時間目（オーダー）5 時間目（チームの課題）
　②本時の課題を中心にチームで話し合って練習をする。
　③2 回目のリレーをする。
○運動で使った部位をゆったりとほぐす。
○まとめ
　①各チームの記録を整理する（50m 短距離走の合計タイムとリレータイムを比較する）。
　②次時の学習内容を知る。

子供への配慮の例 ......

①運動が苦手な子供

短距離走は直線走であるが、全力追いかけ走では、スタート位置を変えてペアで走る。その際、まっすぐに走ることができるようにスタートから 3m までにコースの中心線を引いたり、スタート時の目線の位置に目印を付けたりしてまっすぐに目標を定めて走ることができるようにする。また、リレーでは、その子のよさを見付けて、スタート、バトンパス、カーブなど得意な部分を活かして運動ができるようにオーダーの工夫をさせる。

②意欲的でない子供

全力追いかけ走では、同程度の走力のペアとの全力走でスタート位置について互いに話し合って変えながら取り組ませることで、意欲的に取り組むことができる。また、バトンパス練習の成果を保障しやすいセパレートコースでは、「リレーでは短距離走の合計タイムよりもリレータイムの方が速くなる」というオリンピック選手と同じような体験に目を向けさせる。また、持ちタイム合計を同じにしたチーム編成にして競争意識をもたせながらチーム最高記録を目指す。

本時案

全力追いかけ走を
やってみよう①

本時の目標

　短距離走で子供の全力を引き出すために、「全力追いかけ走」に意欲的に取り組むことができる。

評価のポイント

　「追う、追われる」ことから意欲的に短距離走に取り組むことができる。

週案記入例

[目標]
全力追いかけ走に意欲的に取り組むことができる。

[活動]
運動の行い方を知って、ペアで様々なスタート位置で取り組む。

[評価]
「追う、追われる」ことに興味をもち、全力で取り組むことができたか。

[指導上の留意点]
ほぼ同じ走力のペアで最初は取り組めるようにする。

本時の展開

	時	子供の活動
はじめ	5分	**集合・あいさつをする** ○今日の学習内容を知る。 ○リズム太鼓に合わせて、首、手首、足首等の運動をする。
ウォーミングアップタイム	5分	**スタートの感覚を高める運動をする** 1 ○ウォーミングアップ運動（タイとタコ） 　スタート姿勢を変える。（素早くスタートする感覚づくり）
全力追いかけ走の行い方を知る	10分	**全力追いかけ走の行い方を知る** 2 ○40mを全力で走る。（5コースの直線走） ○ペアでスタート位置を決めて行う。 　→本時では、子供たちの目測でスタート位置を決めて行う。 　→30m以内でタッチできればよい。 　→追いついてもそのまま2人で40m走り切る。
ペアで話し合う	5分	**全力で走るためのポイントについて話し合う** ○全力追いかけ走の様子をタブレットで撮影しながらペア同士で確認する。
全力追いかけ走をする	10分	**全力追いかけ走をする** ○ペアで話し合ったことをめあてにして全力追いかけ走をする。
整理運動	2分	**運動で使った箇所をゆっくりとほぐす** ○下肢、特に足首のストレッチ運動をする。（ペア・チーム）
まとめ	8分	**⑴チームで本時の学習内容について振り返る** ○楽しんで全力追いかけ走をすることができたか。 **⑵クラス全体で本時の学習内容について振り返る** ○全力で短距離走をするために考えるべき課題を共有する。 　（スタート、走るときの姿勢、視線、腕のふり、腿上げ）

1 体ほぐしの運動、体の動きを高める運動

2 短距離走・リレー

3 表現（激しい感じ）

4 ネット型（ソフトバレーボール）

5 病気の予防(1)

6 クロール・平泳ぎ、安全確保につながる運動

1 タイとタコ（ウォーミングアップタイム：リレーにつながる感覚づくり）

○タイとタコ（ねことねずみでもよい）でスタートの感覚を高め、スタートからすぐに自分の望ましい走り方につなげることをねらいとする。

※「聴く」ことから「走ること」への動作を連動させる感覚を高める。

ひざを伸ばした状態から

互いに向き合った状態から

【行い方】

学級を2チームに分け、指導者は子供たちの中心に立って「たたたたた……タコ（例）」とコールする。コールされたチーム（例ではタコチームの子供）が20m程度離れたゴールラインまで全力で走り抜ける。コールされなかったチームの子供は追いかけて背中にタッチする。

○様々な姿勢からのスタート（10m競走）をする。

2 全力追いかけ走

○ 40mを全力で走る（5コースの直線走の場を設定する）。

○ペアでスタート位置を決めて行う（本時はペアの目測でコーンを置く）。

○最初は追いかけられる子供が相手のスタートの位置を決めるとよい。

○ 30m以内でタッチできれば追いかける子供の勝ちとなる。

○追いついてもそのまま2人で40m走り切る。

本時案

全力追いかけ走を やってみよう②

本時の目標

スタートや走る姿勢などを意識しながら全力追いかけ走に意欲的に取り組むことができる。

評価のポイント

よいスタートや前傾姿勢などを考えながら工夫して運動することができる。

週案記入例

[目標]
走り方を工夫しながら全力追いかけ走に取り組むことができる。

[活動]
ペアで運動を工夫しながら全力追いかけ走に取り組む。

[評価]
スタートからの素早いスタートや前傾姿勢を工夫して走ることができたか。

[指導上の留意点]
コースから出るときに他のペアにぶつからないように声かけをする。

本時の展開

	時	子供の活動
はじめ	5分	**集合・あいさつをする** ○今日の学習内容を知る。 ○リズム太鼓に合わせて、首、手首、足首等の運動をする。
ウォーミングアップタイム	5分	**スタートの感覚を高める運動をする** ○ウォーミングアップ運動（タイとタコ） 　スタート姿勢を変える。（素早くスタートする感覚づくり）
スタートなどの課題解決を目指して全力追いかけ走をする	10分	**素早いスタートや前傾姿勢などを工夫しながら全力追いかけ走をする** 1 ○40mを全力で走る（5コースの直線走）。 ○スタート位置は50cm間隔を目安とする。 ○課題をペアで解決する。 　→スタンディングスタートから素早くスタートすること。 　→体を軽く前傾させながら走ること。
複数のペアで話し合う	5分	**全力で走るための課題解決について話し合う** ○複数のペア同士で意見を交換して共通点を確かめる。 ○カーブでの走りで気を付けるべきことは何か話し合う。
タグとり全力追いかけ走をする	10分	**タグとり全力追いかけ走やカーブ全力追いかけ走をする** 2 ○様々な行い方や場においてペアで話し合ったことをめあてにして全力追いかけ走をする。
整理運動	2分	**運動で使った箇所をゆっくりとほぐす** ○下肢、特に足首のストレッチ運動をする（ペア・チーム）。
まとめ	8分	**(1)チームで本時の学習内容について振り返る** ○課題解決を目指して工夫して運動をすることができたか。 **(2)クラス全体で本時の学習内容について振り返る** ○全力で短距離走（直線・カーブ）をするためのポイントを共有する。

1 体ほぐしの運動、体の動きを高める運動

2 短距離走・リレー

3 表現（激しい感じ）

4 ネット型（ソフトバレーボール）

5 病気の予防(1)

6 クロール・平泳ぎ、安全確保につながる運動

1 全力追いかけ走（スタート位置を決めて行う）

○本時では、ペアで課題解決に向けて目標化しやすいようにスタート位置を決める。50cm刻みのラインを引いて行う。

○30mくらいで走る2人が共に「追いつくか、追いつかないか」という状況になることを全力走として考えさせる。

2 タグ取り全力追いかけ走（タグをとる）

○次時からのリレー学習の中核ともなるスピードに乗ったバトンパスに向けて、タグを腰につけて走り、追いかける子供は走りながらタグをとる活動を行う。この動きを身に付けることが次時からの減速のないバトンパスにつながる。

本時案

バトンパスを工夫してリレーをしよう

本時の目標

スピードに乗ったバトンパスをするために工夫しながら練習することができる。

評価のポイント

鬼ごっこのような感覚で前走者と次走者がスピードを落とさずバトンパスをすることができる。

週案記入例

[目標]
スピードを落とさず走りながらバトンパスをすることができる。

[活動]
チームでリレー記録を計測し、工夫しながらよりよいバトンパスを目指す。

[評価]
バトンゾーンの中でスピードを落とさずにバトンパスができたか。

[指導上の留意点]
安全に運動するためのきまりや約束をしっかりと確認させる。

本時の展開

	時	子供の活動
はじめ	5分	**集合・あいさつをする** ○今日の学習内容を知る。 ○リズム太鼓に合わせて、首、手首、足首等の運動をする。
ウォーミングアップタイム	5分	**バトンパスの感覚を高める運動をする** 1 ○ウォーミングアップ運動（タイとタコ） 　→スタート姿勢を変える（素早くスタートする感覚づくり）。 ○バトンパス鬼ごっこをする。
1回目リレー挑戦	8分	**1回目のセパレートコースリレーをする** 2 ○前時の学習で話し合ったチームのオーダーをもとにリレーを行う。 　50m×4人 ○50m走の合計タイムとリレータイムの結果を比較する。
作戦練り上げチーム練習	12分	**スピードに乗ったバトンパスを目指してチーム練習をする** ○ゴーマークポイントでタイミングを合わせる。 ○バトンパスの様子をタブレットで撮影しながらきょうだいチームで確認する（ポイント・アドバイスカード）。
2回目リレー挑戦	8分	**2回目のセパレートコースリレーをする** ○50m走の合計タイムとリレータイムの結果を比較する。
整理運動	2分	**運動で使った箇所をゆっくりとほぐす** ○下肢、特に足首のストレッチ運動をする（ペア・チーム）。
まとめ	5分	**(1)チームで本時の学習内容について振り返る** ○スピードに乗ったバトンパスをすることができたか。 **(2)クラス全体で本時の学習内容について振り返る** ○リレータイムの記録から得点化された結果をまとめる。 ○望ましいバトンパスの動きについての共有化を図る。

1
体ほぐしの運動、体の動きを高める運動

2
短距離走・リレー

3
表現（激しい感じ）

4
ネット型（ソフトバレーボール）

5
病気の予防(1)

6
クロール・平泳ぎ、安全確保につながる運動

1 バトンパス鬼ごっこ（ウォーミングアップタイム）

○第1時で学習した「全力追いかけ走」をもとに、スピードに乗った（減速のない）バトンパスの状態を鬼ごっこの「追う」「追われる」状態（もう少しで追いつく状態）であることを感覚的に学ぶことができる。

【バトンパス鬼ごっこ（ペア）】
① 20m間に5mずつラインを引き、2人で鬼ごっこをする。
②追いかける子供と追いかけられる子供が全力で走る状態がよいバトンパスの引継ぎ状態であるとして、15〜20m間でタッチできるようにする。

2 200mセパレートコースリレー

○ 120m（想定）の運動場のトラックにセパレートコース（3〜4コース程度、コース幅80〜100㎝）を設定する。
○ 6年生にとっては、本格的な場の雰囲気の中でリレーの楽しさを味わえるとともに、バトンパスする際の他者との接触の危険が少なく、練習の成果を発揮することができる。

セパレートコース

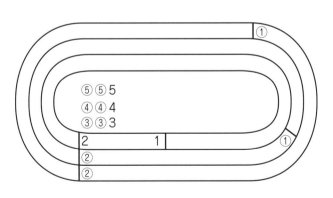

【セパレートコース】
○自分のコースが決まっているのでバトンパス練習の成果が出やすい。
○本格的な競走の雰囲気が出る。
●レース途中の勝敗が分かりにくい。

【オープンコース】
○競走の形がとりやすく、またコーナートップの方法が学べる。
●バトンパスのマークが付けにくい。

本時案

オーダーを
工夫してリレーをしよう

4/5

本時の目標

　チームのメンバーのよさを生かしてオーダーを工夫しながら練習をすることができる。

評価のポイント

　メンバーの走りのよさを生かしたオーダーを考えることができたか。

週案記入例

[目標]
オーダーを工夫しながらセパレートコースリレーをすることができる。

[活動]
チームでオーダーを考えながらスムーズなバトンパスをする。

[評価]
チームのメンバーのよさを考えたオーダーができたか。

[指導上の留意点]
チームが練習に粘り強く取り組むことができるように支援する。

本時の展開

	時	子供の活動
はじめ	5分	**集合・あいさつをする** ○今日の学習内容を知る。 ○リズム太鼓に合わせて、首、手首、足首等の運動をする。
ウォーミングアップタイム	5分	**バトンパスの感覚を高める運動をする** ○ウォーミングアップ運動（タイとタコ） 　→スタート姿勢を変える（素早くスタートする感覚づくり）。 ○バトンパス鬼ごっこをする。
1回目リレー挑戦	8分	**1回目のセパレートコースリレーをする** ○前時の学習で話し合ったチームのオーダーをもとにリレーを行う。 　50m × 4人 ○50m走の合計タイムとリレータイムの結果を比較する。
作戦練り上げチーム練習	12分	**メンバーのよさを生かしたオーダーを考えチーム練習をする** ○ゴーマークポイントでタイミングを合わせる。　**1** ○オーダーシートをもとにきょうだいチームで見合いながら、よりよいオーダーを決める。　**2**
2回目リレー挑戦	8分	**2回目のセパレートコースリレーをする** ○ゴーマークを置いてリレーをしてもよいことを知らせる。 ○50m走の合計タイムとリレータイムの結果を比較する。
整理運動	2分	**運動で使った箇所をゆっくりとほぐす** ○下肢、特に足首のストレッチ運動をする（ペア・チーム）。
まとめ	5分	**(1)チームで本時の学習内容について振り返る** ○スピードに乗ったバトンパスをすることができたか。 **(2)クラス全体で本時の学習内容について振り返る** ○リレータイムの記録から得点化された結果をまとめる。 ○次時の学習内容について知る（学級記録達成）。

1 ゴーマークポイント

○きょうだいチームが互いに見合いながら対話を繰り返し、スピードに乗ったバトンパスを目指す。
そのために、カラーボールや紅白玉を用いて次走者がスタートする感覚、そしてバトンゾーン（20m）
の後半で鬼ごっこのような状態になるようにする。

ポイントにペアが来たらスタート

鬼ごっこの状態でバトンパス

2 オーダー（走る順番）の工夫

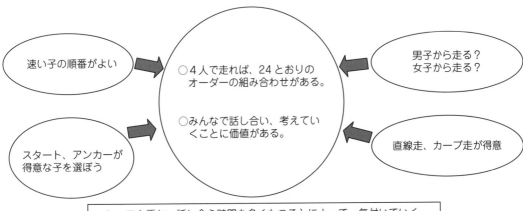

速い子の順番がよい

○4人で走れば、24とおりの
オーダーの組み合わせがある。

○みんなで話し合い、考えてい
くことに価値がある。

男子から走る？
女子から走る？

スタート、アンカーが
得意な子を選ぼう

直線走、カーブ走が得意

レースを重ね、話し合う時間を多くもつことによって、気付いていく。

今日のオーダー

第1走者
（スタート） → 第2走者 → 第3走者 → 第4走者
（アンカー）

1 体ほぐしの運動、体の動きを高める運動

2 短距離走・リレー

3 表現（激しい感じ）

4 ネット型（ソフトバレーボール）

5 病気の予防(1)

6 クロール・平泳ぎ、安全確保につながる運動

本時案

チームのよさを
活かして最高記録達成！

5/5

本時の目標

チームのメンバーと協力してスピードに乗ったバトンパスをもとに記録向上を目指す。

評価のポイント

記録向上に向けてチームのメンバーが自分の役割を果たし、意欲的に取り組むことができたか。

週案記入例

[目標]
スピードを落とさず走りながらバトンパスをすることができる。

[活動]
チームでリレー記録を計測し、工夫しながらよりよいバトンパスを目指す。

[評価]
バトンゾーンの中でスピードを落とさずにバトンパスができたか。

[指導上の留意点]
安全に運動するためのきまりや約束をしっかりと確認させる。

本時の展開

	時	子供の活動
はじめ	5分	**集合・あいさつをする** ○今日の学習内容を知る。 ○リズム太鼓に合わせて、首、手首、足首等の運動をする。
ウォーミングアップタイム	5分	**バトンパスの感覚を高める運動をする** ○ウォーミングアップ運動（タイとタコ） 　→スタート姿勢を変える（素早くスタートする感覚づくり）。 ○バトンパス鬼ごっこをする。
1回目 リレー挑戦	8分	**1回目のセパレートコースリレーをする** ○前時の学習で話し合ったチームのオーダーをもとにリレーを行う。 　50m×4人 ○50m走の合計タイムとリレータイムの結果を比較する。
作戦練り上げチーム練習	12分	**スピードに乗ったバトンパスを目指してチーム練習をする** ○ゴーマークポイントでタイミングを合わせる。 ○バトンパスの様子をタブレットで撮影しながらきょうだいチームで確認する（ポイント・アドバイスカード）。 **1 2**
2回目 リレー挑戦	8分	**2回目のセパレートコースリレーをする** ○50m走の合計タイムとリレータイムの結果を比較する。
整理運動	2分	**運動で使った箇所をゆっくりとほぐす** ○下肢、特に足首のストレッチ運動をする（ペア・チーム）。
まとめ	5分	**⑴チームで本時の学習内容について振り返る** ○スピードに乗ったバトンパスをすることができたか。 **⑵クラス全体で本時の学習内容について振り返る** ○リレータイムの記録から得点化された結果をまとめる。 ○学習を振り返る。

1 体ほぐしの運動、体の 動きを高める運動

2 短距離走・リレー

3 表現（激しい感じ）

4 ネット型（ソフトバレーボール）

5 病気の予防⑴

6 クロール・平泳ぎ、安全 確保につながる運動

1 バトンパスアドバイスカード

○バトンパスの様子をきょうだいチームで確認し合い、アドバイスをするために活用する。

	前走者ポイント	次走者ポイント
腕	○「ぐっと、腕を伸ばして！」 ○「手を伸ばしたまま走らないで二人の腕の長さを生かそう！」 ○「バトンの下をもってバトンの先を渡そう！」（利得距離をかせぐ）	○「渡される瞬間に後ろに手を伸ばして！」 ○「伸ばした手を高く上げよう！」
足	○「カーブはできるだけ小刻みに走るようにしよう！」 ○「目線はカーブの出口方向を見るようにしよう！」	○「低い姿勢で待ち、足先は走る方向に向けよう！」 ○「後ろ足からスタート！」
声	○次走者スタートを促す「ゴー」と渡す瞬間の「ハイ！」 ○渡すときのみの「ハイ！」 ※全力走をしながら2回声を出すのは全力走で難しいので、渡すときのみが望ましいが、きょうだいチームのメンバーが声を出してあげてもよい。	○「後ろを見ない、声を聞こう！」 ○「走る前に身体を集中させるために深呼吸をしよう！」

2 集団達成に向けて

○声（言葉）かけが集団達成に向けた仲間づくりを支える

　仲間意識を高めるため、技能を高め合うためにも「声」を出すことは大切である。そこで「友達と体を高め合う声（グッドボイス）」と「友達と心を高め合う声（ハートボイス）」をつくって学習に取り入れ、子供の学習活動の中で評価していく。

グッドボイス

○ 手の位置をもっと空に向けて！

○ 「ハイ！」の声を大きく

○ 渡したあとに「行け〜！」

ハートボイス

○ その調子！

○ ドンマイ、ドンマイ

○ いいぞ！

「短距離走・リレー」学習カード＆資料

使用時 第1〜5時

本カードは、第1時から5時まで、単元全体を通して使用する。第1段階の全力追いかけ走では、スタートの感覚、中間走でスピードに乗って走り、追いかけてタッチできるかできないかの状態がリレーのバトンパスの状態であることに気付かせる。第2段階のセパレートコースリレーでは学習の記録、望ましい動きを確かめる補助資料として使用できるように配慮したい。

収録資料活用のポイント

①使い方

まず単元のはじめに本カードを配付する。高学年では自由に自分の考えを記述できる体育ノートを使用する場合もあるが、本カードをノートや台紙に貼り付けておく。使い方についてはその際に説明し、主に学習資料として利用したり記録して振り返ったりできるようにする。

②留意点

本カードにおける第1段階の全力追いかけ走では、子供一人一人の考えを引き出すことに主眼がある。仲間と共に対話的課題解決をしていく中であっても、話すことが得意な子供だけが中心とならないように一人でじっくり書いてまとめるカードとして機能させる。第2段階のリレーカードは各チームの記録の記入が中心となるが、学習資料として活用するよさも味わわせる。

⊙ 学習カード 6-2-1

6年生短距離走「全力追いかけ走」カード

日にち（　　　　　　　　）
6年　　　組　　　番　名前（　　　　　　　　　）

学習目標：鬼ごっこのように「追って」「追われて」を楽しみながら全力で走ろう

1　自分の全力を出すための走り方を考えよう

時	自分が工夫したこと（スタート場面・スピード・走るときの姿勢・相手を追いかけている時）	友達の動きを見て考えたこと
1		
2		

2　「全力で走るための」大切ポイントを見つけよう

⊙ 学習カード 6-2-2

6年生リレー「200mセパレートコースリレー」カード

日にち（　　　　　　　　）
6年　　　組　　　番　名前（　　　　　　　　　）

学習目標：バトンパス、オーダーの工夫をしながらセパレートコースリレーをしよう

1　バトンパス、オーダーの工夫をしながらセパレートコースリレーをしよう

時	自分のめあて（バトンパス・自分の走り）	ふりかえってみよう
3		
4		
5		

2　チーム記録　きょうだい　チーム名

時	今日のベストチーム記録	自分のオーダー
3	秒	→自分→
4	秒	→自分→
5	秒	→自分→

月　　日

バトンパスのポイント

前 走 者

- ・次走者を追い抜くつもりで走り、追いつくぐらいまでバトンを出さない。
- ・コースの少し右寄りを走り、バトンパスがしやすいようにする。
- ・利得距離まできたら、「ハイ」と声をかける。
- ・次走者の手が出たら、手のひらにバトンを押し付けるように送り込む。

次 走 者

- ・前足に体重をかけ、低くかまえ、前走者がダッシュマークまで来たら前を向いて全力で走る。
- ・コースの少し左寄りを走り、バトンパスがしやすいようにする。
- ・「ハイ」と声がかかったら、右手を高く出す。そのとき、手のひらを上に向け、大きく開き、ぶれないようにする。

【表1　バトンパスする際の「手」「足」「声」のポイント】

	前走者のポイント	次走者のポイント
うで	○利得距離を生かして伸ばす。 ○うでを伸ばしたまま走るのではなく、2人の利得距離の点で伸ばす。 ○バトンの下をもってバトンの先を渡す（利得距離をかせぐ）。	○渡される瞬間に後ろにうでを伸ばす。 ○伸ばしたうでは腰の位置よりもできるだけ上げる。 ○バトンは右カーブを走りやすくするため右手に持ちかえる。
足	○カーブでは、できるだけ小刻みに走るようにする。目線はカーブの出口方向を見るようにする。	○低い姿勢で待ち、足先は走る方向に向ける。 ○後ろ足からスタートするようにする。
声	○次走者のスタートを促す「ゴー！」と渡す瞬間の「ハイ！」 ○渡すときのみの「ハイ！」 2回声を出すのは全力走で難しいのでペアでやりやすい方法を選ぶことが望ましい。	○後ろを見ないで声をよく聞く。 ○走る前に心身を集中させるために深く深呼吸するとよい。

1 体ほぐしの運動、体の動きを高める運動

2 短距離走・リレー

3 表現（激しい感じ）

4 ネット型（ソフトバレーボール）

5 病気の予防(1)

6 クロール・平泳ぎ、安全確保につながる運動

3 表現（激しい感じ）

6時間 表現4時間　フォークダンス2時間

【単元計画】

1 時	2 時	3 時
表現［第一段階］ ひと流れの動きで即興的に踊る。		表現 グループで簡単なひと
「身近な生活」を小テーマに設定する。	「自然や社会」を小テーマに設定する。	「群が生きる内容」を小テーマに設定する。
1　「大変だ！」のイメージを即興的に踊ろう POINT：変化のあるひと流れの動きにして即興的に踊る。	2　「大変だ！」のイメージを即興的に踊ろう POINT：変化のあるひと流れの動きにして即興的に踊る。	3　「大変だ！」のイメージを即興的に踊ろう。 POINT：簡単なひとまとまりの動きにして踊る。
［主な学習活動］ ○集合・あいさつ ○心と体をほぐす。 ○教師のリードで即興的に踊る 　・洗濯物が激しく洗われる 　・線香花火の一生 ○小テーマから好きなイメージを選び、グループでひと流れの動きにして踊る。 ○グループごとに見合う。 ○クールダウン ○振り返り ○あいさつ	［主な学習活動］ ○集合・あいさつ ○心と体をほぐす ○教師のリードで即興的に踊る。 　・激しい火山の爆発 　・車のブレーキがきかない ○小テーマから好きなイメージを選び、グループでひと流れの動きにして踊る。 ○グループごとに見合う。 ○クールダウン ○振り返り ○あいさつ	［主な学習活動］ ○集合・あいさつ ○心と体をほぐす ○教師のリードで即興的に踊る。 　・スポーツの激しい攻防 　・バーゲンセール ○小テーマから好きなイメージを選び、グループで簡単なひとまとまりの動きにして踊る。 ○グループごとに見合う。 ○クールダウン ○振り返り ○あいさつ

授業改善のポイント

主体的・対話的で深い学びの実現に向けて

　表現運動に興味や関心をもち、運動内容を理解し、自己の能力に適した学習課題を設定し、主体的な学びを実現していく。

　表現運動では、特に自己の心身を解き放すことが重要である。高学年になると踊ることに恥ずかしさをもつ子供も多くなるので、体を動かす楽しさや仲間と関わり合って運動する楽しさを授業の導入で味わわせることで、イメージしたことをダイナミックに表現できるようになる。

　対話的な学びでは、仲間の動きを真似したり

一緒にやってみたりすることを大切にする。自分たちの踊りをよりよくするために話し合うことも大事だが、「まずはやってみよう」と踊りながら試行錯誤する姿を大切にしたい。また、他のグループの動きのよさを見付け、自分たちの動きに取り入れることができるように見合いの時間を設定する。

　習得⇔活用⇔探究の学びという課題解決的な学習の過程を通して、体育科の「見方・考え方」を働かせることで、より質の高い深い学びにつなげていくことができる。

1 体ほぐしの運動、体の動きを高める運動

2 短距離走・リレー

3 表現（激しい感じ）

4 ネット型（ソフトバレーボール）

5 病気の予防(1)

6 クロール・平泳ぎ、安全確保につながる運動

単元の目標

○知識及び技能

・表現の行い方を理解するとともに、題材の特徴を捉え、表したい感じをひと流れの動きで即興的に踊ることができる。また、フォークダンスの行い方を理解し、音楽に合わせて簡単なステップで踊ることができる。

○思考力、判断力、表現力等

・自己やグループの課題を見付け、課題の解決の仕方を工夫するとともに、課題に応じた見合いや交流の仕方などを選んだりすることができる。また、自己や仲間の考えたことを他者に伝えることができる。

○学びに向かう力、人間性等

・仲間の考えや取組を認め、助け合って運動したり、場の安全に気を配ったりすることができる。

4時	5時	6時
［第二段階］ まとまりの動きにして踊る。	フォークダンス 日本の民舞を身に付けて、みんなで楽しく踊る。	
表したいイメージを強調する。	阿波踊りの特徴を捉える。	ソーラン節の特徴を捉える。
4　表したいイメージが強調されるように動きを工夫して踊ろう。 POINT：グループごとにテーマを選び、ひとまとまりの動きにして踊る。 ［主な学習活動］ ○集合・あいさつ ○心と体をほぐす ○表したいイメージ別にグループを作る。 ○表したいイメージが強調されるように、ひとまとまりの動きにして踊る。 ○発表会 ○クールダウン ○振り返り ○あいさつ	5　阿波踊りの軽快なリズムに乗って楽しく踊ろう。 POINT：阿波踊りの男踊りと女踊りの特徴を捉えて、グループで楽しく踊る。 ［主な学習活動］ ○集合・あいさつ ○心と体をほぐす。 ○「阿波踊り」の特徴を捉え、音楽に合わせて簡単なステップで踊る。 ○みんなで阿波踊りの特徴を意識して踊る。 ○クールダウン ○振り返り ○あいさつ	6　ソーラン節の力強い踊りの特徴を捉えて、楽しく踊ろう。 POINT：ソーラン節の力強く躍動感のある踊りの特徴を捉えて、グループで楽しく踊る。 ［主な学習活動］ ○集合・あいさつ ○心と体をほぐす ○「ソーラン節」の踊りの特徴を捉え、音楽に合わせて簡単なステップで踊る。 ○みんなでソーラン節の特徴を意識して踊る。 ○クールダウン ○振り返り ○あいさつ

子供への配慮の例

①運動が苦手な子供

表現運動は、「ゴールフリー」の学習とも言える。単元のはじめに「みんな違ってみんないい」という考えを伝え、自信をもって踊ることができるようにする。どのように踊っていいか分からない子供には教師の踊りを真似させたり仲間と一緒に踊ったりすることで踊る楽しさを味わわせていく。

また、教師が繰り返し肯定的な言葉かけをすることで踊ることに対して自信をもつことができ、少しずつイメージを動きにすることができるようになっていく。

②意欲的でない子供

低学年や中学年までに十分に表現運動の楽しさを味わっていない場合、人前で踊ることに恥ずかしさを感じる子供がいる。そのため心と体をほぐす時間を毎時間の授業の導入時に設定し、体を大きく動かしたり友達と関わったりして、自然に声が出て楽しい雰囲気にしていく。

また、イメージしたことを表現することに意欲的でない場合は、クラスでイメージカードボックスを作成し、その中からグループでテーマを選び、グループで踊ることでイメージを表現する楽しさを味わうことができる。

本時案

身近な生活にある「大変だ！」のイメージを即興的に踊ろう

本時の目標

友達と協力して「大変だ！○○」からイメージしたことを進んで即興的に表現できる。

評価のポイント

身近な生活の中での「大変だ！○○」からイメージを広げ即興的に表現しようとしているかを評価する。また、友達と関わり合いながら表現しようとしているか。

週案記入例

[目標]
友達と協力して「大変だ！○○」からイメージしたことを進んで即興的に表現する。

[活動]
身近な生活の「大変だ！○○」からイメージを広げ即興的に表現する。

[評価]
進んで「大変だ！○○」の表現に取り組んでいるか。

[指導上の留意点]
友達と協力して表現できるようにする。

本時の展開

	時	子供の活動
はじめ		**集合・あいさつ** ○集合・整列・服装の確認をする。
心と体を ほぐす	10分	**心と体をほぐす** ○体ほぐしの運動や簡単なゲームを取り入れる。 ○人数を少しずつ増やし友達と関わる楽しさを十分に味わわせる。 ○体幹部（へそ）が動くようにする。 ○「誇張と変化」「対極」の動きも取り入れる。
教師のリードで即興的に踊る	10分	**教師のリードで即興的に踊る** 1 ○教師がリードしながら、イメージを即興的に表現させていく。 　・洗濯物が激しく洗われる。 　・線香花火の一生 ○「誇張と変化のある動き」「対極の動き」を価値付けて、子供が身に付けることができるようにする。
ひと流れの 動きにして 踊る	10分	**小テーマから好きなイメージを選び、グループでひと流れの動きにして踊る** 2 ○グループごとに好きなイメージを選び、ひと流れの動きにして踊る。 ○「誇張と変化のある動き」「対極の動き」を取り入れているグループを称賛し、全体で共有していく。 ○テーマは自由に変えてもよい。
見合う	5分	**グループごとに見合う** きょうだいグループで見合い、よかったところを伝える。
クール ダウン	5分	**クールダウンをする** ○心と体を落ち着かせる。 　→リラックスできるような曲をかけ、気持ちを切り替えることができるようにする。
振り返り	5分	**振り返りをする** (1)今日の学習について振り返る。 ○表現運動の楽しさを味わうことができたか。 ○よい動きをしている友達はいたか。 ○即興的に踊ることができたか。 (2)次時の学習内容を知る。

1 体ほぐしの運動、体の動きを高める運動

2 短距離走・リレー

3 表現（激しい感じ）

4 ネット型（ソフトバレーボール）

5 病気の予防(1)

6 クロール・平泳ぎ、安全確保につながる運動

1 教師のリードで即興的に踊る〈共有したい動き〉

洗濯物が激しく洗われる

誇張と変化のある動き
洗濯物になりきって、大きく回ったり体を
ねじったり、素早く回ったりする。

はじめとおわりを
つけよう！

はじめ

おわり

ぐちゃぐちゃに
なっている洗濯
物になるよ

ピシッと伸びて
かわかすよ

線香花火の一生

対極の動き
激しく燃える花火をイメージし、体全体を
つかって飛び跳ねたり小さくなったりを
繰り返す。

はじめとおわりを
つけよう！

はじめ

おわり

小さくなって
固まるよ

だんだん火花が
小さくなるよ

2 ひと流れの動き

☞一番表したい部分に「はじめ」と「おわり」をつけて、一息で踊れるもの。

ツルツルすべ
る様子を表現
しよう

わたしたちは、
「急に氷の世界
になった」を
やろう

いいね！歩い
ていたら急に
変わる感じに
しよう

動きながら相
談してみよう

ひじめとおわり
はどうする？最
初と最後はピッ
タッと止まろう！

※表現の学習を進める上で大切なこと

①ゴールフリーの学習

「みんなちがってみんないい」だから自分に自信をもって表現する。友達が一生懸命にやっている
姿を笑わない。

②髪の毛の先から指の先まで使って表現する

紅白帽子はかぶらずに行ってもよい。髪の毛の先から指先まで意識して全身を使って表現する。

本時案

自然や社会にある 「大変だ！」のイメージ を即興的に踊ろう

本時の目標

「大変だ！○○」のイメージから特徴的な動きを見付け、自分の動きに取り入れることができる。

評価のポイント

全体で共有したよい動きを自分の動きに取り入れているかを評価する。全体でよい動きをしっかりと共有する必要がある。

週案記入例

[目標]
「大変だ！○○」のイメージから特徴的な動きを見付け、自分の動きに取り入れることができる。

[活動]
自然や社会の「大変だ！○○」からイメージを広げ即興的に表現する。

[評価]
よい動きを取り入れることができたか。

[指導上の留意点]
よい動きを全体でしっかり共有する。

本時の展開

	時	子供の活動
はじめ		**集合・あいさつ** ○集合・整列・服装の確認をする。
心と体を ほぐす	5分	**心と体をほぐす** 1 ○体ほぐしの運動や簡単なゲームを取り入れる。 ○「不安定で不規則な動き」「変化と起伏のある動き」も取り入れる。 　※子供が表現運動に慣れてきたら、心と体をほぐす時間を短くしていく。
教師のリード で即興的 に踊る	10分	**教師のリードで即興的に踊る** 2 ○教師がリードしながら、イメージを即興的に表現させていく。 　・激しい火山の爆発 　・車のブレーキがきかない ○「不安定で不規則な動き」「変化と起伏のある動き」を価値付けて、子供が身に付けることができるようにする。
ひと流れの 動きにして 踊る	15分	**小テーマから好きなイメージを選び、グループでひと流れの動きにして踊る** ○グループごとに好きなイメージを選び、ひと流れの動きにして踊る。 ○「不安定で不規則な動き」「変化と起伏のある動き」を取り入れているグループを称賛し、全体で共有していく。 ○テーマは自由に変えてもよい。
見合う	5分	**グループごとに見合う** ○きょうだいグループで見合い、よかったところを伝える。
クール ダウン	5分	**クールダウンをする** ○心と体を落ち着かせる。 　→リラックスできるような曲をかけ、気持ちを切り替えることができるようにする。
まとめ	5分	**振り返りをする** (1)今日の学習について振り返る。 ○表現運動の楽しさを味わうことができたか。 ○よい動きをしている友達はいたか。 ○即興的に踊ることができたか。 (2)次時の学習内容を知る。

1 心と体をほぐす運動例

スキップ
①色々な方向に　②速く・遅く
③大きく・小さく　④手をつないで

スキップをしていて目が
合った友達とハイタッチ

全身を使って体でジャンケン

足踏み

子とり鬼

バランス崩し

※音楽をかけて楽しい雰囲気の中で行う。

2 教師のリードで即興的に踊る〈共有したい動き〉

激しい火山の爆発

変化と起伏のある動き
静かな状態から急に爆発したり、次第に静
かになったりする。

はじめとおわりを
つけよう！

はじめ

おわり

みんなで静か
な山を表現し
よう

ドロドロマグマが
固まったよ

車のブレーキがきかない

不安定で不規則な動き
体の動きを変えてみたり、素早く走ったり
急に止まったりする。

はじめとおわりを
つけよう！

はじめ

おわり

1 体ほぐしの運動、体の動きを高める運動

2 短距離走・リレー

3 表現（激しい感じ）

4 ネット型（ソフトバレーボール）

5 病気の予防(1)

6 クロール・平泳ぎ、安全確保につながる運動

本時案

群が生きる内容から「大変だ！」のイメージを即興的に踊ろう ③/⑥

本時の目標

「大変だ！○○」からいろいろなイメージを捉え、簡単なひとまとまりの動きにして即興的に表現できる。

評価のポイント

自分たちで選んだテーマで、簡単なひとまとまりの動きにして即興的に踊ることができるようにする。

週案記入例

[目標]
グループで好きなイメージを選び、簡単なひとまとまりの動きにして即興的に踊ることができる。

[活動]
群が生きる内容から「大変だ！○○」からイメージを広げ即興的に表現する。

[評価]
簡単なひとまとまりの動きにして表現できたか。

[指導上の留意点]
「始め―なか―おわり」をつけた簡単なひとまとまりの動きにする。

本時の展開

	時	子供の活動
はじめ		**集合・あいさつ** ○集合・整列・服装の確認をする。
心と体を ほぐす	5分	**心と体をほぐす** ○体ほぐしの運動や簡単なゲームを取り入れる。 ○「群」の動きも取り入れる。 　※子供が表現運動に慣れてきたら心と体をほぐす時間を短くしていく。
教師のリードで即興的に踊る	10分	**教師のリードで即興的に踊る** 1 ○教師がリードしながら、イメージを簡単なひとまとまりの動きにする。 　・スポーツの攻防 　・バーゲンセール 　※第1時で出てきたものを取り上げてもよい。 ○「群の動き」を価値付けて、子供が身に付けることができるようにする。
ひと流れの 動きにして 踊る	15分	**小テーマから好きなイメージを選び、グループで簡単なひとまとまりの動きにして踊る** 2 ○グループごとに好きなイメージを選び、簡単なひとまとまりの動きにして踊る。 ○「群の動き」を取り入れているグループを称賛し、全体で共有していく。 ○テーマは自由に変えてもよい。 ○群を生かすためにグループの人数を増やしてもよい。
見合う	5分	**グループごとに見合う** ○きょうだいグループで見合い、よかったところを伝える。
クール ダウン	5分	**クールダウンをする** ○心と体を落ち着かせる。 　→リラックスできるような曲をかけ、気持ちを切り替えることができるようにする。
まとめ	5分	**振り返りをする** (1)今日の学習について振り返る。 ○表現運動の楽しさを味わうことができたか。 ○よい動きをしている友達はいたか。 ○即興的に踊ることができたか。 (2)次時の学習内容を知る。

1 体ほぐしの運動、体の動きを高める運動

2 短距離走・リレー

3 表現（激しい感じ）

4 ネット型（ソフトバレーボール）

5 病気の予防(1)

6 クロール・平泳ぎ、安全確保につながる運動

1 群が生きる題材

2 群の動きの工夫

本時案

表したいイメージが強調されるように動きを工夫して踊ろう

4/6

本時の目標

気に入った「大変だ！○○」のイメージを選び、表したい感じが強調できるように、動きに変化と起伏を付けたり、群の動きを工夫したりして簡単なひとまとまりの動きにする。

評価のポイント

表したいイメージが強調されるように、「はじめーなかーおわり」を付けた簡単なひとまとまりの動きにして踊ることができるようにする。

週案記入例

[目標]
イメージを選び、簡単なひとまとまりの動きにする。

[活動]
グループで簡単なひとまとまりの動きにして踊る。

[評価]
表したいイメージが強調されるように簡単なひとまとまりの動きにすることができた。

[指導上の留意点]
グループ編成に配慮する。

本時の展開

	時	子供の活動
はじめ		**集合・あいさつ** ○集合・整列・服装の確認をする。
心と体をほぐす	3分	**心と体をほぐす** ○体ほぐしの運動や簡単なゲームを取り入れる。 ○これまで取り上げてきた動きも取り入れる。 　※子供が表現運動に慣れてきたら心と体をほぐす時間を短くしていく。
グループづくり	3分	**表したいイメージ別にグループをつくる** ○これまで取り上げてきたイメージの中からさらに取り組みたいものを選び、グループをつくる（4人以上）。
ひとまとまりの動きにして踊る	22分	**表したいイメージが強調されるように、簡単なひとまとまりの動きにして踊る** **1** ○「はじめーなかーおわり」の3つの場面で簡単なひとまとまりの動きを考える。 　・一番表したい場面が強調されるように工夫させる。 **2** 　・何度も踊り、感じを確かめ合う。
発表会	9分	**グループごとに発表する** ○簡単なひとまとまりの動きを発表していく。
クールダウン	3分	**クールダウンをする** ○心と体を落ち着かせる。 　→リラックスできるような曲をかけ、気持ちを切り替えることができるようにする。
まとめ	5分	**振り返りをする** ○表現運動の楽しさを味わうことができたか。 ○よい動きをしている友達はいたか。 ○即興的に踊ることができたか。

1 簡単なひとまとまりの動き（「はじめ―なか―おわり」）

表したいイメージが強調されるように簡単なひとまとまりの動きにする。

○火山の爆発

はじめ	なか	おわり
マグマが徐々に動き出す	大爆発！！　マグマが流れたり溶岩が飛んだりする	火山が静かになる

○船が嵐にあった

  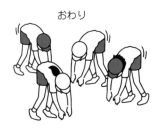

はじめ	なか	おわり
静かな海を航海している船	荒れ狂う海と大きく揺れる船	静かになった海

※言葉かけのポイント
- ○感じを込めるようにする。　→感情の変化や自然への畏怖、勝者と敗者の比較など。
- ○群の動きを効果的に取り入れる。　→合わせて一緒の動きをする、バラバラに動く、対立した動きなど。
- ○強調させる。　→同じ動きを繰り返すなどして強調させる。

2 動きの工夫について

動きを工夫するための
３つの工夫

動き

跳んだり、転んだり、ひねったり、回ったりなど

リズム

速く・ゆっくり、ストップモーション、
スローモーション

関わり

１人で、２・３人で向かい合って、同じ動き、
バラバラの動き、１人―全員、半分―半分

1 体ほぐしの運動、体の動きを高める運動

2 短距離走・リレー

3 表現（激しい感じ）

4 ネット型（ソフトバレーボール）

5 病気の予防(1)

6 クロール・平泳ぎ、安全確保につながる運動

本時案

阿波踊りの軽快なリズムに乗って楽しく踊ろう

本時の目標

　阿波踊りの特徴を捉えて、グループで楽しく踊ることができる。

評価のポイント

　阿波踊りの軽快なリズムに乗って、男踊りと女踊りの違いを意識してグループで楽しく踊ることができたか。

週案記入例
[目標] 阿波踊りの特徴を捉えて踊る。 **[活動]** 阿波踊りの特徴を捉えてグループで踊る。 **[評価]** 阿波踊りの軽快なリズムに乗って、男踊りと女踊りの違いを意識して踊ることができたか。 **[指導上の留意点]** リズムの特徴を捉えることができるようにする。

本時の展開

	時	子供の活動
はじめ		**集合・あいさつ** ○集合・整列・服装の確認をする。
心と体をほぐす	10分	**心と体をほぐす** ○体ほぐしの運動や簡単なゲームを取り入れる。 ○これまで取り上げてきた動きも取り入れる。 ○5年生で学習したフォークダンスを取り入れてもよい。
阿波踊りの特徴を捉える	10分	○「阿波踊り」の踊りの特徴を捉え、音楽に合わせて簡単なステップで踊る 　・映像を見て、特徴をあげる。 　・教師の真似をして踊る。 　・グループごとに互いの踊りを見合う。
阿波踊りの特徴を捉えて踊る	15分	○みんなで阿波踊りの特徴を意識して踊る。 　・男踊りはダイナミックに、女踊りは優雅にしなやかに踊る。
クールダウン	5分	**クールダウンをする** ○心と体を落ち着かせる。 　→リラックスできるような曲をかけ、気持ちを切り替えることができるようにする。
まとめ	5分	**振り返りをする** ○阿波踊りの特徴を捉えることができたか。 ○よい動きをしている友達はいたか。 ○グループで楽しく踊ることができたか。

1
体ほぐしの運動、体の動きを高める運動

2
短距離走・リレー

3
表現（激しい感じ）

4
ネット型（ソフトバレーボール）

5
病気の予防(1)

6
クロール・平泳ぎ、安全確保につながる運動

1 阿波踊りの踊り方

男踊り

手の平を顔の辺りに持ってきて、脇と肘を大きく外側に開き「八の字」になるように構える。
下半身は、膝は外側に向け、「くの字」に曲げる。

右手と右足を一緒に右斜め前に出す。

右足の爪先が地面に軽く一度触れたら少し浮かす。

地面にかかとを落とし、重心を右足に移す。
右の掌は少し顔に向けるように戻す。

右の掌を顔の位置に戻しながら、上体を左に向け、左手と左足を一緒に左斜め前に出す。

もう一度爪先から地面に付ける。
そして地面にかかとを落とし、重心を左足に移す。
左のかかとに重心を落とすと同時に、左の掌を顔の位置に戻す。

左の掌を顔の位置に戻しながら、上体を右に向け、右手と右足を一緒に右斜め前に出す。
脇は開いたまま、腕は肘から上を出す。
右足の爪先も前に出しつつ、リズミカルに繰り返しながら前進する。

女踊り

両腕を肩から上にあげて垂直に伸ばす。
肘は軽く曲げて、やや前方に出す。
正面から見て軽く「八の字」になるように開く。

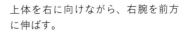

上体を右に向けながら、右腕を前方に伸ばす。
肘を伸ばし真っ直ぐ前に出す。
右足は地面を蹴り上げるように太ももを上げる。

右足を左足の爪先の前に出す。
内股で右足を爪先から左足の前に下ろし、重心を右足に移動する。

前に出した右腕を右耳付近に戻すと同時に、上体を左に向けながら左腕を前に伸ばす。
肘を伸ばし真っ直ぐ前に出す。
同時に左足も地面を蹴り上げるように太ももを上げる。

左足を右足の爪先の前に出す。
内股で左足を爪先から右足の前に下ろし、重心を左足に移動する。これらの動きをリズミカルに繰り返しながら前進する。

阿波踊りとは？

徳島県徳島市周辺で行われる盆踊り。8月の盆に合わせて踊られる。最も大規模な徳島市の阿波踊りは毎年8月12〜15日に行われる。男性は半纏やゆかた、手拭いのほおかぶりに白足袋、女性はゆかたに鳥追い笠と呼ばれる編笠、下駄履き姿で、連と呼ばれるグループを組み、両手足を交互に突き出すようにして踊る。

本時案

ソーラン節の力強い踊りの特徴を捉えて、楽しく踊ろう

本時の目標

ソーラン節の特徴を捉えて、グループで楽しく踊ることができる。

評価のポイント

ソーラン節の力強い踊りの特徴を捉えて、グループで楽しく踊ることができたか。

週案記入例

[目標]
ソーラン節の特徴を捉えて踊る。

[活動]
ソーラン節の特徴を捉えてグループで踊る。

[評価]
ソーラン節の力強い踊りの特徴を捉えて踊ることができたか。

[指導上の留意点]
リズムの特徴を捉えることができるようにする。

本時の展開

	時	子供の活動
はじめ		**集合・あいさつ** ○集合・整列・服装の確認をする。
心と体を ほぐす	10分	**心と体をほぐす** ○体ほぐしの運動や簡単なゲームを取り入れる。 ○これまで取り上げてきた動きも取り入れる。 　※前時に踊った「阿波踊り」を取り入れてもよい。
ソーラン節 の特徴を捉 える	10分	○「ソーラン節」の踊りの特徴を捉え、音楽に合わせて簡単なステップで踊る。 ・映像を見て、特徴をあげる。 ・北海道のニシン漁の際に唄われた唄が発祥元であることを知る。 ・教師の真似をして踊る。 ・グループごとに互いの踊りを見合う。
ソーラン節 の特徴を捉 えて踊る	15分	○みんなでソーラン節の特徴を意識して踊る。　**1** ・漁師たちの力強く躍動感あふれる姿をイメージして踊る。
クール ダウン	5分	**クールダウンをする** ○心と体を落ち着かせる。 　→リラックスできるような曲をかけ、気持ちを切り替えることができるようにする。
まとめ	5分	**振り返りをする** ○ソーラン節の特徴を捉えることができたか。 ○よい動きをしている友達はいたか。 ○グループで楽しく踊ることができたか。

1 ソーラン節の踊り方

1 前奏（ぜんそう）

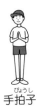

手拍子（びょうし）

チョチョンがチョンを
繰り返す。

2 ヤーレン　ソーラン　ソーラン　ソーラン　ソーラン　ソーラン

右へ、
左へ、
右へ。

ろをおし出してこぐ。

反時計回りの方向に向き、右足を一歩前に踏み出し、その足に重心を移し、両手こぶしを握って、ろを漕ぐ動作をする。重心を左足に移しながら、ろを漕ぐように両手を胸前に引き寄せ、上体を起こす。

3 ハイハイ

重心を左足に移しながら同様に、左右ともろ漕ぎを行う。

4 沖（おき）のかもめに　しおどき問えば

右足を大きく斜め前に踏み出し、両手で網を引く用意をする。足はそのままで、右手と左手で交互に網をたぐる動作をする。左足を引いて、両手をそろえ、両手を握って腰にあてる。

5 わたしゃ発（た）つ鳥　波に聞け

右足を斜めに踏み出して、両手でにしんをすくうように、下につき出す。右足を引いて両足を揃えながら、にしんを右肩越しに背中のかごに入れるようにする。左足を左斜め前に出し、にしんをすくうようにする。左足を引いて両足を揃えて、背中のかごをあける。

6 チョイ　ヤサ

手拍子（びょうし）　かごをせおって。

背負ったかごのひもを握るように胸の両脇に両手をとり、かかとをあげて下ろす。左足を一歩前に出し、右足を後ろに上げて、左足で軽く跳ぶ。

7 エーエン　ヤァーノ　サァーアノ

右へ、
左へ、
右へ。

前進する。

左足を後ろに上げて右足で跳ぶ。さらに足をかえて左足を出して跳ぶ。

8 ドッコイ　ショ

左足ではずみをつけ、右足を上げてかごを左にあける動きを行う。次に右足で、はずみを付けて左足を上げ、かごを左右にあける動作を行う。

9 ハァ　ドッコイショ　ドッコイショ

左足を踏み出し、次に右足を後ろに引き、右手で額の汗をぬぐう動作をする。左足を後ろに引き、左手で汗をぬぐう動作をする。

※船を漕ぐ動き、網を手繰り寄せる動き、にしんをかごに入れる動き、運ぶ動き、それぞれの動き全てが重労働であることを理解させる。そのために全体的に力を入れて踊る、感情を込めて踊ることが大切である。

1 体ほぐしの運動、体の動きを高める運動

2 短距離走・リレー

3 表現（激しい感じ）

4 ネット型（ソフトバレーボール）

5 病気の予防(1)

6 クロール・平泳ぎ、安全確保につながる運動

「表現」学習カード＆資料

使用時 第1〜6時

カード 03-01 は、第1時から第4時まで、カード 03-02 は、第5時から第6時まで使用する。カード 03-01 は、毎時間配付して使用する。記号式の質問で単元を通して、「学びに向かう力、人間性」の個人での変容を評価する。また、自由記述欄で「思考力、判断力、表現力等」を見取る。子供の学習改善に生かすとともに教師の授業改善にも役立てる。

収録資料活用のポイント

①使い方

カード 03-01 は、毎時間配付して記入させる。4つ切り画用紙に貼りためていくと個人の変容を見取ることができる。カード 03-02 は、1枚で2時間分記入できるようにし、民舞のそれぞれの違いを理解できるようになっている。

②留意点

表現では、没入している間は客観的に自分の動きを捉えることが難しい。そのため、クールダウン後に落ち着いた状態で学習カードを記入させ、自分の踊りがどうだったかを振り返らせる。また、表現運動はゴールフリーの学習であり、指導者も子供たちの動きの工夫を授業内で見取りにくい、学習カードの振り返りに書かせることで次時の指導に生かせるようにしたい。

💿 学習カード 6-3-1

「大変だ！○○」学習カード　第　回

日にち（　　　　　）

6年　　組　　番　名前（　　　　　）

今月のテーマ

	5 4 3 2 1 ←よくあてはまる あてはまらない→
楽しんで表現することができた	5 4 3 2 1
イメージしたことを表現することができた	5 4 3 2 1
全身を使って表現することができた	5 4 3 2 1
友達と協力して表現することができた	5 4 3 2 1

友達のよい動き

　　　　　　さん

今日の学習を振り返って

💿 学習カード 6-3-2

フォークダンス　学習カード

日にち（　　　　　）

6年　　組　　番　名前（　　　　　）

○ 阿波踊り

	5 4 3 2 1 ←よくあてはまる あてはまらない→
楽しんで踊ることができた	5 4 3 2 1
リズムの特徴をつかむことができた	5 4 3 2 1
男踊りと女踊りの違いを理解することができた	5 4 3 2 1

阿波踊りを踊ってみて

○ ソーラン節

	5 4 3 2 1 ←よくあてはまる あてはまらない→
楽しんで踊ることができた	5 4 3 2 1
力強く踊ることができた	5 4 3 2 1
漁師をイメージして踊ることができた	5 4 3 2 1

ソーラン節を踊ってみて

月　日

表現のポイント

○3つの変化

イメージしたことを
ダイナミックに表現しよう

動きの変化
＊体幹部(へそ)の位置を変える

ねじる―回る　　跳ぶ―転がる　　高く―低く

リズムの変化

すばやく―ゆっくり　　ストップモーション　　タイミングを合わせて―ずらして

関わりの変化

同じ動きで―反対の動きで

順番に―互いちがいに　　集まる―はなれる

○題材からイメージしたテーマ例

身近な生活編

洗濯物が激しく洗われる　線香花火の一生
勢いよくあがる天ぷら　ペッタンペッタン餅つき　お風呂の温度が上昇

大変だ！○○

自然・社会編

激しい火山の爆発　天井がおりてきた
台風で激しくとばされる　地球温度上昇
蜂に襲われる　巨大タコ出現

群が生きる内容編

スポーツの激しい攻防・おみこしワッショイ
ブラックホールに吸い込まれる・満員電車
バーゲンセール・ゾンビに襲われる

1 体ほぐしの運動、体の動きを高める運動

2 短距離走・リレー

3 表現(激しい感じ)

4 ネット型(ソフトバレーボール)

5 病気の予防(1)

6 クロール・平泳ぎ、安全確保につながる運動

4 ネット型（ソフトバレーボール）

6時間

【単元計画】

1・2時	3時
[第一段階] **ソフトバレーボールのルールや基本的な動き方を知り、ゲームを楽しむ。**	
ソフトバレーボールのルールを知り、みんなが楽しめるように工夫しながらゲームを楽しむ。	ソフトバレーボールの基本的な動きを知り、ゲームを楽しむ。
1　ソフトバレーボールの進め方を知ろう POINT：ゲームをする中でルールへの理解を深め、みんなが楽しめるゲームになるようにルールを工夫する。	**2　基本的な動き方を知ろう** POINT：自分のコートにボールを落とさない、相手コートにボールを落とすために気を付けることを知る。
[主な学習活動] ○集合・あいさつ・用具準備 ○準備運動 ○練習ゲーム（第2時から） ○ゲーム ○整理運動 ○まとめ 　・クラス全体で今日の学習について振り返る。 　第1時　ルールの理解を深める。 　第2時　みんなが楽しめるルールについて考える。	**[主な学習活動]** ○集合・あいさつ・用具準備 ○準備運動 ○練習ゲーム ○ゲーム① ○振り返り 　・自陣にボールを落とさないためには？ 　・相手コートにボールを落とすには？ ○ゲーム② ○整理運動 ○まとめ

授業改善のポイント

主体的・対話的で深い学びの実践に向けて

　ソフトバレーボールでは、子供がゲームに夢中になる中で、以下の3つの学習課題について、チームで話し合いながら課題解決に取り組んでいくことがポイントになる。

①ボールを自分のコートに落とさないようにするためには、どうしたらよいか？

②ボールを相手コートに落とすためには、どうしたらよいか？

③得点を獲るために、どのようにチームで連係して攻撃を組み立てたらよいか？

　このような学習課題の解決に必要となるの

が、対話的な学習である。チームでゲームを振り返る時間を設定し、学習課題等について話し合うことが大切である。またその際に、課題解決の糸口となる練習例や作戦例等を併せて提示することも大切である。また、本書ではみんなが楽しめるゲームになるようなルールの工夫ができるように、「はじめのルール」として、「1回目キャッチ」「2回目キャッチ」「3回目はじく」としたが、子供たちの学習の状況によって、「1回目はじく」としたいという意見が子供たちから出されることも期待できる。

1
体ほぐしの運動、体の動きを高める運動

2
短距離走・リレー

3
表現（激しい感じ）

4
ネット型（ソフトバレーボール）

5
病気の予防(1)

6
クロール・平泳ぎ、安全確保につながる運動

単元の目標

○知識及び技能

・チームの連係プレーが成り立つように、サービス、パス、返球などのボール操作をしたり、ボールの方向に体を向けて、素早く移動するなどのボールをもたないときの動きを理解するとともに、攻めたり守ったりすることができる。

○思考力、判断力、表現力等

・ルールを工夫したり、自己やチームの特徴に応じた作戦を選んだりするとともに、自己や仲間の考えたことを他者に伝えることができる。

○学びに向かう力、人間性等

・運動に積極的に取り組み、ルールを守り助け合って運動したり、勝敗を受け入れたり、仲間の考えや取組を認めたり、場や用具の安全に気を配ったりすることができる。

4・5時	6時
[第二段階] **チームで協力して作戦を考え、ゲームを楽しむ。**	
自分のチームに合った作戦を選びながら、ゲームを楽しむ。	これまでの学習を活かして、ソフトバレーボール大会を開き、ゲームを楽しむ。
3 チームの力を高めよう POINT：チームや一人一人のよさが生きる作戦を選びながらゲームを行う。 **[主な学習活動]** ○集合・あいさつ・用具準備 ○準備運動 ○練習ゲーム（チームで選択） ○ゲーム① ○チームタイム 　・自分たちのチームに合った攻めや守りの作戦について選んだり考えたりする。 ○ゲーム②（第5時はチームで練習する時間にする） ○整理運動 ○まとめ	**4 ソフトバレーボール大会を開こう** POINT：これまでの学習で見付けたり高めたりしてきた作戦を活かし、いろいろなチームとの対抗戦を楽しむ。 **[主な学習活動]** ○集合・あいさつ・用具準備 ○準備運動 ○練習ゲーム（チームで選択） ○ゲーム① ○振り返り 　・これまでの学習で見付けたり高めたりしてきた作戦を基に、次のゲームに向けてチームで話し合う。 ○ゲーム② ○整理運動 ○まとめ

子供への配慮の例

①運動が苦手な子供

　相手コートにボールを打ち返したり、味方が受けやすいようにボールをつないだりすることが苦手な子供には、ボールを投げ入れたり、短時間キャッチしたりすることを認める。さらに、うまくはじくことができる子供の動きのよさを考える場も設定し、技能を高めていく見通しをもたせる。また、相手コートにサービスを打ち入れることが苦手な子供には、手を使って投げ入れたり、軽いボールを用いたり、一歩前からサービスしたりすることを認める。

　特定の子供に対してルールの変更等を認める場合、他の子供が理解し受け入れられるように説明することが必要である。

②意欲的でない子供

　ボールに恐怖心を抱いている子供には、柔らかいボールや大きなボールを用意して、安心してゲームに取り組めるようにする。チームの中で何をすればよいかが分からない子供には、チーム内で分担する役割を確認するよう言葉かけを行う。

　また、技能が高いにもかかわらずゲームに意欲的に取り組めない子供には、リーダーとしてチームをまとめたり、仲間の動きにアドバイスをしたり、役割を担うようにしたりするなどの配慮をする。

本時案

ソフトバレーボールの進め方を知ろう①

本時の目標

　単元のねらい、学習の進め方、ゲームのルールを知り、単元の見通しをもつことができる。

評価のポイント

　学習に取り組む姿、学習カードの記述から、単元の見通しをもち、進んで取り組むことができたかを見取る。

週案記入例

[目標]
学習の進め方を知り、本単元の見通しをもつ。

[活動]
準備運動を行う。試しのゲームを行う。

[評価]
学習の進め方やゲームのルールが分かり、進んで取り組めたか。

[指導上の留意点]
掲示物や資料などを活用し、ゲームのルールを分かりやすく提示する。また、用具の準備や片付け、安全に運動するためのきまりやマナーについて指導を行う。

本時の展開

	時	子供の活動
はじめ	15分	**(1)集合・あいさつをし、本単元の見通しをもつ** ◀**1** ○本単元のねらいや大切にすることを知る。 ○本単元の学習の進め方を知る。 **(2)チームごとにコートと用具の準備をする** ◀**2** ○チームごとの分担にしたがって進める。 　〈分担例〉支柱、ネット、ボール、得点板、審判用具などネットの準備は時間がかかるので、2つのチームで協力して準備するなど分担を工夫する。
準備運動	10分	**準備運動、ゲームにつながる運動のやり方を理解して取り組む** ○指、手首、足首等の体の各部位をほぐす。 ○ボールを使ったゲームにつながる運動を行う。
試しのゲーム	15分	**試しのゲームを行い、ルールを理解する** ◀**3** ○各チーム1ゲームを行い、1ゲーム審判をする。 ○審判やゲームの記録の仕方について知る。
整理運動	2分	**運動で使った部位をしっかりほぐす**
まとめ	3分	**(1)本時の学習を振り返り、学習カードに記入する** ○学習カードの使い方を知り、めあてについて振り返る。 ○チームカードの活用の仕方を知り、次時から皆がさらにゲームを楽しめるよう、ルールの工夫について話し合って記入する。 **(2)後片付けを行う** ○チームごとの分担にしたがって後片付けを行う。

4　ネット型（ソフトバレーボール）

1 体ほぐしの運動、体の動きを高める運動

2 短距離走・リレー

3 表現（激しい感じ）

4 ネット型（ソフトバレーボール）

5 病気の予防⑴

6 クロール・平泳ぎ、安全確保につながる運動

1 掲示資料（下図例）を準備して、単元や1時間の見通しをもたせる

ゲームの内容や単元のねらいが込められた
ゲーム名を考え提示する。

ゲームのイメージが子供に伝わるよう、はじめ
のルールを図も活用しながら示す。

1時間の大まかな流れを示し、子供が見通しをもって学習できるようにする

各チームのカラーのマグネットを作成し、対戦相手や審判、コートについて、毎時間貼りかえながら表示していく。

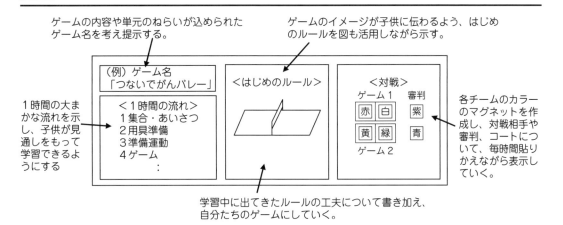

（例）ゲーム名
「つないでがんバレー」

＜1時間の流れ＞
1 集合・あいさつ
2 用具準備
3 準備運動
4 ゲーム
　　：

＜はじめのルール＞

＜対戦＞

ゲーム1　　審判
赤　白　　紫
黄　緑　　青
ゲーム2

学習中に出てきたルールの工夫について書き加え、
自分たちのゲームにしていく。

2 コートと用具

〈コート〉

○バドミントンコートを使用する。ネットの高さは180cm程度。
　（支柱はソフトバレーボール用のものやバドミントンの支柱に連結するものを活用する）

○2コートしか作れない場合は、右図のように、ゴムひもを間に張るなどして、できるだけ多くのチームが活動しやすい場を工夫する。

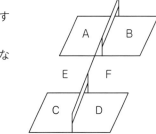

〈用具〉

○ボール（柔らかいソフトバレーボール用のもの）

○得点板

○ゼッケン

○審判用具（ホイッスル、記録用の筆記用具）→コートごとにかごなどに入れてまとめておく。

3 はじめのルール

○4対4（コート内の人数）

○6チーム（1チーム5、6人×6チーム）

○1ゲーム6分（時間制）

○サービスはチーム間で交互に行う（アンダーハンドサービス、または下から投げ入れる）。

○1回目キャッチ、2回目キャッチ、3回目ボールを手ではじいて相手コートに返球する。
　＊学習の状況によって「2回目はじく」となる場合もある。

○3回で相手コートにボールを返す。

○サービスごとにローテーションして、一人ずつメンバーを入れ替える（右図参照）。

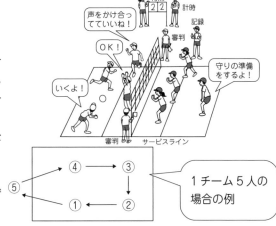

得点　2 2　計時
記録
声をかけ合ってていいね！
OK！
審判
守りの準備をするよ！
いくよ！
審判　サービスライン

④→③
⑤　　↓
①←②

1チーム5人の場合の例

本時案

ソフトバレーボールの進め方を知ろう②

本時の目標

みんなが楽しめるようにゲームのルールを工夫することができる。

評価のポイント

「まとめ」での話し合いの様子や学習カードの記述から、ルールについて工夫することができたかを見取る。

週案記入例

[目標]
みんなが楽しめるようにゲームのルールを工夫する。

[活動]
練習ゲームを行う。総当たり戦の 1、2 ゲーム目を行う。

[評価]
みんなが楽しめるようにルールを工夫することができたか。

[指導上の留意点]
「みんな」が楽しめるゲームになっているか、繰り返し言葉かけをする。また、審判やゲームの記録の仕方についても理解が深められるよう指導を行う。

本時の展開

	時	子供の活動
はじめ	5分	⑴集合・あいさつをする ⑵チームごとにコートと用具の準備をする ○前時に決めた分担にしたがって、安全に素早く行う。 ⑶本時の目標や流れを確認する
準備運動	5分	**準備運動、ゲームにつながる運動に取り組む** ○指、手首、足首等の体の各部位をほぐす。 ○ボールを使ったゲームにつながる運動を行う。
練習ゲーム	15分	**練習ゲームのやり方を理解して取り組む** ⑴レシーブゲームを行う　1 ○3分間で何回ボールを拾えたかを競う。 ⑵パスパスゲームを行う　2 ○他チームと競い合い、1ゲーム4分で行う。
ゲーム	13分	**ゲームを行う（ゲームを行わないチームは審判をする）** ○総当たり戦①② ○審判やゲームの記録の仕方について知る。
整理運動	2分	**運動で使った部位をしっかりほぐす**
まとめ	5分	⑴本時の学習を振り返り、学習カードに記入する ○チームごとに、チームカードに記入しながら振り返る。 ○ゲームの状況に応じて、学級全体で合意形成を図りながらルールを工夫する。　3 ⑵後片付けを行う ○分担にしたがって後片付けを素早く安全に行う。

---

1 練習ゲーム　レシーブゲーム（ボールを落とさないための練習ゲーム）

○チーム全員がコートに入って行う。
○下投げでボールを相手コートに投げ入れ、相手コートにボールが落ちたら1点。
○4分間で何点獲れたかを相手チームと競い合う。
○投げ入れられたボールをキャッチしたらできるだけ早く相手コートに投げ入れる。

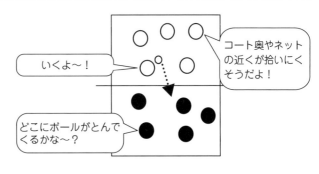

○ボールが自分のコートに落ちてしまったら「いくよー！」とかけ声をかけてから、またゲームをはじめる。
○ゲームに慣れてきたら、ボールを2つに増やして行う。

2 練習ゲーム　パスパスゲーム（パスをつないで攻撃を組み立てるための練習）

○ネットを越えてくるボールの落下点に素早く移動してボールをキャッチし、素早くセッターにパスをする。
○3分間で何回ボールをセッターにパスできたかをチーム間で競い合う。
○セッターはパスされたボールをネットの下から出し手の子供に手渡しして戻す。

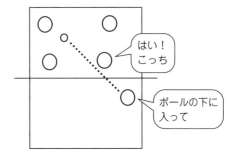

3 ルールの工夫例

　はじめのルールの設定や工夫は、学級の子供の実態や学習の状況によって行っていく。その際に、学習の目標や運動の特性からずれることのないように留意する。ルールを工夫する際には、子供たち全員が楽しめる工夫になっているかどうかを常に子供に問いかけながら合意形成を図るように配慮する。

投げ入れられたボールをはじくことが難しくラリーが続かない。	→ キャッチ→キャッチ→はじくにする。（はじくことに慣れてきたら1回目のキャッチを「はじく」に工夫していく）
一部の子が活躍していて、全員がゲームを楽しめていない。	→ 全員が得点したらボーナスポイント2点とする。（1点でも得点した子供は紅白ぼうしの色を変える）
サービスを攻撃に生かしたい。	→ コートのエンドラインからオーバーハンドサービスができるようにする。
2回目にトスをしてみたい。	→ 「2回目もキャッチ」から「2回目ははじく」にする。

1 体ほぐしの運動、体の動きを高める運動

2 短距離走・リレー

3 表現（激しい感じ）

4 ネット型（ソフトバレーボール）

5 病気の予防(1)

6 クロール・平泳ぎ、安全確保につながる運動

本時案

ソフトバレーボールの基本的な動き方を知ろう

本時の目標

　ソフトバレーボールの攻めや守りの基本的な動き方について理解することができる。

評価のポイント

　「振り返り」での話合いの様子、学習カードの記述から、基本的な動き方について理解できたかを見取る。

週案記入例

[目標]
攻めや守りの基本的な動き方について理解する。

[活動]
練習ゲームを行う。総当たり戦の3、4ゲーム目を行う。

[評価]
攻めや守りの基本的な動き方のポイントを理解することができたか？

[指導上の留意点]
攻めや守りの基本的な動き方については、子供がゲームの中で気付いたことを引き出しながら、動きのポイントとして理解を深めていく。

本時の展開

	時	子供の活動
はじめ	5分	(1)集合・あいさつをする (2)チームごとにコートと用具の準備をする (3)本時の目標や流れを確認する
準備運動	5分	**準備運動、ゲームにつながる運動に取り組む** ○指、手首、足首等の体の各部位をほぐす。 ○ボールを使ったゲームにつながる運動を行う。　**1**
練習ゲーム	9分	**練習ゲームのやり方を理解して取り組む** (1)アタック・ブロックゲームを行う　**2** ○決まったアタックやブロックの回数をチーム内で競う。
ゲーム①	7分	**ゲーム①を行う**（ゲームを行わないチームは審判をする） ○総当たり戦③
振り返り	5分	**ゲーム①を振り返り、攻めや守りの動き方について考える**　**3** ○ボールを自分のコートに落とさないようにするには、どうしたらよいか？ ○ボールを相手コートに落とすには、どうしたらよいか？ ○出てきた意見を価値付けながら動き方を押さえる。
ゲーム②	7分	**ゲーム②を行う**（ゲームを行わないチームは審判をする） ○総当たり戦④
整理運動	2分	**運動で使った部位をしっかりほぐす**
まとめ	5分	**(1)本時の学習を振り返り、学習カードに記入する** ○チームごとに、チームカードに記入しながら振り返る。 **(2)後片付けを行う** ○分担にしたがって後片付けを素早く安全に行う。

1 体ほぐしの運動、体の動きを高める運動

2 短距離走・リレー

3 表現（激しい感じ）

4 ネット型（ソフトバレーボール）

5 病気の予防⑴

6 クロール・平泳ぎ、安全確保につながる運動

1 ボールを使ったゲームにつながる運動（例）

○投げ上げキャッチ・アラカルト

　　自分でボールを真上に投げ上げていろいろな姿勢や動きの中でボールを
キャッチする。

　　・拍手してキャッチ　　　・しゃがんでキャッチ

　　・ジャンプしてキャッチ　・ターンしてキャッチ　など。

○ボール・リフティング

　　両手、片手、ひじなど、体の様々な部位を使ってボールをはじき、何回落とさずにはじくことができるか挑戦する。

○円陣パス

　　山なりに両手でボールを上へと投げ上げ、チームで声をかけ合い、
床に落とさないように何回ラリーが続いたかをチーム間で競い合う。

○席替え鬼

　　鬼は輪の中央に立ち、ボールを自分の頭上に投げ上げ、チームの友
達の名前を呼ぶ。呼ばれた人は素早く立ち上がって移動し、ボールを
落とさないようにキャッチする。鬼は呼んだ人の場所に移動して座
る。

○○さん　　はい

2 練習ゲーム　アタック・ブロックゲーム（ボールを相手コートに落とすための練習ゲーム）

○コートの縦半分で、アタックとブロック両方の動きを身
に付ける。

○セッターが両手でボールを投げ上げ、ブロックをよけな
がらアタックをする。反対コートでは、アタックを手で
はじき返せるよう真上に両手を出してブロックする。

○チーム内で役割をローテーションしながら行い、アタッ
クが決まった本数、ブロックが決まった本数をチーム内
で競い合う。

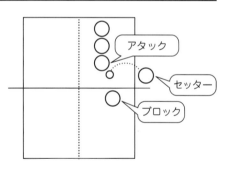

アタック

セッター

ブロック

3 攻めや守りの基本的な動き方の指導ポイント

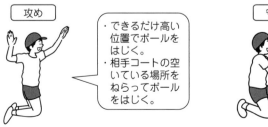

攻め

・できるだけ高い
位置でボールを
はじく。

・相手コートの空
いている場所を
ねらってボール
をはじく。

守り

・できるだけ低い
姿勢でボールを
待つ。

・素早くボールの
落下地点に入る。

本時案

チームの力を
高めよう①

本時の目標

　チームで協力して活動し、自己やチームのよさを生かした作戦を選んでゲームを楽しむことができる。

評価のポイント

　チームでの話合いの様子、学習カードの記述から、よさを生かした作戦を選んでゲームができたかを見取る。

週案記入例

[目標]
自己やチームのよさを生かした作戦を選んでゲームを行う。

[活動]
練習ゲーム（チームで選択）を行う。総当たり戦の5、6ゲーム目を行う。

[評価]
チームで選んだ作戦に基づいてゲームを行うことができたか。

[指導上の留意点]
選んだ作戦について、チーム全員が理解しているか、選んだ作戦がチームの特徴に合っているかについて指導する。

本時の展開

	時	子供の活動
はじめ	5分	**(1)集合・あいさつをする** **(2)チームごとにコートと用具の準備をする** **(3)本時の目標や流れを確認する** ○本時の流れを知り、チームごとに作戦を確認する。 ◀1
準備運動	5分	**準備運動、ゲームにつながる運動に取り組む** ○指、手首、足首等の体の各部位をほぐす。 ○ボールを使ったゲームにつながる運動を行う。
練習ゲーム	8分	**練習ゲームをチームで選択して取り組む** ○チームで話し合って練習ゲームを決めてから行う。
ゲーム①	7分	**ゲーム①を行う**（ゲームを行わないチームは審判をする） ◀2 ○総当たり戦⑤
チームタイム	6分	**ゲーム①をチームで振り返り、作戦について話し合う** ◀3 ○ゲーム①の作戦がどうだったかについて話し合う。 ○ゲーム②で取り組む作戦をチームで話し合って決める。 ○話し合いが終わったら、チームで練習に取り組む。
ゲーム②	7分	**ゲーム②を行う**（ゲームを行わないチームは審判をする） ○総当たり戦⑥
整理運動	2分	**運動で使った部位をしっかりほぐす**
まとめ	5分	**(1)本時の学習を振り返り、学習カードに記入する** ○チームごとに、チームカードに記入しながら振り返る。 **(2)後片付けを行う** ○分担にしたがって後片付けを素早く安全に行う。

1 体ほぐしの運動、体の
動きを高める運動

2 短距離走・リレー

3 表現
（激しい感じ）

4 ネット型
（ソフトバレーボール）

5 病気の予防(1)

6 クロール・平泳ぎ、安全
確保につながる運動

1 「チームの力」を高めていくオリエンテーション

単元後半に向けて、子どもたちはゲームにさらに夢中になり、より勝敗にもこだわるようになる。そのような学習状況の中で「チームの力」を高めていくために以下の点についてオリエンテーションを行い子供たちに説明する（以下はオリエンテーションの例）。

○「チームの力」には３つの要素があって、どれも大切であること、技能が高いチームが「チーム力」が高いわけではないことをおさえる。

連携プレー	・カバーする動き、パス・おとりの動き　など
連携プレー チームワーク	・称賛（ナイス！）、励まし（ドンマイ！）
	・アドバイス（○○に気を付けるといいよ！）　など
分析力	・チームのよい点、改善点を分析する
	・チームのよさを生かした作戦を立てる　など

2 ゲームのあいさつ、円陣

○ゲームのはじめとおわりに審判の進行であいさつを行い、対戦する相手チームを尊重する態度を育む。また、あいさつ後にチームで円陣を組んだり、かけ声をチームで決めて、声をかけ合ったりすることを促す。それにより、チームの一体感を高めたり、ゲームに粘り強く取り組んでいく雰囲気をつくり出したりする。

3 作戦の提示資料（例）

チームのよさを生かした作戦を考えるための資料として、実態や学習状況に応じて作戦例を子供に提示する。

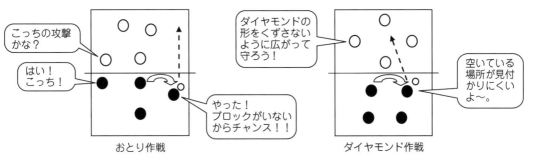

おとり作戦　　　ダイヤモンド作戦

本時案

チームの力を
高めよう②

本時の目標

チームで協力して活動し、自己やチームのよ
さを生かした作戦を選んでゲームを楽しむこと
ができる。

評価のポイント

チームでの話合いの様子、学習カードの記述
から、よさを生かした作戦を選んでゲームができ
きたかを見取る。

週案記入例

[目標]
自己やチームのよさを生かした作戦を選んでゲーム
を行う。

[活動]
練習ゲーム（チームで選択）を行う。総当たり戦の7
ゲーム目、8ゲーム目（2チームのみ）を行う。

[評価]
チームで選んだ作戦に基づいてゲームを行うことが
できたか。

[指導上の留意点]
負けが続いているチームを中心に、作戦がチームの
よさや特徴と合っているかについて助言を行う。

本時の展開

	時	子供の活動
はじめ	5分	**⑴集合・あいさつをする** **⑵チームごとにコートと用具の準備をする** **⑶本時の目標や流れを確認する** ○本時の流れを知り、チームごとに作戦を確認する。
準備運動	5分	**準備運動、ゲームにつながる運動に取り組む** ○指、手首、足首等の体の各部位をほぐす。 ○ボールを使ったゲームにつながる運動を行う。
練習ゲーム	8分	**練習ゲームをチームで選択して取り組む** ○チームで話し合って練習ゲームを決めてから行う。
ゲーム①	7分	**ゲーム①を行う**（ゲームを行わないチームは審判をする）　**1** ○総当たり戦⑦　**2**
チームタイム	6分	**ゲーム①をチームで振り返り、作戦について話し合う** ○ゲーム①の作戦がどうだったかについて話し合う。 ○ゲーム②で取り組む作戦をチームで話し合って決める。 ○話し合いが終わったら、チームで練習に取り組む。
ゲーム②	7分	**ゲーム②を行う**（ゲーム、審判を行わないチームは練習ゲームを行う。） ○総当たり戦⑧
整理運動	2分	**運動で使った部位をしっかりほぐす**
まとめ	5分	**⑴本時の学習を振り返り、学習カードに記入する** ○チームごとに、チームカードに記入しながら振り返る。 **⑵後片付けを行う** ○分担にしたがって後片付けを素早く安全に行う。

1	体ほぐしの運動、体の動きを高める運動
2	短距離走・リレー
3	表現（激しい感じ）
4	ネット型（ソフトバレーボール）
5	病気の予防(1)
6	クロール・平泳ぎ、安全確保につながる運動

1 審判チームの役割分担（1チーム6名の例）

審判（2人） コートをはさんで2人で行う。コート内にボールが入ったか、地面にボールがついていないか、攻撃の際にネットに触ったり、相手コートに体が入ったりしていないかなどを判定する。

得点（1人） 得点板を使って得点を正確に表示する。全員得点するとボーナス点があるなどのルールがある場合には、しっかりとゲームを見て正しく得点を表示するように助言する。

計時（1人） ゲームの時間を計測し、ゲームの終了の合図を出す。終了間際には「残り時間○分」などと細かくアナウンスをする。

記録（2人） 記録するチームを2人で分担し、記録カードにゲームの様子を記録する。ゲーム終了後のあいさつの後に、記録に基づいてアドバイスを行う。

△チームは、アタックの失敗が多かったので、次のゲームに生かすといいよ！

2 記録カードについて

記録カード①

レシーブ（1回目）、トス（2回目）、アタック（3回目）の様子を〇と×ですべて記録することで、そのチームの得意なところや苦手なところを見付けることができる。

記録カード②

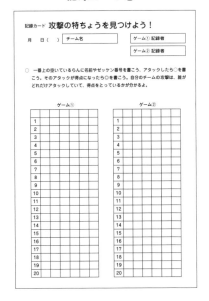

一番上の空欄にチームのメンバーの名前やゼッケン番号を書き、どの子がどれだけ攻撃しているか（〇）、得点につながっているか（◎）を記録することで、チームの攻撃の特徴を見付けることができる。

本時案

ソフトバレー ボール大会を開こう

6/6

本時の目標

チームで協力して活動し、自己やチームのよさを生かした作戦を選んでゲームを楽しむことができる。

評価のポイント

チームでの話合いの様子、学習カードの記述から、よさを生かした作戦を選んでゲームができたかを見取る。

週案記入例

[目標]
自己やチームのよさを生かした作戦でゲームを楽しむ。

[活動]
ソフトバレーボール大会を行う。

[評価]
チームで選んだ作戦の有効性を振り返りながら、ゲームに取り組めたか。

[指導上の留意点]
負けが続いているチームを中心に、作戦がそのチームのよさや特徴と合っているかについて助言を行う。

本時の展開

	時	子供の活動
はじめ	5分	(1)集合・あいさつをする (2)チームごとにコートと用具の準備をする (3)本時の目標や流れを確認する ○本時の流れを知り、チームごとに作戦を確認する。
準備運動	5分	**準備運動、ゲームにつながる運動に取り組む** ○指、手首、足首等の体の各部位をほぐす。 ○ボールを使ったゲームにつながる運動を行う。
ゲーム	25分	**ソフトバレーボール大会を行う** ○対抗戦やトーナメント戦など、計画に基づいた大会を開く。　**1** ○審判は前時までと同様に、ゲームを行っていないチームが担当し、ゲームの記録について、ゲーム後に気付いた点を担当したチームに伝える。 ○作戦がどうだったかについてゲーム後に話し合い、次の作戦を決める。　**2**
整理運動	2分	**運動で使った部位をしっかりほぐす**
まとめ	8分	(1)本単元の学習を振り返る ○チームごとに、チームカードに記入しながら振り返る。 ○学級全体で第1時に確認した単元の目標を振り返り、高まった点やよかった点を話し合い、本単元のまとめをする。 (2)後片付けを行う ○分担にしたがって後片付けを素早く安全に行う。

1 体ほぐしの運動、体の動きを高める運動

2 短距離走・リレー

3 表現（激しい感じ）

4 ネット型（ソフトバレーボール）

5 病気の予防(1)

6 クロール・平泳ぎ、安全確保につながる運動

1 ソフトバレーボール大会

　対抗戦やトーナメント戦、他学級との交流戦など、実態に合わせて行う。またカリキュラム・マネジメントの視点から、特別活動などと関連付けて計画を立てることが可能な場合は、事前にルールの話合いをしたり、開閉会式をしたり、賞状などを準備したりするなどして、本単元のまとめとすることも考えられる。

　対抗戦やトーナメント戦の対戦相手を決める際には、前時までの総当たり戦の勝ち数の少ないチームから対戦相手を決めたりできるようにするなど、どのチームもより楽しんで大会に取り組めるように工夫する。

　計画の際には、大会の形態によらず以下の点に気を付ける。

●どのチームにも同じゲーム数を保障する。
●審判を各チーム1回は行うように計画する。
●ゲームの後にチームで作戦の振り返りをする時間を設定する。
●ゲームや審判を行っていないときには、他チームの応援をする。

2 作戦の振り返りについて

　チームで選んだり考えたりした作戦について、ゲーム後に適切に振り返りを行うことが、チームの力を高めることにつながる。作戦の振り返りの方法や流れについては、事前に子供たちに示しておくことが重要である（以下は、指導の一例）。

　作戦を振り返る際には、①ゲームに取り組んでみて作戦はどうだったかについて考える、②どうしてそのような結果になったのか理由を考える、③次のゲームでは、どのように改善をしていくのか解決方法や新しい作戦を考える、の3つの段階で話合いを行っていくと、チームの力を高めていくことにつながる。

　下図に示すように、この3つの振り返りの段階は、次の振り返りにもつながり、チームで話し合って課題を解決していくための大切な手立てとなる。

〈作戦の振り返り〉

① 作戦はどうだったか？
結果

② それはどうしてか？
原因

③ 次の作戦はどうするか？
改善

「ソフトバレーボール」学習カード＆資料

使用時 **第1〜6時**

本単元の学習カードは、チームカードと個人カードの2つの内容があり、いずれも第1時から第6時まで、単元全体を通して使用する。チームカードには、ゲームの運営や対戦記録、チームのめあて等について記録し、チームの力の変容を見取る。また個人カードには、学習のめあての振り返り（前半）、個人のめあての設定とその振り返り（後半）を記録し、個々の学習の変容を見取る。

収録資料活用のポイント

①使い方

授業前までに①チームカードにめあてや役割分担、作戦を記入、②個人カードに自分のめあてを記入（単元後半）して、チームで①と②を1つのファイルにまとめる。カードの活用方法については、第1時に補足説明をし、チームカード、個人カードの順でまとめの時間に振り返りを行う。

②留意点

チームカードと個人カードがうまく連係できるよう、チームで話し合って決めためあてや作戦に基づいて、個人カードのめあてが立てられているか（単元後半）を確認し、指導を行っていく。また学習後に、チームカードの下部分にチーム全員の個人カードを重ねて貼り、1時間で1枚の学習カードにしてまとめていく。

💿 学習カード 6-4-1

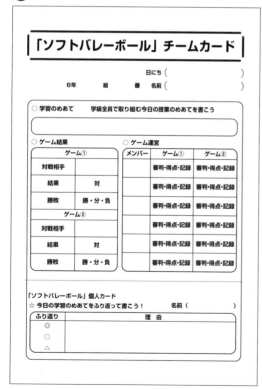

💿 学習カード 6-4-2

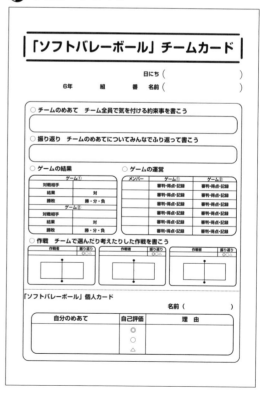

ソフトバレーボール　動きのポイント

守り

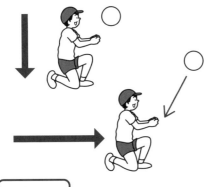

できるだけ低い姿勢でボール
が来るのを待とう

素早くボールの落下地点に入
ろう

攻め

できるだけ高い位置でボール
をはじこう

相手コートの空いている場所
をねらってボールをはじこう

作戦例

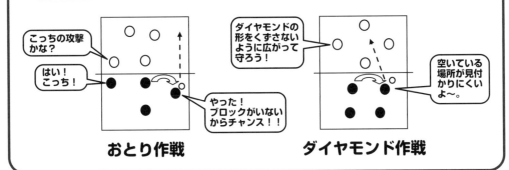

おとり作戦　　　　　　　　**ダイヤモンド作戦**

1
体ほぐしの運動、体の
動きを高める運動

2
短距離走・リレー

3
表現
（激しい感じ）

4
ネット型
（ソフトバレーボール）

5
病気の予防(1)

6
クロール・平泳ぎ、安全
確保につながる運動

5 病気の予防(1)

(4時間)

【単元計画】

第1時	第2時
[第一段階] 病気について知る	[第二段階] 予防法について知る
病気は、病原体、体の抵抗力、生活行動、環境などが関わり合って起こることを理解する。	病原体がもとになって起こる病気を予防するには、病原体が体の中に入るのを防ぐこと、体の抵抗力を高めておくことを理解する。
1　なぜ病気は起こるの？ POINT：風邪の原因を分類することで、生活経験で知っていた病気の起こり方を知識として理解できるようにする。 [主な学習活動] ○学習の見通しをもつ。 ○どうして風邪をひくのか考え、原因を分類する。 ○「病原体」「生活行動」「環境」「体の抵抗力」に大きく分けられることを知る。 ○病気の起こり方についてまとめる。	2　病原体がもとになって起こる病気にならないためにどうすればいいかな？ POINT：身近な病気であるインフルエンザの予防法を考えさせて、仲間との対話をしやすくする。 [主な学習活動] ○病原体がもとになって起こる病気を知る。 ○病原体がもとになって起こる病気の予防方法を考える。 ○食中毒の予防方法を考える。 ○病原体がもとになって起こる病気の予防についてまとめる。

授業改善のポイント

主体的・対話的で深い学びの実践に向けて

　「病気の予防」は生活経験によってイメージしやすい子供としにくい子供の差が出る単元である。そのため学習課題の設定と、資料の提示がポイントとなる。

1　学習課題の設定

　学習内容に対しての子供一人一人の生活経験（病気の経験、周りの大人から言われている生活指導的内容）が異なっているため、具体的な事例を話し合い、病気についてのイメージが共有できた状態から本時の学習課題を設定する。このようにしていくことで、学習課題が自分事となり、自然と「友達と話したい」という対話的な学習が生まれ、自分の考えを深めていく姿が見られるようになる。

2　資料の提示

　資料の提示方法には、板書での掲示資料のほかに、実験結果や模型の提示も効果がある。板書資料では、日本人の死亡要因のグラフ資料を提示する。子供にとって身近と感じていない病気が、将来自分もなるかもしれないと身近に感じるきっかけとなる。

　実験結果の提示では、歯を砂糖水とレモン水につける実験の予想をしてから結果を見せることで、むし歯の原因への興味・関心を高めたり、知識へとつなげる導入の役割にもなる。

1 体ほぐしの運動、体の動きを高める運動

2 短距離走・リレー

3 表現（激しい感じ）

4 ネット型（ソフトバレーボール）

5 病気の予防(1)

6 クロール・平泳ぎ、安全確保につながる運動

単元の目標 ....

○知識

・病気の予防について理解することができる。

○思考力、判断力、表現力等

・病気を予防するための課題を見付け、解決の方法を考え、適切なものを選び、自分の考えたことを仲間に伝えることができる。

○学びに向かう力、人間性等

・病気の予防に関心をもち、主体的に学習に取り組んだり、課題の解決に向けて協力しようとしたりすることができる。

第3時	第4時
生活習慣病の予防には、運動を日常的に行うことや偏った食事や間食を避けること、健康によい生活習慣を身に付ける必要があることを理解する。	むし歯や歯周病の予防には、口腔の衛生を保つなど、健康によい生活習慣を身に付ける必要があることを理解する。
3 生活習慣病にならないためにどうすればいいかな？ POINT：事前の1週間、生活チェック表に記入をして自分の生活の様子を振り返り、自分の生活の課題に気付くことができるようにする。	**4 むし歯や歯周病にならないためにどうすればいいかな？** POINT：予防作戦をお互いに聞き合うことによって、自己の考えを深めたり、広めたりすることができるようにする。
[主な学習活動] ○生活習慣病の意味と三大生活習慣病について知る。 ○「心臓病」「脳卒中」が起こる原因を知り、自分の生活習慣を振り返る。 ○健康な生活を実践する計画を立てる。 ○生活習慣病の予防についてまとめる。	[主な学習活動] ○むし歯や歯周病が起こる原因を考える。 ○むし歯の予防法を調べる。 ○むし歯予防の作戦を立てる。

子供への配慮の例 ....

①知識及び技能が身に付いていない子供

　一人一人の生活経験が異なるため、子供によっては病気の予防の学習をしていても深く理解できないこともある。そこで、友達と話合いをする中で学んでいけるようにする。

　例えば、生活習慣病の予防法では、健康な生活を実践する計画を個人で考える前に、課題別に集まった4、5人で予防法を考え、それぞれのグループが発表する。それぞれの予防法を共有し、自分に合った予防法を選んだり考えたりすることができるようになる。

②意欲的でない子供

　意欲的に学習に取り組めない原因の一つとして、自分には関係のないと思っていることが考えられる。特に、教師と発言の多い子供だけで授業が進んでいくと、より関係ないと思い込み、授業に参加する意欲をなくしていく。そこで、子供一人一人が自分に関係のあることなんだと自覚できるように、具体的な事例を多く示すようにする。「そうだったな」「確かに！」となると、学習内容が自分事として捉えられるようになり、意欲的に学習に取り組みやすくなっていく。

本時案

なぜ病気は起こるの？

本時の目標

病気は、病原体、体の抵抗力、生活行動、環境などが関わり合って起こることを理解することができる。

評価のポイント

病気は、病原体、体の抵抗力、生活行動、環境などが関わり合って起こることを理解することができたか、ワークシートに具体例を示しながら書けているかをチェックする。

本時の板書のポイント

point **1** かぜの原因で出てきた考えを、短冊に記入して黒板に貼る。

point **2** 子供の考えが黒板に貼られたら、仲間分けをする。近い原因の短冊をまとめて貼るために、移動させる。

point **3** まとまりごとに、病原体、体の抵抗力、生活行動、環境と名前をつける。子供に考えさせてもよい。黒板に4つものまとまりごとに整理することで視覚的にも分かりやすく、理解の助けになるようにする。

授業の流れ ▷▷▷

1 今までの学習を想起し「病気の予防」について学ぼうという意欲をもつ

> 後はどんなことを学ぶと健康に過ごすことができるかな？。

「3年生から5年生までの保健では何を学習してきましたか？」と発問し、内容を板書する。「ほかにはどんなことを学ぶと健康に過ごすことができるかな？」と投げかける。

2 どうして風邪をひくのか考え、原因を分類し、4つのまとまりを知る

> クーラーかけすぎだったり

> それもあるなら、暑すぎもあるかな？

今までの生活経験から考えさせる。風邪になった時のことを思い出させると考えやすい。個人で考えたら、近くの子供同士で考えを交流する時間を設定し、その後、分類する。

病気の予防

病気はなぜ起こるの？

どうしてかぜをひくのだろう

手洗いしない	運動していない	寒い	体調が悪かった
うがいしない	寝不足	暑い	
	お腹だして寝ていた		
	湯冷め		

病原体	生活の仕方	環境	抵抗力

病気は、病原体、体の抵抗力、生活行動、環境などが関わり合って起こる

1 体ほぐしの運動、体の動きを高める運動

2 短距離走・リレー

3 表現（激しい感じ）

4 ネット型（ソフトバレーボール）

5 病気の予防(1)

6 クロール・平泳ぎ、安全確保につながる運動

3 4つに大きく分けられることを知る

分類した大きなまとまりごとに「病原体」「生活行動」「環境」「体の抵抗力」ということを知る（養護教諭からの説明だとよりよい）。子供からの考えで、足りていないものがあれば、ここで付け足しておく。

4 病気の原因についてまとめる。

今までの自分の生活経験を振り返りながら、これから自分が知りたいことをワークシートに記入するように促す。

週案記入例

[目標]
病気は、病原体、体の抵抗力、生活行動、環境などが関わり合って起こることを理解することができる。

[活動]
風邪の予防について考える。

[評価]
病気は、病原体、体の抵抗力、生活行動、環境などが関わり合って起こることを理解できたか。

本時案

病気にならないためには？

本時の目標

　病原体がもとになって起こる病気を予防するには、病原体が体の中に入るのを防ぐこと、体の抵抗力を高めておくことを理解することができる。

評価のポイント

　病原体がもとになって起こる病気を予防するには、病原体が体の中に入るのを防ぐこと、体の抵抗力を高めておくことを理解できたか、ワークシートに具体例を示しながら書けているかチェックする。

本時の板書のポイント

point 1 病原体がもとになって起こる病気の中で聞いたことがありそうな病気を簡単に紹介し、板書しておく。

point 2 予防法の考えが出たら、教師が意図的に分類して板書する。まとまりはどんな仲間か子供に考えさせる。「病原体が体に入るのを防ぐこと」と「体の抵抗力を高めること」をおさえる。

point 3 食中毒の予防法を発表させる際にどちらのまとまりなのかを子供に発表させることで、他の病気でも使える力を付ける。

　視覚的に理解できるように、並べて板書することで2つを比較できるようにした。抵抗力の項目は変わらないことに気付かせ、より理解が深まるようにしたい。

本時の展開 ▷▷▷

1 病原体がもとになって起こる病気を知る

　前時を振り返り、4つの原因の中から、子供が毎年よく聞くであろう「インフルエンザ」などの「病原体がもとになって起こる病気」について学習課題を設定する。

2 病原体がもとになって起こる病気の予防法を考える

　「インフルエンザ」を取り上げ、予防法を考える。考えさせる際に、インフルエンザの感染の様子を説明する。子供の考えを分類して掲示し、「発生源をなくす、断ち切る」「体の抵抗力を高める」ことが必要だと確認する。養護教諭と連携しながら授業を進めると効果的である。

1 体ほぐしの運動、体の動きを高める運動

2 短距離走・リレー

3 表現（激しい感じ）

4 ネット型（ソフトバレーボール）

5 病気の予防(1)

6 クロール・平泳ぎ、安全確保につながる運動

病気の予防

病原体がもとになって起こる病気にならないためには、どうすればいいかな？

病原体がもとになって起こる病気
・インフルエンザ
・ノロウィルス
・結核
・風疹

どんな予防法があるかな

インフルエンザ

うがい、手洗い
換気
マスク
人ごみをさける

病原体が入るのを防ぐ

食中毒

消毒
火をよく通す
肉・魚はすぐに冷蔵庫へ

バランスよく食べる
よく寝る
運動する
予防接種

体の抵抗力を高める

バランスよく食べる
よく寝る
運動する

3 食中毒の予防法を考える

「病原体が原因の『食中毒』ではどんな予防法があるか考えよう」と学んだことを活用して考えられる課題を出す。

解決方法は全体で共有し、様々な考え方を知る機会とする。

4 病原体がもとになって起こる病気の予防についてまとめる

今日の学びや、これからの生活で生かしていきたいことなどをワークシートに記入するように促す。

週案記入例

[目標]
病原体がもとになって起こる病気を予防するには、病原体が体の中に入るのを防ぐこと、体の抵抗力を高めておくことを理解することができる。

[活動]
病原体がもとになって起こる病気の予防法を考える。

[評価]
病原体がもとになって起こる病気を予防するには、病原体が体の中に入るのを防ぐこと、体の抵抗力を高めておくことを理解できたか。

本時案

生活習慣病に ならないためには？

3/4

本時の目標

生活習慣病の予防には、運動を日常的に行うことや偏った食事や間食を避けること、健康によい生活習慣を身に付ける必要があることを理解することができる。

評価のポイント

生活習慣病の予防には、運動を日常的に行うことや偏った食事や間食を避けること、健康によい生活習慣を身に付ける必要があることを理解できたか、ワークシートに具体例を示しながら書けているかをチェックする。

本時の板書のポイント

point 1 「生活習慣病」と聞いても自分事と捉えにくいので、その原因やデータなどを提示して、子供にも身近な病気だということを確認する。

point 2 心臓病と脳卒中を例に、病気のなり方を説明する。使用した図は黒板に貼って、すぐに振り返ることができるようにしておく。「運動」「食事」「休養・睡眠」と関連させたときに、キーワードを板書して、次の活動につなげる。

point 3 自分の課題を見付けたら、個人で具体的な行動を考える。まとめとして、発表できる子供の考えを聞く。項目ごとに整理して板書することで、今後も使える知識となるようにする。

授業の流れ ▷▷▷

1 生活習慣病の意味と三大生活習慣病について知る

このような生活習慣病にならないためにはどうしたらよいかな。

生活習慣病の意味や「がん」「心臓病」「脳卒中」の三大生活習慣病について紹介し、自分たちにも関係のある病気だということに気付かせてから「生活習慣病にならないためにどうすればよいかな？」と学習課題を設定する。

2 「心臓病」「脳卒中」が起こる原因を知り、自分の生活習慣を振り返る

イラストや画像、模型などの資料を使って、「心臓病」「脳卒中」の原因を知る。養護教諭からの説明が効果的である。

自分の生活を振り返って、予防のためには自分が何をすればよいかを考える。

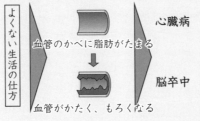

病気の予防

生活習慣病にかからないためにはどうすればいいのかな

生活習慣とは
・生活習慣が原因
・子供でもなる
・日本人の
　死亡原因

27%　30%
3%
4%　16%
10%　10%

心臓病、脳卒中

よくない生活の仕方

血管のかべに脂肪がたまる

血管がかたく、もろくなる

心臓病

脳卒中

予防のために
どんなことができるか

運動

食事

休よう・すいみん

1 体ほぐしの運動、体の動きを高める運動

2 短距離走・リレー

3 表現（激しい感じ）

4 ネット型（ソフトバレーボール）

5 病気の予防(1)

6 クロール・平泳ぎ、安全確保につながる運動

3 健康な生活を実践する計画を立てる

　「いつ、何をどれだけするのか」と具体的に考えさせたい。担任と養護教諭で、計画が実践できそうな内容か個別指導や全体指導などを適宜行う。

4 生活習慣病の予防についてまとめる

　今日の学びや、これからの生活で生かしていきたいことなどをワークシートに記入するように促す。

> **週案記入例**
>
> **[目標]**
> 　生活習慣病の予防には、運動を日常的に行うことや偏った食事や間食を避けること、健康によい生活習慣を身に付ける必要があることを理解することができる。
> **[活動]**
> 　生活習慣病の予防法を考える。
> **[評価]**
> 　生活習慣病の予防には、運動を日常的に行うことや偏った食事や間食を避けること、健康によい生活習慣を身に付ける必要があることを理解できたか。

本時案

むし歯や歯周病にならないために

本時の目標

むし歯や歯周病の予防には、口腔の衛生を保ったりすることなど、健康によい生活習慣を身に付ける必要があることを理解することができる。

評価のポイント

むし歯や歯周病の予防には、口腔の衛生を保ったりすることなど、健康によい生活習慣を身に付ける必要があることを理解できたか、ワークシートに具体例を示しながら書けているかをチェックする。

本時の板書のポイント

point **1** 予想をしやすくするために、実験の写真を掲示する。

point **2** むし歯や歯周病の起こり方をイメージしやすくするために、イラストを掲示しながら説明する。

point **3** 自分にできる予防法を考え、全体でも発表させる。子供の考えは、前時と同じように、項目ごとに整理して板書し、理解しやすいようにする。

授業の流れ ▷▷▷

1 むし歯や歯周病が起こる原因を考える

「むし歯や歯周病にならないためにどうすればよいかな？」と学習課題を設定する。歯を砂糖水とレモン水に浸ける実験の結果を予想し、結果を知る。レモン水だけ歯が溶けていたことから、むし歯の原因の説明をしていく。養護教諭と連携しながら授業を進めると効果的である。

2 むし歯の予防法を調べる

むし歯予防の方法を考える。ここでも生活経験の差が出るので、考えの交流をして、様々な経験を伝え合わせる。

病気の予防

むし歯や歯周病にならないためにどうすればいいかな?

実験

砂糖水　レモン水

10日後

砂糖水　レモン水

虫歯の起こり方

歯こう

歯周病の起こり方

歯こう　しこう

自分にできる予防法

きんを増やさない

食べ物が口に入っている
時間を短く

砂糖を取りすぎない

3 むし歯予防の作戦を立てる

　自分に何が足りていないのか、課題を見付け、それを解決するための行動を選択させる。迷っている子供には、担任や養護教諭が個別指導を行う。

4 むし歯や歯周病の予防について
まとめる

　今日の学びや、これからの生活で生かしていきたいことなどをワークシートに記入するように促す。

週案記入例

[目標]
むし歯や歯周病の予防には、口腔の衛生を保ったりすることなど、健康によい生活習慣を身に付ける必要があることを理解することができる。

[活動]
心の発達について考える。

[評価]
むし歯や歯周病の予防には、口腔の衛生を保ったりすることなど、健康によい生活習慣を身に付ける必要があることを理解できたか。

「病気の予防(1)」学習カード

使用時 第1～4時

本カードは第1時から第4時まで、1時間に1枚ずつ使用する。4時間を通して、「学んだことをこれからの生活にどう生かしていくのか」と「おうちの方から」の欄を入れている。学んだ知識を使って、自分事として考えることができるように、また家族も自分の健康を願っていることを知り、自分を大切に考えられるようにという考えで入れている。

収録資料活用のポイント

①使い方

学習の流れに沿って自分の考えや、友達の考え、大切なキーワードなどを記入させる。授業のはじめから配付するのではなく、必要なときになってから配付した方が効果的である。

1時間の振り返りを書かせたら、全員分を回収し、次の授業の導入で紹介する。このことにより、「認め合う活動をすることで温かい雰囲気で学びをはじめることができる」「前時の振り返りができる」「お手本として紹介することで、振り返りの書き方を学べる」というよさがある。

②留意点

毎時間学習カードを使用するので、画用紙などで表紙をつくって、まとめておけるファイル形式にすると、学びの足跡が分かるので効果的である。

生活習慣カードは、3時間目がはじまる前までに1週間自分の生活をチェックするカードである。似たような内容のチェックを校内で行っている場合は必要ない。

「お家の人から」の欄を毎時間設けている。保健の単元がはじまる前に、保護者会や学年便りなどで先に保護者にお知らせし、協力をお願いすることが必要である。学習内容も保護者に伝わるようにしたい。

🔘 学習カード 6-5-1　　　　　🔘 学習カード 6-5-2　　　　　🔘 学習カード 6-5-3

「病気の予防」生活の仕方を調べてみようカード

日にち（　　　　　　　　　　）

6年　　　組　　　番　名前（　　　　　　　　　　）

		1 / ( )	2 / ( )	3 / ( )	4 / ( )	5 / ( )	6 / ( )	7 / ( )
1	起きた時刻を書きましょう。							
2	自分の行動に一番近いと思う数字に○をつけましょう。　3とても当てはまる　2当てはまる　1当てはまらない							
①	気持ちよく起きることができた。	3 2 1	3 2 1	3 2 1	3 2 1	3 2 1	3 2 1	3 2 1
②	朝食をしっかり食べた。	3 2 1	3 2 1	3 2 1	3 2 1	3 2 1	3 2 1	3 2 1
③	休み時間は外で元気に遊んだ。	3 2 1	3 2 1	3 2 1	3 2 1	3 2 1	3 2 1	3 2 1
④	給食は残さず食べた。	3 2 1	3 2 1	3 2 1	3 2 1	3 2 1	3 2 1	3 2 1
⑤	授業中、眠くなることはなかった。	3 2 1	3 2 1	3 2 1	3 2 1	3 2 1	3 2 1	3 2 1
⑥	放課後に運動をしたり、外遊びをしたりした。	3 2 1	3 2 1	3 2 1	3 2 1	3 2 1	3 2 1	3 2 1
⑦	夕食は残さず食べた。	3 2 1	3 2 1	3 2 1	3 2 1	3 2 1	3 2 1	3 2 1
⑧	明るい気持ちで過ごした。	3 2 1	3 2 1	3 2 1	3 2 1	3 2 1	3 2 1	3 2 1
3	今日食べたおやつやジュースを全部書きましょう。							
4	布団に入った時刻を書きましょう。	:	:	:	:	:	:	:

自分の生活の仕方を振り返って、思ったこと・考えたことを書きましょう。

「病気の予防」学習カード④

日にち（　　　　　　　　）

6年　　　組　　　番　名前（　　　　　　　　）

/ ( )　　　　生活習慣病の予防　2

学習のめあて

1 砂糖水とレモン水に入れた歯は、どちらがたくさんとけるでしょうか。
（1）予想を立てよう！（記号に○を付けよう。）
　A　砂糖水の方がとける　　　B　レモン水の方がとける
　C　同じくらいとける　　　　D　両方ともとけない

理由

（2）みんなの意見を聞いて、ファイナルアンサーは？（記号に○を付けよう。）
　A　砂糖水の方がとける　　　B　レモン水の方がとける
　C　同じくらいとける　　　　D　両方ともとけない

2 むし歯を予防するためには、
　ア　　　　　　　　　　　　　　　　　を増やさない。
　イ　　　　　　　　　　　　　　　　　を短くする。

3 むし歯を予防する方法を考えましょう。
　（1）課題（記号に○を付けよう。）　ア　　イ

　（2）目標

　（3）目標を達成するためにどうしたらよいでしょう。

4 分かったこと・考えたことを書きましょう。

○むし歯を予防する方法を実行してみて、思ったこと・考えたことを書きましょう。

お家の方から

1 体ほぐしの運動、体の動きを高める運動

2 短距離走・リレー

3 表現（激しい感じ）

4 ネット型（ソフトバレーボール）

5 病気の予防(1)

6 クロール・平泳ぎ、安全確保につながる運動

6 クロール・平泳ぎ、安全確保につながる運動

（7時間）

【単元計画】

1時	2・3時
[第一段階] **クロールと平泳ぎのポイントと練習の仕方を知り、自己の課題を見付ける。**	
2人組のペアや4人グループでの学習の仕方を知り、ばた足泳ぎやクロールの練習をしながら、自己の課題を見付ける。	平泳ぎのポイントと練習の仕方を知り、かえる足泳ぎや平泳ぎの練習をしながら、自己の課題を見付ける。
1 クロールのポイントをつかもう POINT：クロールのポイントと練習の仕方を知り、10mのストローク数（手をかく回数）を数えて、自己の課題を見付ける。	**2・3 平泳ぎのポイントをつかもう** POINT：平泳ぎのポイントと練習の仕方を知り、10mのストローク数を数えて、自己の課題を見付ける。
[主な学習活動] ○集合・あいさつ ○今日の運動につながる準備運動をする。 ○クロールの手や足の動きと呼吸 　①4人グループでばた足5分間リレーを行う。 　②ペアでクロールの手や足の動きと呼吸の仕方を知る。 　③10mのストローク数を数えて、課題を見付ける。 ○運動で使った部位をゆったりとほぐす。 ○まとめ 　今日の学習を振り返り、次時の学習内容を知る。	**[主な学習活動]** ○集合・あいさつ ○今日の運動につながる準備運動をする。 ○平泳ぎの手や足の動きと呼吸 　①4人グループでかえる足5分間リレーを行う。 　②ペアで平泳ぎの手や足の動きと呼吸の仕方を知る。 　③10mのストローク数を数えて、課題を見付ける。 ○運動で使った部位をゆったりとほぐす。 ○まとめ 　今日の学習を振り返り、次時の学習内容を知る。

授業改善のポイント

主体的・対話的で深い学びの実践に向けて

　高学年の水泳運動は、「クロール」「平泳ぎ」及び「安全確保につながる運動」で構成され、続けて長く（25～50m程度）泳いだり、泳ぐ距離や浮いている時間を伸ばしたり、記録を達成したりする楽しさや喜びを味わうことができる。

　一方、水泳は一人一人の運動経験の違いから個人差が大きく、6年生でも力を抜いて浮いたり自由な泳ぎで25mを泳いだりすることができない子供もいる。

　そこで授業では、子供が自己の能力に適した練習の場を選べるように複数の場を設定し、練習の際には2人組のペアによる活動を取り入れる。

　ペアで互いに補助し合ったり、口伴奏で声をかけ合ったりすることで動きを身に付けていく。

　また、互いの動きを見合い、気付いたことを伝え合う対話的な学習により、自己の課題が明確になり、より主体的な学びにつながっていく。

　毎時間の終わりには、決まった距離のストローク数をペアで数え合う。他の子供と比べるのではなく、前時の記録からの「1ストロークで進む距離の伸び」を実感することで、子供自身が学びのプロセスを振り返り、次の活動につなげていく。

1 体ほぐしの運動、体の動きを高める運動

2 短距離走・リレー

3 表現（激しい感じ）

4 ネット型（ソフトバレーボール）

5 病気の予防(1)

6 クロール・平泳ぎ、安全確保につながる運動

単元の目標

○知識及び技能

・クロールと平泳ぎで、手や足の動きに呼吸を合わせて続けて長く泳ぐ行い方を理解するとともに、その泳ぎ方で泳ぐことができる。

・安全確保につながる運動で、背浮きや浮き沈みをしながら続けて長く浮くことができる。

○思考力、判断力、表現力等

・自己の能力に適した課題の解決の仕方を工夫したり、考えたことを仲間に伝えたりすることができる。

○学びに向かう力、人間性等

・約束を守り、助け合って運動をしたり、水泳運動の心得を守って安全に気を配ったりすることができる。

4・5時	6・7時
[第二段階] **練習の仕方を工夫して、クロールや平泳ぎ、背浮きや浮き沈みに取り組む。**	
自己の課題に応じた練習の場や仕方を選び、ペアで泳ぎを見合ったり補助し合ったりしながら、気付いたことを伝え合い、課題を解決する。	記録への挑戦の仕方を選び、続けて長く泳いだり、泳ぐ距離や浮いている時間を伸ばしたりして、記録を達成する喜びを味わう。
4・5 自分の課題を解決しよう POINT：1時間の前半は安全確保につながる動きとして背浮きや浮き沈みを行う。後半はペアが交代で練習し、互いの泳ぎを見合う。	**6・7 着衣での体験／記録に挑戦** POINT：第6時は安全確保につながる運動の発展として着衣での背浮きや浮き沈みに挑戦する。第7時は学年でストローク数やタイムに挑戦する記録会を行う。
[主な学習活動] ○集合・あいさつ ○準備運動 ○クロール・平泳ぎ、安全確保につながる動き 　①ペアで補助し合いながら背浮きや浮き沈みをする。 　②クロールと平泳ぎから泳法と練習の場を選び、ペアが交代で練習して、気付いたことを伝え合う。 　③25mのストローク数を数えて、達成度を確かめる。 ○整理運動 ○まとめ	**[主な学習活動]** ○集合・あいさつ ○準備運動 　第6時　着衣で水に落ちた場合の対処の仕方として、着衣での背浮きや浮き沈みに挑戦する。 　第7時　泳ぎ方（クロールか平泳ぎ）と距離（25mか50m）を選び、学年で記録会を行う。 ○整理運動 ○まとめ 　第7時　単元の学習を振り返り、カードに記録する。

子供への配慮の例

①運動が苦手な子供

　泳ぎが苦手な子供には、ペアの仲間が前方で揃えた手を引いて体を支え、姿勢が安定した状態でクロールのばた足や手のかき、平泳ぎのかえる足の練習を行うなどの配慮をする。

　クロールや平泳ぎの息継ぎが苦手な子供には、水中を歩きながら動きの確認をする練習や、ペアの仲間が手を引きながら息継ぎのタイミングの声をかける練習を行うなどの配慮をする。

　背浮き姿勢で浮くことが困難な子供には、補助具を胸に抱えたり、ペアの仲間が頭の後ろを支えたりするなどの配慮をする。

②意欲的でない子供

　水に対する恐怖心を抱く子供には、授業の前半で補助具を使ってばた足やかえる足で泳ぐリレーや、仲間に補助されて浮きながら呼吸の仕方を身に付ける活動を行うなどの配慮をする。

　仲間とうまく関わりながら学習を進めることが苦手な子供には、ペアやグループの編成を配慮し、グループでの5分間リレーで、仲間と一緒に達成する活動を行うなどの配慮をする。

　クロールや平泳ぎで50m以上泳ぐことができる子供には、より少ないストローク数で泳ぐ挑戦をさせたり、タイムを計測させたりする。

本時案

クロールの
ポイントをつかもう

1/7

本時の目標

単元の学習内容と、ペアやグループでの練習の仕方を知り、ばた足やクロールの練習に積極的に取り組むことができる。

評価のポイント

安全に運動するための約束を守り、ペアやグループの友達と助け合って、積極的に運動に取り組むことができたか。

週案記入例

[目標]
ペアやグループで運動に積極的に取り組む。

[活動]
クロールのポイントを知り、ペアや4人グループで、ばた足やクロールの練習をする。

[評価]
ペアやグループで運動に積極的に取り組んだか。

[指導上の留意点]
ペアでの人数確認の行い方や、安全に運動するための約束を指導する。

本時の展開

	時	子供の活動
はじめ	4分	**(1)集合・人数確認** **1** ○男女とも2列で集合し、ペアで人数を確認する。 **(2)本時の学習内容を知る。** ○ペアでの学習の仕方や安全に運動するための約束を知る。
準備運動 シャワー	5分	**(1)本時の運動につながる準備運動をする** ○肩や腕、脚や足首などのストレッチ運動を中心に行う。 **(2)シャワーで頭と体、腕や足を手でこすり、汗を流す**
ばた足 5分間リレー	15分	**4人グループで5分間で泳いだ距離を測り、記録に挑戦する** ○プールの横方向を使い、2人ずつ向き合って座る。 **2** ○ビート板をバトン代わりにして、1人10mずつ交代で泳ぐ。 ○5分間で泳いだ距離を測り、記録に挑戦する。
クロールの ポイントを 知る	15分	**(1)クロールの手や足の動きと呼吸の仕方を知る** **3** ○手や足の動きのポイントを知り、ペアが交代で「イチ・ニ・パッ（呼吸）・ヨン」のかけ声をかけて、呼吸の練習をする。 **(2)クロールで10mを泳ぎ、ストローク数を数える** ○少ないストローク数で泳ぐための、自分の課題を見付ける。
整理運動	2分	**運動で使った箇所をゆったりとほぐす** ○特に肩や腕、脚や足首を中心にストレッチ運動をする。
まとめ シャワー	4分	**(1)人数を確認し、本時の学習内容を振り返る** 　①ポイントを意識して、少ないストローク数で泳げたか。 　②自分の課題を見付けて、解決の仕方を考えられたか。 　③友達と助け合い、安全に気を付けて運動できたか。 **(2)次時の学習内容を確認し、シャワーを浴びる**

1 体ほぐしの運動、体の動きを高める運動

2 短距離走・リレー

3 表現（激しい感じ）

4 ネット型（ソフトバレーボール）

5 病気の予防(1)

6 クロール・平泳ぎ、安全確保につながる運動

1 学習隊形（例）

　下の図のように、男女別に背の順の2列で、1組から順番に座る。プールは構造上、排水溝の周辺が最も深いので、背の高さや水に対する恐怖心等、配慮の必要があれば、その付近の順番を変える。見学者は原則として体育着で帽子をかぶらせ、日よけのある場所に座って見学させる。暑い日にはこまめな水分補給にも留意する。

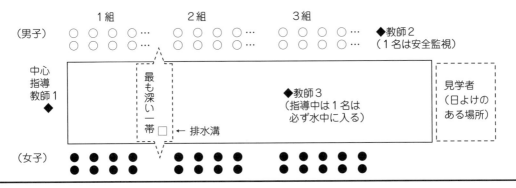

2 ばた足5分間リレー

　ペアを2つ合わせた4人グループで、ビート板をバトン代わりにして、ばた足で1人10mずつ泳ぎ、5分間で何m進めたかを測る。グループで取り組むことで仲間を応援する関わりが生まれ、ペア学習でも「仲間の泳ぎが上手になるとグループの記録が伸びる」という、学び合いの必然性が意欲につながる。

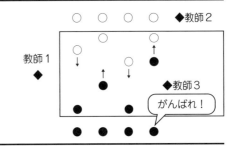

3 クロールのポイントと練習方法

　クロールの息つぎでつまずく子供は、手足の動きで進む力が弱いので、「1」で親指が腿の横に触るまで、手の平でしっかりと水を押すことを意識させる。「3」で息つぎをし、かく方と反対の手を前に伸ばしたまま、顔を横に上げて息つぎをする。

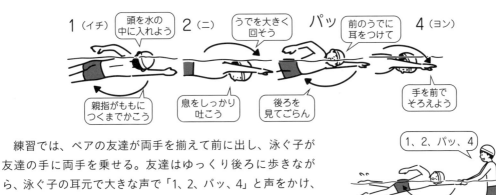

　練習では、ペアの友達が両手を揃えて前に出し、泳ぐ子が友達の手に両手を乗せる。友達はゆっくり後ろに歩きながら、泳ぐ子の耳元で大きな声で「1、2、パッ、4」と声をかけ、声に合わせて泳ぎながら息つぎの練習をする。

本時案

平泳ぎのポイント をつかもう①

本時の目標

平泳ぎのポイントと練習の仕方を知り、かえる足泳ぎや平泳ぎの練習をしながら、自分の課題を見付けることができる。

評価のポイント

ペアや4人グループで練習を行い、かえる足や平泳ぎのポイントを意識して泳ぐことができたか。

週案記入例

[目標]
かえる足のポイントを意識して泳ぐ。

[活動]
かえる足のポイントを知り、ペアや4人グループで、かえる足や平泳ぎの練習をする。

[評価]
かえる足のポイントを意識して泳げたか。

[指導上の留意点]
かえる足の習得には個人差があり、うまく進まない子供もいるので、ペアによる補助を活用する。

本時の展開

	時	子供の活動
はじめ	4分	**(1)集合・人数確認** ○男女とも2列で集合し、ペアで人数を確認する。 **(2)本時の学習内容を知る**
準備運動シャワー	5分	**(1)本時の運動につながる準備運動をする** ○肩や腕、脚や足首などのストレッチ運動を中心に行う。 **(2)シャワーで頭と体、腕や足を手でこすり、汗を流す**
かえる足5分間リレー	15分	**4人グループで5分間で泳いだ距離を測り、記録に挑戦する** 1 ○プールの横方向を使い、2人ずつ向き合って座る。 ○ビート板をバトン代わりにして、1人10mずつ交代で泳ぐ。 ○5分間で泳いだ距離を測り、記録に挑戦する。
平泳ぎのポイントを知る	15分	**(1)かえる足の動きと練習の仕方を知る** 2 ○かえる足の動きのポイントを知り、ペアが手を引きながら「曲げる、蹴って、閉じる」のかけ声をかけて練習をする。 ○1人で、面かぶりのかえる足泳ぎで泳ぐ。 **(2)平泳ぎで10mを泳ぎ、ストローク数を数える** 3 ○少ないストローク数で泳ぐための、自分の課題を見付ける。
整理運動	2分	**運動で使った箇所をゆったりとほぐす** ○特に肩や腕、脚や足首を中心にストレッチ運動をする。
まとめシャワー	4分	**(1)人数を確認し、本時の学習内容を振り返る** 　①ポイントを意識して、少ないストローク数で泳げたか。 　②自分の課題を見付けて、解決の仕方を考えられたか。 　③友達と助け合い、安全に気を付けて運動できたか。 **(2)次時の学習内容を確認し、シャワーを浴びる**

1 ポイント学習の隊形

　下の図のように、男女全員がプール中央のコースの線の上に立つ。教師の指示で、中央から壁に向かい、ペアが交代で5mを往復して泳ぐ。水から上がらず、短い距離を繰り返し泳ぐことで運動量を確保するとともに、互いの泳ぎを近くで見合う。

　中心指導者はプールの横方向の中央に立ち、子供が示範を見やすいようにする。

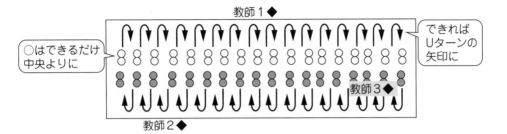

2 かえる足のポイントと練習方法

　ばた足は「ドッドッドッドッ…」と蹴る連続した動きだが、かえる足は「曲げる」と「蹴る」2つのメリハリを付けて、1回ずつ動きを止めることを意識する。

　かえる足でつまずく子供は、足首がしっかり曲がっていないか、足を外へ蹴ってしまい最後に閉じていない子が多いので、「曲げる」で膝と足首をしっかり曲げ、「蹴って閉じる」でつま先が揃うまで足を閉じることを意識させる。

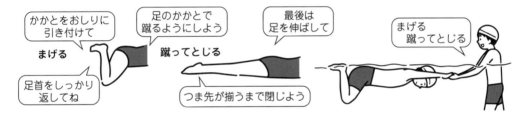

　練習では、まずペアの友達に手を引かれながら、顔を水につけたまま、友達のかけ声に合わせて「曲げる」と「蹴って閉じる」を意識しながら練習する。次に、自分1人で、手を前で揃え、顔を水につけた「面かぶりのかえる足」で5〜10m泳ぐ。

3 10mのストローク数調べ

　1かきや1蹴りでよく進む動きを意識させるために、決まった距離をより少ないストローク数で泳ぐことに挑戦する。

　ペアが交代で10mを泳ぎ、泳ぎ終えたら友達がストローク数を伝える。1人2回行うようにし、2回目はより少ないストローク数で泳ぐことを目指す。毎時間の数を記録し、自分の成長に気付く。

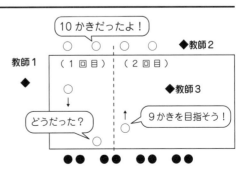

本時案

平泳ぎのポイント をつかもう②

本時の目標

　平泳ぎのポイントと練習の仕方を知り、練習をしながら自分の課題を見付けることができる。

評価のポイント

　ペアや4人グループでかえる足泳ぎや平泳ぎの練習を行い、自分の課題を見付けて、次回以降の練習の場や仕方を選ぶことができたか。

週案記入例

[目標]
平泳ぎを練習し、自分の課題を見付ける。

[活動]
平泳ぎのポイントを知り、ペアや4人グループで、かえる足や平泳ぎの練習をする。

[評価]
平泳ぎで自分の課題を見付けられたか。

[指導上の留意点]
平泳ぎの習得には個人差が大きいので、課題に応じた練習の場や段階的な練習の仕方を提示する。

本時の展開

	時	子供の活動
はじめ	4分	(1)**集合・人数確認** ○男女とも2列で集合し、ペアで人数を確認する。 (2)**本時の学習内容を知る**
準備運動 シャワー	5分	(1)**本時の運動につながる準備運動をする** ○肩や腕、脚や足首などのストレッチ運動を中心に行う。 (2)**シャワーで頭と体、腕や足を手でこすり、汗を流す**
かえる足 5分間リレー	15分	**4人グループで5分間で泳いだ距離を数え、記録に挑戦する** ○プールの横方向を使い、2人ずつ向き合って座る。 ○ビート板をバトンにして、1人10mずつ交代で泳ぐ。 ○5分間で泳いだ距離を数え、前時からの向上に挑戦する。
平泳ぎの ポイントを 知る	15分	(1)**平泳ぎの手の動きと呼吸の仕方を知る** 1 ○平泳ぎの手の動きのポイントを知り、面かぶりで手だけ5回かいて、進んだ距離を確かめる。 ○平泳ぎのリズムと呼吸の仕方を知り、練習する。 2 (2)**平泳ぎで10mを泳ぎ、ストローク数を数える** ○前時からの伸びを確認し、課題に応じた練習の場を考える。
整理運動	2分	**運動で使った箇所をゆったりとほぐす** ○特に肩や腕、脚や足首を中心にストレッチ運動をする。
まとめ シャワー	4分	(1)**人数を確認し、本時の学習内容を振り返る** 　①ポイントを意識して、少ないストローク数で泳げたか。 　②自分の課題を見付けて、次回の練習の場を選べたか。 　③友達と助け合い、安全に気を付けて運動できたか。 (2)**次時の学習内容を確認し、シャワーを浴びる**

1 体ほぐしの運動、体の動きを高める運動

2 短距離走・リレー

3 表現（激しい感じ）

4 ネット型（ソフトバレーボール）

5 病気の予防(1)

6 クロール・平泳ぎ、安全確保につながる運動

1 平泳ぎの手のかきのポイントと練習方法

平泳ぎの手のかきは、大きくは「逆ハート形」だが、よく進むためには、手を広げるときに肘を高くし、手の平を進行方向に対して後ろ向きにする。

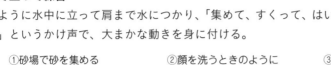

【練習方法】

(1)水中で立って練習

図のように水中に立って肩まで水につかり、「集めて、すくって、はい どうぞ」というかけ声で、大まかな動きを身に付ける。

①砂場で砂を集めるように「集めて」

②顔を洗うときのように水を「すくって」

③その水を人にあげるように「はい、どうぞ」

(2)面かぶりの手だけ平泳ぎ

顔を水に入れたまま、息つぎをせず足も動かさずに手だけ5回かく「面かぶりの手だけ平泳ぎ」を行い、「手をどのように動かせばよく進むか」を実感する。

顔も足も動かさないので、手の動きに集中できる。

手を外に開くときに、体が「グゥ〜ン」と進んだぞ！

2 平泳ぎのリズムと呼吸

平泳ぎのリズムは人によってまちまちで、クロールと違って、共通の声かけに自分の泳ぎを合わせることが難しい。一つの例として、以下のような声かけがある。

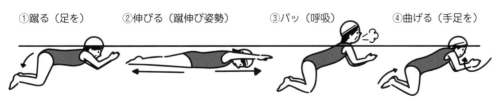

①蹴る（足を）　②伸びる（蹴伸び姿勢）　③パッ（呼吸）　④曲げる（手足を）

呼吸のタイミングの練習として、ビート板で顔を水につけたまま足を蹴り、足を揃えてから顔を上げて息をする。息をしたらすぐに顔を水につけ、足を曲げてから蹴ると、タイミングをつかみやすい。

ける・伸びる・　パッ！

本時案

自分の課題を
解決しよう①

本時の目標

　自己の課題に応じた練習の場や段階を選び、仲間の考えや取組を認めながら助け合って練習することができる。

評価のポイント

　練習場所の使い方や補助の仕方などの約束を守り、仲間の考えや取組を認めながら助け合って練習することができたか。

週案記入例

[目標]
自己の課題を選び、仲間と助け合って練習する。

[活動]
課題に応じた練習の場や仕方を選び、ペアが交代で泳いで、互いに補助や声かけ、助言を行う。

[評価]
約束を守り、仲間と助け合って練習ができたか。

[指導上の留意点]
課題に応じた練習の場に分かれるので、場の担当教員が子供の学習の様子を見て担任に伝える。

本時の展開

	時	子供の活動
はじめ	4分	(1)集合・人数確認 ○男女とも2列で集合し、ペアで人数を確認する。 (2)本時の学習内容を知る
準備運動 シャワー	5分	(1)本時の運動につながる準備運動をする ○肩や腕、脚や足首などのストレッチ運動を中心に行う。 (2)シャワーで頭と体、腕や足を手でこすり、汗を流す
安全確保に つながる 運動	15分	(1)10〜20秒程度を目安にした背浮き　**1** ○ペアで補助し合いながら、背浮きの姿勢を維持する。 (2)3〜5回程度を目安にした浮き沈み ○だるま浮きで背中を押してもらい、浮き沈みを繰り返す。
学習課題に 応じた場で 練習する	15分	(1)学習課題に応じた練習の場で、ペアが交代で練習する　**2** ○自分の課題の伝え方や気付いたことの伝え方を知り、プールの横方向で1人が泳ぎ1人が補助や声かけをする。 ○1回泳いだら助言を聞き、もう1回泳いだら交代する。 (2)練習した泳法で25mを泳ぎ、課題の達成度を確かめる ○プールサイドを歩きながら、仲間のストローク数を数える。
整理運動	2分	運動で使った箇所をゆったりとほぐす ○特に肩や腕、脚や足首を中心にストレッチ運動をする。
まとめ シャワー	4分	(1)人数を確認し、本時の学習内容を振り返る 　①自分の課題を解決することができたか。 　②自分の課題に応じた練習の場を選んで練習できたか。 　③友達への補助や声かけ、気付いたことの助言ができたか。 (2)次時の学習内容を確認し、シャワーを浴びる

1 体ほぐしの運動、体の動きを高める運動

2 短距離走・リレー

3 表現（激しい感じ）

4 ネット型（ソフトバレーボール）

5 病気の予防(1)

6 クロール・平泳ぎ、安全確保につながる運動

1 安全確保につながる運動

「安全確保につながる運動」は、誤って水に落ちた場合の対処の仕方として、背浮きや浮き沈みをしながらタイミングよく呼吸をしたり、手や足を動かして、続けて長く浮くことができるようにする。

【背浮き】

①ビート板を抱えて　ビート板のはじをもつ　②友達に補助されて　③1人で耳まで入れて　おなか　目線　手足をそよそよ

背浮きのポイント　◆耳まで水に入れる。　◆あごを上げて空を見る。　◆胸を張る。

【浮き沈みをしながらの呼吸】

①大きく息を吸い、だるま浮きの状態で友達に背中を軽く押してもらう。

②息を止めてじっとしていると、沈んだ反動で浮いてくるので、また押してもらう。

③（発展）浮いてくる動きに合わせて手を離し、両手を動かして顔を上げて呼吸する。再び手で膝を抱え、浮いた反動で一度沈んで、また浮いてきたら呼吸をする。

パッ！　パッ！

2 学習課題に応じた学習の場

　プールの横方向を使い、自分の課題に応じた練習の場を選んで、ペアが交代で練習する。友達に自分の見てもらいたい課題を伝えてから1回泳ぎ、できばえを聞いたらもう一度泳ぐ。2回泳いだらペアの友達と交代し、自分が見る側になる。

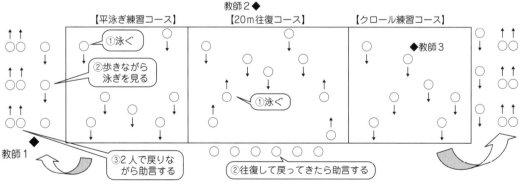

教師2◆

【平泳ぎ練習コース】　【20m往復コース】　【クロール練習コース】

①泳ぐ　◆教師3

②歩きながら泳ぎを見る

①泳ぐ

教師1　◆

③2人で戻りながら助言する

②往復して戻ってきたら助言する

〈課題の確かめ（25m泳）〉

　今日練習した泳法で、25mを泳ぐ。ペアの友達がプールサイドを歩きながら、25mのストローク数を数えて、課題の達成度を確かめる。

本時案

自分の課題を
解決しよう②

本時の目標

　ペアで互いの泳ぎを見合い、自分の課題を仲間に伝えたり、仲間の泳ぎを見て気付いたことを伝えたりすることができる。

評価のポイント

　自分の課題を仲間に伝えたり、仲間の泳ぎを見て気付いたことや課題に適した練習方法を伝えたりすることができたか。

週案記入例

[目標]
自己の課題や気付いたことを仲間に伝える。

[活動]
課題に応じた練習の場や仕方を選び、ペアが交代で泳いで、互いに補助や声かけ、助言を行う。

[評価]
課題や気付いたことを仲間に伝えられたか。

[指導上の留意点]
子供同士の助言では課題が解決できないときは、教師が積極的に助言をして課題解決を支援する。

本時の展開

	時	子供の活動
はじめ	4分	**⑴集合・人数確認** ○男女とも2列で集合し、ペアで人数を確認する。 **⑵本時の学習内容を知る**
準備運動 シャワー	5分	**⑴本時の運動につながる準備運動をする** ○肩や腕、脚や足首などのストレッチ運動を中心に行う。 **⑵シャワーで頭と体、腕や足を手でこすり、汗を流す**
安全確保に つながる 運動	15分	**⑴10〜20秒程度を目安にした背浮き** ○背浮き姿勢を崩さず、手や足をゆっくり動かして浮く。 **⑵3〜5回程度を目安にした浮き沈み** ○両手を動かして呼吸し、再び浮くまで待つことを繰り返す。
学習課題に 応じた場で 練習する	15分	**⑴学習課題に応じた練習の場で、ペアが交代で練習する　1 2** ○プールの横方向で課題に応じた練習の場を3つ程度設定し、1人が泳ぎ1人が補助や声かけをする。 ○1人2回泳いだら交代して泳ぎ、練習を繰り返す。 **⑵練習した泳法で25mを泳ぎ、課題の達成度を確かめる** ○ストローク数と課題の達成度を仲間に伝える。
整理運動	2分	**運動で使った箇所をゆったりとほぐす** ○特に肩や腕、脚や足首を中心にストレッチ運動をする。
まとめ シャワー	4分	**⑴人数を確認し、本時の学習内容を振り返る** 　①自分の課題を解決することができたか。 　②自分の課題に応じた練習の場を選んで練習できたか。 　③友達への補助や声かけ、気付いたことの助言ができたか。 **⑵次時の学習内容を確認し、シャワーを浴びる**

1 課題を明確にさせる手立て

課題を解決するためには、子供自身が自分の泳ぎの課題を的確に捉え、ペアの友達にも「自分の泳ぎのどこを見てほしいのか」を具体的に伝えることが大切である。課題が具体的ならば、見る側もその点に注目して評価や助言をすることができる。

そこで、ポイント学習の内容や学習資料を参考に、常に「①いつ」「②どこを」「③どうする」の3観点で課題を伝えさせる。自分の課題は授業の前に教室で学習カードに書いておく。

【3観点】	【クロールの呼吸の例】
①いつ（一連の動きの中でどの場面か）	①呼吸をするときに
②どこを（体の部位の1箇所を指定する）	②顔を
③どうする（部位の向きや動き）	③後ろに向ける

子供同士の学び合いの会話モデルも示しておく。

A児「①呼吸をするときに、②顔を、③後ろに向けているかを見ていてね」

B児「分かった」　⇒A児（1回目泳ぐ）B児（見る）

A児「どうだった？」

B児「呼吸のときは後ろを向いていたけど、顔を戻すときに前を見ていたよ。呼吸をしたら、すぐに下を向くといいよ」

A児「分かった。もう1回やってみるね」⇒A児（2回目泳ぐ）…

2 教師の役割

子供たちが課題解決的な学習を行う際には、教師は以下の点に留意する。

①安全の確保

子供たちはそれぞれの場で違う活動をしているので、安全確保が重要である。複数の場を分担すると同時に、「常に1名はプールサイドで上から全体監視、1名は水中に」を心がけ、連携して指導と安全管理を行う。

②個別の支援

子供の課題ができないとき、ペアの友達は「できていないよ」という評価はできても「できるにはどうすればよいか」まで助言することは難しい。自分たちの力で課題を解決できないときは、教師の支援が必要である。学び合い学習の約束として、「2回泳いでもうまくいかなかったら先生を呼ぶ」などの約束を決めてもよい。

【クロールの呼吸】つまずき解決法	【かえる足・平泳ぎの呼吸】解決法
①呼吸するときはばた足を強く蹴る。	①膝とかかとを1回しっかり曲げる。
②片方の手は前に伸ばしたままにする。	②かかとに力を入れて外に蹴る。
③片方の耳は水につけたままにする。	③最後は足を閉じてひざを伸ばす。
④呼吸のときは少し体を横向きにする。（ローリング）	④呼吸をしたらすぐにあごを引いて顔を水に入れる。

③評価と情報共有

子供が自分で決めた課題と取組の自己評価は学習カードに記されるが、それらは必ずしも本人の実態と合っていないこともある。カードの記録だけで評価せず、授業中の取組の様子を教師が分担して観察・評価して、授業後に情報を共有する。

1 体ほぐしの運動、体の動きを高める運動

2 短距離走・リレー

3 表現（激しい感じ）

4 ネット型（ソフトバレーボール）

5 病気の予防(1)

6 クロール・平泳ぎ、安全確保につながる運動

本時案

着衣で水に落ちる 体験をしよう

本時の目標

着衣のまま水に落ちることを体験し、背浮きや浮き沈み、身の回りにある物を使って浮くなど、対処の仕方を理解できる。

評価のポイント

帽子もゴーグルも着けずに、着衣での背浮きや浮き沈み、身の回りの物を使って浮くことを行い、対処の仕方を理解することができたか。

週案記入例

[目標]
着衣で水に落ちた場合の対処の仕方を理解する。

[活動]
帽子もゴーグルも着けずに、着衣での背浮きや浮き沈み、身の回りの物を使って浮くことを行う。

[評価]
着衣で水に落ちた際の対処方法を理解できたか。

[指導上の留意点]
着衣で誤って水に落ちる事故が多いことを知らせ、その対処方法として真剣に取り組ませる。

本時の展開

	時	子供の活動
はじめ	4分	⑴集合・人数確認 ⑵本時の学習内容を知る ○水泳中より、誤って水に落ちる事故のほうが多いことを伝える。
準備運動・シャワー・着衣	5分	⑴本時の運動につながる準備運動をする ⑵シャワーを浴びて、水着の上から服を着て靴を履く ○帽子とゴーグルは着けない。1リットル程度のペットボトルを持参する。
着衣で歩く・泳ぐ	15分	⑴着衣で歩く、走る ○プールの横方向を使い、中央から壁まで5mを往復する。 ⑵クロールと平泳ぎで泳いでみる　**1** ○クロールは手を水上に上げると衣服が重く、靴でばた足もしにくい。 ○平泳ぎはクロールに比べて泳ぎやすい。ゆっくりと泳ぐ。
着衣で浮く・衣服を脱ぐ	15分	⑴身の回りのものを使って浮く体験　**2** ○ペットボトル（ない子供は補助具）を胸に抱えて浮く。 ○2分間程度浮き続けられるか挑戦する。 ⑵水中で服と靴を脱ぐ体験 ○水中で脱ぐ難しさと保温の点から、脱がないほうがよいことを理解する。
整理運動	2分	運動で使った箇所をゆったりとほぐす ○特に肩や腕、脚や足首を中心にストレッチ運動をする。
まとめシャワー	4分	⑴人数を確認し、本時の学習内容を振り返る 　①着衣で水に落ちた場合の対処の仕方を理解できたか。 　②もし事故にあったらどうするか、考えながら練習できたか。 　③友達と助け合い、真剣に学習に取り組むことができたか。 ⑵次時の学習内容を確認し、シャワーを浴びる

1 体ほぐしの運動、体の動きを高める運動

2 短距離走・リレー

3 表現（激しい感じ）

4 ネット型（ソフトバレーボール）

5 病気の予防(1)

6 クロール・平泳ぎ、安全確保につながる運動

1 着衣のまま水に落ちた場合の対処の仕方

【準備】

○事前に文書等で、保護者に学習の目的と内容を知らせ、準備の協力を依頼する。（水着、長袖、長ズボン、靴、濡れた服を入れるビニル袋、１リットルか２リットルのペットボトル）

○水質が変化することがあるので、校内で日程を調整する（5、6校時や1学期の最終日等）。

【水に落ちた場合に起こること】

○水泳帽もゴーグルも着けていないので、水中で目が開けられず、水面に顔を出しても髪の毛などで視界が遮られる。水温が低い場合もあり、パニックを起こしやすい。

○濡れた衣服は、速い動きや水面上に腕を上げる動きでは大きな抵抗となるので、クロールは泳ぎにくい。

○平泳ぎは、手を水面上に出さず、かえる足は靴でも泳げる。ゆっくりと泳ぐと、周りを見ることもできる。

2 水に落ちた場合の対処の仕方

①まず、どちらが岸か確認し、自力で戻って這い上がることを試みる。

②それが難しかった場合は、背浮きや平泳ぎなどで、「浮いて待つ」ことを試みる。

③近くに浮くものがあれば、それにつかまり体力の消耗を防ぐ。

【身の回りのものにつかまって浮く】

① 1リットル程度のペットボトルを胸に抱え、2分間程度浮く体験をする。自力で浮ける子供は挑戦する。

②水に落ちた人に向かって、岸から浮きやすいものを投げたり、棒やロープなど長いもの差し伸べて助ける。救助のために水に入ることは、決して行わない。

【水中で服を脱いでみる】

○「水中で背が立たない」という状況に近付けるために、①肩まで水につかる、②両足を同時につかない、という約束にし、何分で服が脱げるかやってみる。

○脱ぐのに大変時間がかかること、脱ぐと寒さを感じること（服には保温効果もある）を実感し、「服は脱がないほうがよい」ということを理解する。

○最後に、水着だけでもう一度泳ぎ、いかに衣服が抵抗になるのかを実感する。

〈学習のまとめ〉

○実際には、水に落ちた人を子供が自力で救助することは困難である。「水に落ちた人を見たら、すぐに近くの大人に知らせる」ということも確認する。

○学習を踏まえて、最終的には「子供だけで水辺に遊びに行かない」「水辺では、急な天候の変化にも気を付ける」など、安全な行動についても考えさせる。

本時案

記録に挑戦して
成果を確かめよう

本時の目標

　自分が挑戦したい泳ぎ方と距離を選び、ストローク数やタイムなどの記録に挑戦して、学習の成果を確かめることができる。

評価のポイント

　自分が挑戦したい泳ぎ方と距離を選び、ストローク数やタイムなどの記録に挑戦して、学習の成果を確かめることができたか。

週案記入例

[目標]
泳ぎ方と距離を選び、記録に挑戦する。

[活動]
学年で水泳記録会を行い、クロールや平泳ぎで25mや50mに挑戦して学習の成果を確かめる。

[評価]
単元を通した学習を振り返ることができたか。

[指導上の留意点]
一緒に取り組んできた仲間と学習の成果を確かめ、互いの成果を認め合えるように支援する。

本時の展開

	時	子供の活動
はじめ	4分	**(1)集合・人数確認** **(2)本時の学習内容を知る** ○水泳記録会を行い、自分や仲間の学習の成果を確かめる。
準備運動シャワー	5分	**(1)本時の運動につながる準備運動をする** **(2)シャワーを浴びる**
挑戦する泳ぎを練習する	5分	**自分が挑戦する泳ぎ方の練習をする　1** ○ターンの仕方を知り、プールの横方向で10mを往復する。 ○ペアが交代で泳ぎ、仲間の泳ぎを見て助言をする。
水泳記録会を行う	25分	**自分が選んだ泳ぎ方と距離で1人1回ずつ泳ぐ　2** ○泳ぐ前に、ペアの仲間に、自分が目標とするストローク数やタイムを互いに伝え合う。 ○クロールと平泳ぎで、25mと50mを順番に行う。 ○ペアの仲間は、仲間が泳ぐときにストローク数を数えたりタイムを計ったりする。 ○見ている子供は、仲間の努力を認めて賞賛する。
整理運動	2分	**運動で使った箇所をゆったりとほぐす** ○特に肩や腕、脚や足首を中心にストレッチ運動をする。
まとめシャワー	4分	**(1)人数を確認し、単元を通した学習内容を振り返る** 　①練習したことを生かして記録を伸ばすことができたか。 　②単元を通した自分の学習を振り返ることができたか。 　③仲間の取組のよさを認めることができたか。 **(2)シャワーを浴びる** ○教室で、単元の学習のまとめをカードに記入する。

1 体ほぐしの運動、体の動きを高める運動

2 短距離走・リレー

3 表現（激しい感じ）

4 ネット型（ソフトバレーボール）

5 病気の予防(1)

6 クロール・平泳ぎ、安全確保につながる運動

1 ターンの練習

スタートとターンでは、体の向きを変えた後に、すばやくあごを引いて頭を水に入れ、両足で強く壁を蹴って、け伸びの姿勢からスムーズに泳ぎにつなげる。

【クロールのターン】

 1. 片手を壁につく。

 2. 体を引きつける。

 3. 足を横向きにつける。

 4. 手で壁を押し、頭を水中に入れる。グッと

（足の向き）

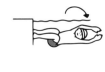 5. 横向きに体をしずめる。

 6. 両足で壁を強く蹴り、体をひねってけのびの姿勢になる。

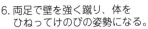 7. ばた足をはじめる。

 8. 水面に浮いてきたら手をかきはじめる。

【平泳ぎのターン】

1. 両手を壁につく。

2. 体を引きつけながら片手をはなす。

3. もう一方の手で壁を押しながら頭を水中に入れる。グッと

4. 横向きに体をしずめる。

5. 両足で壁を強く蹴り、体をひねってけのびの姿勢になる。

6. 体が水面に浮き上がるまで待つ。

7. 浮き上がったら手のかきと呼吸からはじめる。

練習では、最初はプールの中央から壁に向かい、5mを往復して動きを身に付ける。その後、今日自分が挑戦する泳法で、ターンをしながら10mを往復する。

2 水泳記録会

【泳法】クロールまたは平泳ぎ　　【距離】25mまたは50m
【記録】ストローク数またはタイム

　一人一人が、自分で挑戦したい泳法や距離と、挑戦の仕方を選ぶ。

　実施に当たっては、各クラスから実行委員を募り、選手の集約やレースの組み合わせ、当日の進行等、自分たちの力で会を運営する達成感を味わわせる。

　記録については、ペアの友達がストローク数やタイムを計測し、これまでの練習の成果を互いに認め合う。

　このほかに、各クラスからクロールと平泳ぎで男女各1名ずつ、合計4名の選手による「クラス対抗リレー」等、子供たちのアイディアで内容を工夫する。

「クロール・平泳ぎ」学習カード＆資料

使用時 **第１～３時、第４～７時（6時を除く）**

本カードは第一段階と第二段階の２種類があり、学習後に教室で、振り返りや次時の計画を短時間で記入する。第一段階ではクロールや平泳ぎの行い方を知り、最後に 10m 泳いで自己の課題を見付ける。第二段階では課題に応じた練習の場を選んで練習し、最後に 25m 泳いで確かめる。

毎時間自己のストローク数を記録し、記録の伸びを実感できるようにしたい。

収録資料活用のポイント

①使い方

　プールサイドではカードの記入ができないので、第１時の前に教室で本カードと台紙を配付し、書き方の説明をする。台紙の裏には次ページの泳法の資料を印刷しておく。毎時間の終わりにプールサイドでペアの２人組で振り返りを行い、教室に帰ったら振り返りと次時の計画を記入させる。

②留意点

　本カードには、自己の課題や学習後の振り返りが書かれるが、子供が自己の能力に合った課題を設定できているか、また適切に自己評価できているかは、カードの記述だけでは把握できない。そこで、教師は自分の学級の子供や担当したコースの子供が実際に泳いでいる姿を常に観察するよう留意し、授業後には個々の子供の学習状況を学年の担任間で情報共有するようにしたい。

🔘 学習カード 6-6-1

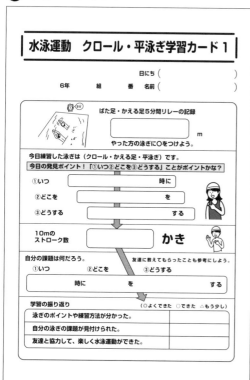

🔘 学習カード 6-6-2

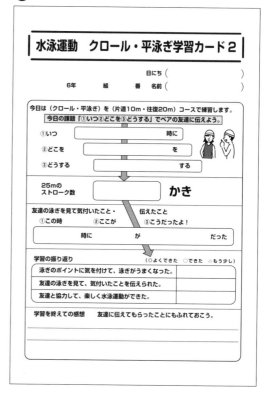

月　日

1　体ほぐしの運動、体の動きを高める運動

2　短距離走・リレー

3　表現（激しい感じ）

4　ネット型（ソフトバレーボール）

5　病気の予防⑴

6　クロール・平泳ぎ、安全確保につながる運動

クロール・平泳ぎのポイント

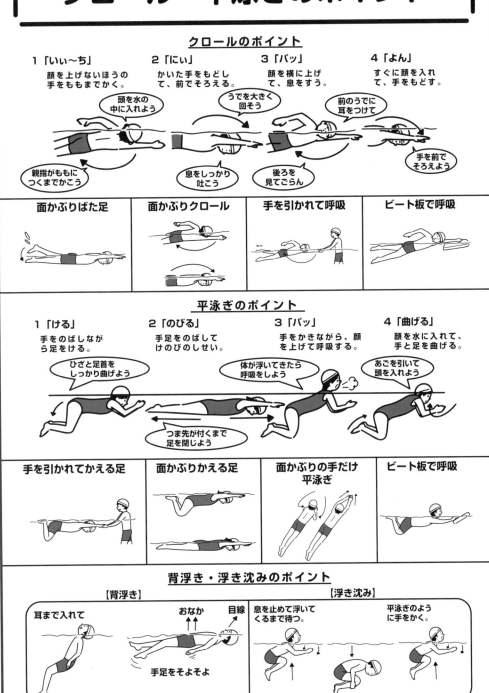

クロールのポイント

1「いぃ〜ち」 顔を上げないほうの手をももまでかく。

2「にぃ」 かいた手をもどして、前でそろえる。

3「パッ」 顔を横に上げて、息をすう。

4「よん」 すぐに顔を入れて、手をもどす。

- 頭を水の中に入れよう
- 親指がももにつくまでかこう
- うでを大きく回そう
- 息をしっかり吐こう
- 前のうでに耳をつけて
- 後ろを見てごらん
- 手を前でそろえよう

面かぶりばた足　面かぶりクロール　手を引かれて呼吸　ビート板で呼吸

平泳ぎのポイント

1「ける」 手をのばしながら足をける。

2「のびる」 手足をのばしてけのびのしせい。

3「パッ」 手をかきながら、顔を上げて呼吸する。

4「曲げる」 顔を水に入れて、手と足を曲げる。

- ひざと足首をしっかり曲げよう
- つま先が付くまで足を閉じよう
- 体が浮いてきたら呼吸をしよう
- あごを引いて頭を入れよう

手を引かれてかえる足　面かぶりかえる足　面かぶりの手だけ平泳ぎ　ビート板で呼吸

背浮き・浮き沈みのポイント

【背浮き】 耳まで入れて　おなか　目線　手足をそよそよ

【浮き沈み】 息を止めて浮いてくるまで待つ。　平泳ぎのように手をかく。

7 ハードル走

(6時間)

【単元計画】

1時	2時
[第一段階] **ハードル走の学習の仕方や、自己の記録・学習課題をつかむ。**	
準備や計測の仕方、単元最初の自己の記録を知る。安全に運動を行う方法を知る。	自分の走った感覚や、友達の走り方を見ることを通して課題をつかむ。
1　ハードルの学習をスタートさせよう POINT：自分の力（記録）を知り、課題意識をもてるようにする。そのため、記録の取り方や、安全面の指導に留意する。	**2　自分の課題をつかもう** POINT：走り方の課題を感じ、解決を図ろうとする中で、走り方や友達との学びの必要性に気付くようにする。
[主な学習活動] ○集合・あいさつ ○主運動につながる準備運動をする。 ○ハードル走の準備の仕方を知る。 ○ハードル走に取り組む。 ○記録の取り方を知り、計測する。 ○片付けをする。 ○運動で使った部位をゆったりとほぐす。 ○まとめ	**[主な学習活動]** ○集合・あいさつ ○主運動につながる準備運動をする。 ○準備をする。 ○ハードル走に取り組む。 ○片付けをする。 ○運動で使った部位をゆったりとほぐす。 ○まとめ

授業改善のポイント

主体的・対話的で深い学びの実践に向けて

　6学年（高学年）のハードル走では、「知識及び技能」の目標として、ハードルをリズミカルに走り越えることとしている。

　ハードルを走り越す恐怖心を軽減したり、走り方を理解したりする中で、自己の記録への挑戦や、目標の達成に向け、友達と意欲的に学ぶことができるようにしたい。そのため、以下の2点から授業改善を図る。

①安心して思い切り力を出すための、安全面への配慮。
　・ハードルバーの工夫による恐怖心の軽減

②客観的に動きを捉え、学びを充実させる工夫。
　・ICT機器を活用
　・友達との対話（自他の動きの評価・課題の確認）

　なお、ICT機器については、活用場面を分かりやすく示す必要がある。また、子供が運動に取り組む様子を価値付けながら共有したり、あらかじめ教師から学び方を提示したりする。そうすることで、子供が「分かる」ことからはじめ、取組を工夫し、友達との関わりを充実させていくようにしたい。

単元の目標

○知識及び技能

・ハードルをリズミカルに走り越える行い方を理解するとともに、その行い方ができる。

○思考力、判断力、表現力等の基礎

・課題の解決の仕方、競争や記録の挑戦の仕方を工夫するとともに、考えたことを伝えることができる。

○学びに向かう力、人間性等

・安全に気を配るとともに、積極的に運動する中で仲間と助け合ったり、考えや取組を認めたりすることができる。

3・4 時	5・6 時
[第二段階] 友達と協力し、課題解決の仕方を工夫する中で、動きを高める。	
課題に合わせて練習に取り組む、学び方を工夫する。	課題に合わせた練習に取り組む中で、解決を図ったり、新たな課題に修正したりしながら高める。
3・4　練習の仕方を工夫し、動きを高めよう POINT：自分の課題に合わせた練習を選べるようにするとともに、友達との関わりを称賛しながら学び方を高めるようにする。 ［主な学習活動］ ○集合・あいさつ ○主運動につながる準備運動をする。 ○準備をする。 ○ハードル走に取り組む。 　第3時は個人記録の計測・第4時はグループでリレー ○片付けをする。 ○運動で使った部位をゆったりとほぐす。 ○まとめ	**5・6　自分の記録を伸ばそう** POINT：これまでの学習で取り組んできた練習の成果（動きの変容）を捉え、課題の修正をしながら、自己の記録を伸ばせるようにする。 ［主な学習活動］ ○集合・あいさつ ○主運動につながる準備運動をする。 ○準備をする。 ○ハードル走に取り組む。 　第5時はリレー・第6時は個人記録の計測 ○片付けをする。 ○運動で使った部位をゆったりとほぐす。 ○まとめ

子供への配慮の例

①運動が苦手な子供

インターバルを3歩または5歩で走ることを目標としているが、まずは、一つのハードルを走り越えることから自信をもち、徐々にリズミカルに走れるようにしたい。

そのため、安心して走り越えられる高さに調整することや、輪や玉入れなどで使用する玉を目印にしながら練習に取り組める場を用意する。

また、友達との学び合い（トン・1・2・3などの声を出し合う等）を通して、走るリズムをつかんでいくことができるようにする。

②安心して取り組めるようにする

高学年のハードル走では、ハードルを走り越すときに脚が引っかかったり、転倒したりする恐怖心を抱く子供が多い。

そこで、以下の2点に留意し、安心して運動に取り組めるようにしたい。

・走り越える高さや空中姿勢にこだわらず、高くしっかり越えることを重視して学習を始める。

・ハードルのバーをスポンジに変えるなど、安心して使える用具に設定する。

本時案

ハードルの学習を スタートさせよう

本時の目標

準備や計測の仕方、単元最初の記録を知るとともに、安全に運動を行うことができる。

評価のポイント

安全に気を配りながら、友達と協力して準備をしたり、計測をしたりすることができたか。

週案記入例

[目標]
ハードル走の準備や計測の仕方、安全への配慮の仕方を理解する。

[活動]
単元のオリエンテーションとハードルの準備・計測を行う。

[評価]
安全に配慮しながら運動に取り組んでいるか。

[指導上の留意点]
安全に運動するためのきまりや約束をしっかりと確認させる。

本時の展開

	時	子供の活動
はじめ	2分	**集合・あいさつ** ○単元を通したハードル走のめあてを知る。 [例]「ハードルを走り越しながら速く走る！そのためには!?」 ○今日の学習内容を知る。 ・準備の仕方、計測方法を知り、記録を取る。
準備運動	3分	**本時の運動につながる準備運動をする** ○跳躍（体を温めるとともに、足首の動きを意識して） ○ストレッチ（股関節など、脚の可動域を意識して）
場の準備	10分	**準備の仕方を知る** ○ハードルの持ち方と向きを知る。 **1** ○インターバル（第1時は6mで統一）の確認。 **2**
ハードル走	20分	**計測の仕方を知り、計測する。 3** ○計測の仕方（スタート合図、ストップウォッチ） ・一緒にスタート合図を声に出したり、ストップウォッチを押すタイミングを動きながら確認したりする。 ○計測をする。※本単元では、1・3・6時間目に計測
片付け	5分	**ハードルを片付ける** ○準備のときと同様に安全に気を付けて片付ける。
整理運動	2分	**運動で使った部位をゆったりとほぐす** ○特に、足首や股関節を中心に動かす。
振り返り	3分	(1)**今日の学習について振り返り、学習カードに記入する。** (2)**書いたことを発表し、次時の学習へつなぐ。**

1　第1時の留意点

①ハードルの持ち方

POINT　両手で脚を持つ

②用具の工夫

POINT　脚が当たっても痛くない

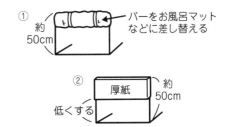

① 約50cm　バーをお風呂マットなどに差し替える

② 厚紙　約50cm　低くする

2　場を設定する

	高学年　授業の設定例	（参考）全国小学生陸上競技大会
走る距離	40m	80m
ハードル数	各コース4台	各コース9台
ハードル間	6m	7m
第一ハードルまで	10m	13m
高さ	52cm	70cm

スタート｜ 10m ｜ 6m ｜ 6m ｜ 6m ｜ 12m ｜ゴール

POINT　準備を早く行うために

　ハードルの位置は、校庭に安全に留意した上で杭などで印を付けておくと、準備が早く済む。また、ハードル用として、インターバルの印を付けたメジャー（巻尺）を用意するのもよい。

3　スタートの合図の出し方・ゴール地点の計測者の動き

POINT　スタートについて
　旗を用い、下から上に挙げて合図を出す。

POINT　ストップウォッチで計測する場合
　ゴール地点のラインの延長線に両脚をまたぐように位置する。
　ゴールラインに走者の胴体（手・脚・頭ではない）がたどり着いたらストップウォッチを止める。

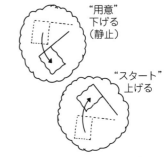

"用意"下げる（静止）

"スタート"上げる

※第1時の計測タイムが、単元を通した基本タイムになるため、ゴールまで全力で走り、今の自分の力を確かめるようにする。

本時案

どうしたらゴールまでもっと速く走れるだろう

本時の目標

自己のハードル走の課題をつかむことができる。

評価のポイント

リズミカルにハードルを走り越えることができたか。自己の課題をつかむことができたか。

週案記入例

[目標]
リズミカルに走り越えるための走り方を知り、自己の課題をつかむ。

[活動]
ハードル走を行う。

[評価]
ハードルをリズミカルに走り越えることができているか。

[指導上の留意点]
安全に運動するためのきまりや約束をしっかりと確認させる。

本時の展開

	時	子供の活動
はじめ	2分	**集合・あいさつ** ○本時の学習のめあてを知る。 **1** 　［例］「どうしたらゴールまでもっと速く走れるだろう」
準備運動	3分	**本時の運動につながる準備運動をする**
場の準備	7分	**準備をする** ○安全に留意し、コースごとに生活の班やグループで、準備を効率よく行う。
ハードル走①	8分	**自分の走り方を確かめるとともに、友達の走り方を見る** ○コースを走り、うまく走れていると感じるときとそうではないときの違いを確かめる。 ○上手に走れていると思う人は、どんな走り方をしているのかを見る。
振り返り①	3分	**走って気付いたことを発表する** **2** ○インターバルのリズムに気付き、同じ足で踏み切る心地よさに気付くようにする。
ハードル走②	10分	**振り返りの内容を意識して走る** ○振り返りの内容を意識して走り、3歩または5歩のリズムをつかんでいくことができるようにする。
片付け	5分	**ハードルを片付ける** ○準備のときと同様に安全に気を付けて片付ける。
整理運動	2分	**運動で使った部位をゆったりとほぐす** ○特に、足首や股関節を中心に動かす。
振り返り②	5分	⑴今日の学習について振り返り、学習カードに記入する。 **3** ⑵書いたことを発表し、次時の学習へつなぐ。

子供たちの気付きを大切にした　授業の進め方（2時間目を例に）

第2時のPOINT

　単元のはじめからハードル間の歩数や、跳ぶ姿勢を指導すると、子供の走り方がぎこちなくなってしまう場合がある。運動に取り組む中で動きに気付くようにしたい。

1　学習課題の提示「どうしたらゴールまでもっと速く走れるのだろう」（例）

ハードルの間を速く走ればいいかな。
ハードルがあってもスピードを落とさないようにすればいいかな。

ゴールまで速く走れたときは、どのようにハードルを走り越えていくのだろう。走りながら確かめてみよう。

2　実際にハードルを使って走り、自己の課題を見付ける。

振り返り①

走ってみてどうでしたか。難しかったことはありましたか。

跳ぶときにハードルが近くなってしまいました。
跳ぶ脚が左右ばらばらだと、ハードルの前で迷ってしまいました。

〇〇さんの走り方を見てみましょう。
どんなリズムで走っているかを見てみましょう。

※3歩もしくは5歩のリズムで走っている子供を事前に把握しておく。
※「トン・1・2・3」など、リズムを声に出すと分かりやすい。

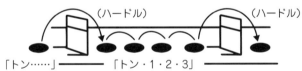

（ハードル）　　　　　　　　（ハードル）

「トン……」　　「トン・1・2・3」

3　もう一度走り、振り返り①の内容を確かめる。

振り返り②

今日は、速く走るために、ハードル間のリズムを確認しました。
走ってみて、自分の課題が見付かりましたか？また、ほかにも
気付いたことはありましたか？　学習カードに記入しましょう。

※本時の学習を振り返るとともに、次時につながる課題を意識できるようにする。

7
ハードル走

8
鉄棒運動

9
走り高跳び

10
マット運動

11
病気の予防(2)

12
ゴール型（バスケットボール）

本時案

どうしたらリズム よく・速く 走れるだろう

本時の目標

3歩または5歩でインターバルをリズミカルに走るために練習を工夫できる。

評価のポイント

リズミカルに走るために、コースを選んだり、友達と協力したりすることができたか。

週案記入例

[目標]
自分の課題に合わせて練習を工夫する。

[活動]
インターバルに差があるコースを使ったハードル走を行う。

[評価]
練習を工夫する中で、課題解決に向かっているか。

[指導上の留意点]
課題解決に向け、子供が友達と関わる場面を見取り、価値付けしつつ、次時の学習につなぐ。

本時の展開

	時	子供の活動
はじめ	2分	**集合・あいさつ** ○本時の学習のめあてを知る。 　[例]「どうしたらリズムよく・速く走れるだろう」
準備運動	3分	**本時の運動につながる準備運動をする**
場の準備	7分	**準備をする** 1 ○インターバルを6mと7mで設定する。 　※校庭の広さや人数により50cmの差で実施するのもよい。
ハードル走①	8分	**自分の走り方を確かめるとともに、友達の走り方を見る** 2 ○前時につかみはじめた3歩や5歩のリズムを、インターバルの距離が異なる2つのコースで走り、走りやすさを確かめる。
振り返り①	3分	**計測に向けて、第1時の計測の仕方を振り返り、計測の手順の見通しをもつ**
ハードル走②	10分	**振り返りの内容を意識して走る** ○振り返りの内容を意識して走り、計測をする。
片付け	5分	**ハードルを片付ける** ○安全に気を付けて片付ける。
整理運動	2分	**運動で使った部位をゆったりとほぐす** ○特に、足首や股関節を中心に動かす。
振り返り②	5分	(1)今日の学習について振り返り、学習カードに記入する。 (2)書いたことを発表し、次時の学習へつなぐ。

7
ハードル走

8
鉄棒運動

9
走り高跳び

10
マット運動

11
病気の予防(2)

12
ゴール型(バスケットボール)

1 練習の場

前時は、6m のインターバルで学習し、歩数を意識するようにしている。3 歩または 5 歩のリズムをつかめていても、走りづらさを感じている子供に対し、インターバル 7m のコースを設定し、自分に合ったコースを選べるようにした。

また、ハードルを跳び越すことに恐怖心があったり、リズムをつかむことに課題の重点を置いたりしている子供のために、低いハードルのコースを設置した。

インターバル 6m
インターバル 7m
インターバル 6m
インターバル 7m
インターバル 6m
低いハードル （40cm程度）　6m

2 友達との学び方

POINT【友達との伝え合い・学び合いを価値付ける・設定する】

自ら友達の動きを見たり、気付いたことを伝え合ったりする子供の様子を見取り、価値付けながらその学び方を広めていきたい。

≪子供の様子から≫

☆前時の学習カードに友達のよい動きを書いていた子供への称賛

☆「○○さん、走ってみるから見ててね」と話しかけている様子

☆走り終わってから、感想を伝え合っている様子

⇒振り返りの時間で、上記の行動を称賛し、価値付けていく。

≪教師の関わりから≫

☆「○○さんの走っている様子をしっかり見ていたね。どんなところがいいと思う？」

⇒友達の動きを見ながら学んでいる行動を価値付ける。

「気付いたことをぜひ、○○さんに伝えてごらん」

⇒伝えているところまで見取り、振り返りの時間にその姿をクラス全体で共有する。

☆「踏み切るとき、どのあたりで跳んでいるかな？　上手だなと思う友達は、どこから踏み切っているだろう」「自分はどこから踏み切っていると思う？」

⇒友達の動きを見るきっかけ、見てもらうきっかけを設定する。

本時案

自分の走り越し方を 4/6 分析しよう

本時の目標

踏み切る位置など、課題に合わせ、友達と協力しながら学ぶことができるようにする。

評価のポイント

課題に合わせて、友達と協力することができたか。

週案記入例

[目標]
自分の課題に合わせて練習を工夫する。

[活動]
ハードル走を行う。

[評価]
友達と練習を工夫する中で、課題解決に向かっているか。

[指導上の留意点]
友達と見合う中で、走者との接触など、安全面に留意する。

本時の展開

	時	子供の活動
はじめ	2分	**集合・あいさつ** ○本時の学習のめあてを知る。 　[例]「速く走るための踏み切る位置と跳び越し方を考えてみよう」 ○踏み切る位置を友達と協力して確かめる方法を知る。
準備運動	3分	**本時の運動につながる準備運動をする**
場の準備	7分	**準備をする** 　1 　※子供の取り組む様子に合わせて、インターバルが異なるコース数に修正して行う。
ハードル走①	8分	**自分の走り方を確かめるとともに、友達の走り方を見る** ○踏み切る位置を意識しながら走る。
振り返り①	3分	**学び合いから分かったことを発表する** **ハードルリレーの方法を確認する**
ハードル走②	10分	**グループでリレーを行う** ○振り返りの内容を意識して走る。 ○ハードルリレーを行う（行い方は第6時に記載）。
片付け	5分	**ハードルを片付ける** ○準備の時と同様に安全に気を付けて片付ける。
整理運動	2分	**運動で使った部位をゆったりとほぐす。** ○特に、足首や股関節を中心に動かす。
振り返り②	5分	(1)**今日の学習について振り返り、学習カードに記入する。** (2)**書いたことを発表し、次時の学習へつなぐ。**

1 学び合いの方法・場

前時は、自分の走るリズムに合わせて、インターバルの広さが異なるコースを選択した。3時を終えると、踏み切る位置や、走り越し方にも意識が向くため、自分自身の動きをICT機器を用いて確認したり、友達に見てもらったりしながら学んでいくようにしたい。

子供の前時の様子・学習カードから設定しためあて

（例）速く走るための踏み切る位置と走り越し方を考えてみよう。

見るポイント①　どこで踏み切っているかを見る。どこで着地しているかを見る。

2つ目の赤玉（マーカー）のところで踏み切っていたよ。スムーズでよかったよ。

紅白玉やマーカーを目印に置く

見るポイント②　どれくらいの高さで跳んでいるか。

ハードル直前ではなく、少し遠くから跳ぶからこそ、低く跳ぶことができる。跳ぶ姿勢が変わってくる。スピードを落とさず速く走り越すことができる。

〈第4時までに指導者が確認しておきたい知識及び技能のポイント〉

○第1ハードルを決めた足で踏み切って走り越えているか。
⇒第1ハードルまでも全速力が約束。スタート時に前に出る足で調整し、踏み切る足を決めておく。

○スタートから最後まで、体のバランスをとりながら真っ直ぐ走れているか。
⇒単元の最初から姿勢にこだわると、体の軸が左右にぶれてしまうことがあるため、ハードルをしっかり越えられる高さで安全に走り抜けることを伝えておく。

○インターバルを3歩または5歩で走っているか。
⇒歩数を最初から意識すると、走り方がぎこちなくなる場合がある。速く走り抜けようと取り組む中で、自分に合ったリズムをつかんでいくようにする（2時・3時の指導の流れ参照）。

本時案

ハードルリレー、前回の記録を越えよう

本時の目標

これまでの学習を振り返り、自己の課題を再確認しながら練習に取り組むことができるようにする。

評価のポイント

課題に合わせて、友達と協力したりすることができたか。

週案記入例

[目標]
自分の課題に合わせて練習を工夫する。

[活動]
ハードル走を行う。

[評価]
練習を工夫する中で、課題解決に向かっているか。

[指導上の留意点]
友達と見合う中で、走者との接触など、安全面に留意する。

本時の展開

	時	子供の活動
はじめ	2分	**集合・あいさつ** ○本時の学習のめあてを知る。 　　［例］「前回の記録を越えるために、どこを改善すればよいのだろう」
準備運動	3分	**本時の運動につながる準備運動をする**
場の準備①	7分	**準備をする** 　※子供の取り組む様子に合わせて、インターバルが異なるコース数に修正して行う。
ハードル走①	9分	**自分の走り方を確かめるとともに、友達の走り方を見る** ○踏み切る位置を意識しながら走る。
場の準備②	2分	**ハードルリレーの準備をする**
ハードル走②	10分	**グループでリレーを行う** ◀1 ○ハードルリレーを行う（行い方は第6時に記載）。
片付け	5分	**ハードルを片付ける** ○準備の時と同様に安全に気を付けて片付ける。
整理運動	2分	**運動で使った部位をゆったりとほぐす** ○特に、足首や股関節を中心に動かす。
振り返り	5分	(1)今日の学習について振り返り、学習カードに記入する。 (2)書いたことを発表し、次時の学習へつなぐ。

1 目標記録の設定の仕方

　運動が苦手な子供にとって、他者のタイムとの比較は、目標をもてず運動への意欲が低下してしまうことが懸念される。そのため、自分の力に合わせた目標記録を設定し、自己の記録に挑戦することができるよう、以下の方法を例に示した。

方法①

　ハードルありのタイム　ー　ハードル無しのタイム　＝　0 に近付ける
　　　　　　（40m）　　　　　　　　　　（40m）

自己のタイムが基準となった目標の設定の仕方である。ハードルを短い時間で走り越え、リズミカルに走れるようになってきた実感をもつことができる。

```
設定における補足説明

　ハードル無しのタイムについては、本書では 40m のタイムと設定している。そのため、単元の
時期にもよるが、既習の 50m 走のタイムに 0.8 をかけ、40m のおよそのタイムとして設定する
のもよい。
```

前は 1 秒以上差があったのに、0.3 秒も縮まった。
ハードルを低く跳べるようになったからかな。
もっとできることがありそうだ。

方法②

　ハードル無しのタイム　＋　0.3 ×ハードルの台数　＝　目標記録
　　　　　（40m）　　　　　　　　　（40m）

　1 台のハードルを走り越える時間を 0.3 秒として目標の記録を設定した方法である。目標の記録に近付いたり、越えたりする楽しさを味わうことができる。

```
設定における補足説明

　　最初は、1 台のハードルを走り越える時間を 0.3 秒と設定しているが、目標記録を達成した
場合や、子供の実態に合わせ、0.2 秒にしてレベルを上げるなど、意欲的に記録に挑戦できるよ
うにする。
```

目標の記録を達成できた。ハードル 1 台を
0.2 秒にしてもできるかな。

※単元の終わりには、第 1 時の記録との比較を通して、自己の成長を振り返ることができるようにしたい。

本時案

自分の記録に
挑戦しよう

本時の目標

　学習したことを生かし、自己の記録に挑戦できるようにする。

評価のポイント

　リズミカルにハードルを走り越えることができたか。

週案記入例

[目標]
学習したことを生かし、自己の記録に挑戦する。

[活動]
ハードル走を行う。

[評価]
ハードルをリズミカルに走り越えることができているか。

[指導上の留意点]
安全に運動するためのきまりや約束をしっかりと確認させる。

本時の展開

	時	子供の活動
はじめ	2分	**集合・あいさつ** ○本時の学習のめあてを知る。 　［例］「学んだことを生かして自分の記録に挑戦しよう」
準備運動	3分	**本時の運動につながる準備運動をする**
場の準備	7分	**準備をする（安全に留意して行うようにする）** 　※子供の取り組む様子に合わせて、インターバルが異なるコース数を修正して行う。
ハードル走①	8分	**自分の走り方を確かめるとともに、友達の走り方を見る** ○インターバルのリズムや踏み切る位置を意識しながら走る。　**1**
振り返り①	3分	**本単元で学んだ走り方を確認する** ○リズミカルに走れている子供や、本単元で自分の課題を解決してきた子供の走る様子を見る。
ハードル走②	10分	**計測を行う**
片付け	5分	**ハードルを片付ける** ○準備の時と同様に安全に気を付けて片付ける。
整理運動	2分	**運動で使った部位をゆったりとほぐす。** ○特に、足首や股関節を中心に動かす。
振り返り②	5分	(1)今日の学習について振り返り、学習カードに記入する。 (2)書いたことを発表し、次時の学習へつなぐ。

1 競走を楽しむ

　ハードル走は、個人の記録の達成や向上を楽しむよさもあるが、友達と競走したり、集団で競い合う楽しさも味わうことができる。競走の際は、運動に苦手意識をもつ子供への配慮をしつつ、以下の方法を考える（安全に留意して行う）。

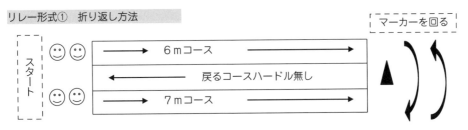

リレー形式①　折り返し方法

設定における補足説明
○1人のミスが記録に大きく反映しないよう、グループを5人～8人で構成するなど配慮する。
○折り返してから次の走者になるため、計測に時間がかかる場合がある。取り組む人数によってハードルの台数を3台にするなど工夫をするとよい。

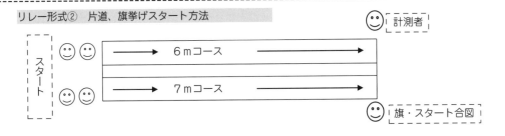

リレー形式②　片道、旗挙げスタート方法

設定における補足説明
○走者がゴールしたら、ゴールラインにいる合図担当者が旗で合図を出し、次走者がスタートする。
○次走者は、旗の合図を目でしっかり確認し、フライングに注意する。

スタート地点をずらして友達と競走する方法
　タイムではなく、どちらが速くゴールできるかを近くのコースの友達と競う方法は、だれもが経験している方法である。学習の中で、だれとでも競走できるように、スタート地点をずらして行う方法がある。

設定における補足説明
○第1ハードルまでの距離を短くすると、加速が十分にできない場合もあるため、スタート位置の調整は、40mの走る距離を長くすることで調整する。
○子供たち同士で距離を調整し、追ったり、追われたりする楽しさや、ゴールにどちらが速く辿り着くかを競走する楽しさがある。

「ハードル走」学習カード＆資料

使用時 **第1～6時**

本カードは、第1時から第6時まで単元全体を通して使用する。自己の記録の変容や、友達との学びに意識を向けるようにしている。また、課題意識をもちながら、どのように解決していくか、思考するための手立てとして活用できるとよい。

収録資料活用のポイント

①使い方

学習カードは、両面もしくは片面に印刷して（07-01、07-02）折る方法があり、書く場所や運びやすさなど、用途に合わせて使用する。資料（07-03）は、自己の走り方を意識し、資料との対話を必要としてくる。2時間目の終わりから活用できるとよい。個々に用意してもよいが、掲示資料として活用できる。

②留意点

走力には個人差がある。自己の記録を記入する欄があるが自分の目標にどれだけ近付いたか、走り方がどのように変容したのかを大切にし、他者との比較に意識が偏り過ぎないようにしたい。

🔘 学習カード 6-7-1

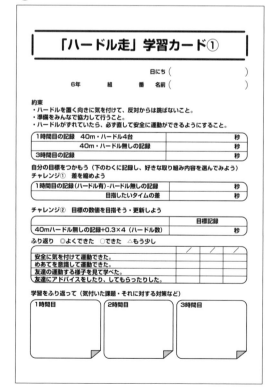

🔘 学習カード 6-7-2

月　日

7
ハードル走

8
鉄棒運動

9
走り高跳び

10
マット運動

11
病気の予防(2)

12
ゴール型（バスケットボール）

確かめてみよう

自分はどちらの足でふみ切っているの？

自分はどんなリズムで走っているの？

３歩？　　　　　　　　　　　　　　　５歩？

 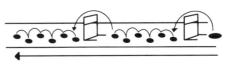

自分はどこから走り越えているの？

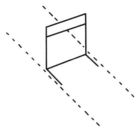

ハードルの近くで踏み切ると
どんな走り越え方になるでしょう。
速く走り越えるためには
どこから跳ぶとよいのでしょう。

どんな姿勢で走り越えているの？

走り越え方の例です。
・足を前に出しています。
・出している足とうで、左右反対
　に出しています。
・視線が前です。
　どんなところがよいのでしょう。

8 鉄棒運動

(5時間)

【単元計画】

1 時	2 時	3 時
[第一段階] 技の行い方やポイントを知り、自己の能力に適した課題を見付け、運動に取り組む		
自己の能力に適した上がり技を選び、課題に合った練習に取り組み、技ができるようにする。	自己の能力に適した上がり技を選び、課題に合った練習に取り組み、技ができるようにする。	自己の能力に適した回転技を選び、課題に合った練習に取り組み、技ができるようにする。
1 下り技に取り組もう POINT：自分の力に合った下り技を選び、前半で課題を見付け、後半で同じめあての友達と教え合って練習してできるようにする。	2 上がり技に取り組もう POINT：自分の力に合った上がり技を選び、前半で課題を見付け、後半で同じめあてを友達と教え合って練習してできるようにする。	3 回転技に取り組もう POINT：自分の力に合った回転技を選び、前半で課題を見付け、後半で同じめあてを友達と教え合って練習してできるようにする。
[主な学習活動] ○集合・あいさつ ○準備運動・感覚つくりの運動 ○場の準備 ○下り技 ○整理運動 ○まとめ ○あいさつ	[主な学習活動] ○集合・あいさつ ○準備運動・感覚つくりの運動 ○場の準備 ○上がり技 ○整理運動 ○まとめ ○あいさつ	[主な学習活動] ○集合・あいさつ ○準備運動・感覚つくりの運動 ○場の準備 ○回転技 ○整理運動 ○まとめ ○あいさつ

授業改善のポイント

主体的・対話的で深い学びの実践に向けて

　主体的な学習につなげていくためには、できる技を組み合わせていくために自己の能力に適した学習計画を考えて見通しをもつことが大切である。さらに粘り強く課題の解決に取り組む中で、学習を振り返り、課題を修正したり、新たな課題を設定したりする中で「できそうだ」「感じが分かった」という気持ちがもてるように進めることも大切である。

　そのために技のポイントを理解し、そのポイントを使って試行錯誤する時間を確保する。子供たちにとって分かりやすく技を捉えるためにも「下り技」「上がり技」「回転技」で示した。

　鉄棒運動は、自分が運動している姿を自分で見ることができないので、仲間との対話が大切である。観察して見付けたこつや分かったことを仲間に伝えることで課題解決につながる。また、学習資料やICT機器を活用し、動きのポイントと自分や仲間の動きを照らし合わせ、技のできばえや次の課題の確認も取り入れる。

　自己の課題を見付け、体育科の「見方・考え方」を子供たちが学習の中で活用し、課題を達成しながら、自分でできる技や上手にできる技が増えていく学習づくりが、深い学びや他領域や他教科に活用する力となる。

	7	ハードル走
	8	鉄棒運動
	9	走り高跳び
	10	マット運動
	11	病気の予防(2)
	12	ゴール型（バスケットボール）

単元の目標

○知識及び技能

・技の行い方を理解し、基本的な技やその発展技ができるとともに、技を繰り返したり、組み合わせたりすることができる。

○思考力、判断力、表現力等

・自己の能力に適した課題をもち、技ができるようになるための練習の場を選ぶことができるようにする。

・技ができるようになるために観察し合って見付けたこつや分かったことを友達に伝えることができる。

○学びに向かう力、人間性等

・友達の考えや取組を認め、助け合って運動することができる。

4 時	5 時
[第二段階] 自己の能力に適した課題や技ができるポイントを見付け、運動に取り組む	
自己の能力に適した技を練習し、より上手にするとともに、技の繰り返し、組み合わせに取り組む。	自己の能力に適した技を練習し、より上手にするとともに、技の繰り返し組み合わせに取り組む。
4 技の繰り返し、組み合わせに取り組もう① POINT：自分の力に合った技を選び、前半ではより上手に、後半で組み合わせたり、繰り返したりして友達と教え合って練習してできるようにする。 [主な学習活動] ○集合・あいさつ ○準備運動・感覚つくりの運動 ○場の準備 ○自己の能力に適した技 ○整理運動 ○まとめ ○あいさつ	5 技の繰り返し、組み合わせに取り組もう② POINT：自分の力に合った技を選び、前半ではより上手に、後半で組み合わせたり、繰り返したりして友達と教え合って練習してできるようにする。 [主な学習活動] ○集合・あいさつ ○準備運動・感覚つくりの運動 ○場の準備 ○自己の能力に適した技 ○整理運動 ○まとめ ○あいさつ

子供への配慮の例

①運動が苦手な子供

様々な運動遊びに取り組み、体を揺らしたり、鉄棒上に座ったり、回転したりする動きに取り組み、鉄棒に慣れる。

友達の補助や補助具で回転しやすくし、勢いの付け方や体を丸めて鉄棒を離さない動きが身に付くようにする。

鉄棒運動の技の習得を細かい段階で練習できるようにし、回転開始時のバランスをとったり、鉄棒上で体を操作したりするための動きが身に付くようにする。

できる運動や技が増えることを大切にする。

②意欲的でない子供

痛みや不安感や技への恐怖心をもつ子供には、鉄棒の下にマットを敷いたり、補助者を付けたりする場を設定する等の配慮をする。

技に対する苦手意識が強い子供には、鉄棒に必要な、運動感覚が身に付くよう取り組む技と類似した動きをする感覚つくりの運動に取り組むようにする。

仲間とうまく関わって学習を進めることが難しい子供には、技を観察するポイントや位置を示し、気付いたことなどを友達に伝える時間や場を設定するなどの配慮をする。

本時案

下り技に取り組もう ①/⑤

本時の目標

　自己の能力に適した下り技の練習の場や段階を選び、友達と見合い、教え合って課題の達成を目指す。

評価のポイント

　自己の能力に適した下り技の練習の場や段階を選ぶことができたか。下り技の基本的な技を安定して行ったり、その発展技に取り組んだりすることができたか。

週案記入例

【目標】
自分に合っためあてをもち、友達と教え合って下り技の運動に取り組む。

【活動】
下り技に取り組む。

【評価】
自己の能力に適した下り技の練習ができたか。

【指導上の留意点】
準備や片付けなどで、分担された役割を果たすこと。器械・器具の安全に気を配ること。

本時の展開

	時	子供の活動
はじめ	1分	**(1)集合・あいさつ** ○集合・整列・服装の確認をする。 **(2)本時の学習内容を知る**
準備運動 感覚つくり の運動	6分	**(1)本時の運動につながる準備運動をする** ○鉄棒運動で主に使う手首、肩、首、膝、足首、股関節をしっかりと伸ばす。 **(2)主運動につながるやさしい運動（感覚つくりの運動）を行う** ○実際に鉄棒を使い、音楽に合わせて簡単な動きをしたり、ゲーム化された動きを行ったりする。
場の準備	3分	**場の準備をする** ○友達と協力し、安全に気を付けながら分担された教具等の準備をする。
下り技 (1)技の確認 (2)技の練習	28分	**(1)下り技の行い方や技のポイント、その練習方法を確認する** 1 2 3 ○下り技【▲基本的な技　■発展技】の行い方や技のポイントを確認する。 　→▲前回り下り、転向前下り、両膝掛け倒立下り、■片足踏み越し下り、両膝掛け振動下り 　　（できる子たちには、さらなる発展技として横跳び越し下りの行い方を理解させる） **(2)自己の能力に適した下り技の課題を見付け、運動に取り組む** 1 2 3 ○繰り返し、組み合わせを意識して、自己の能力に適した下り技を選んで、課題を見付け、運動に取り組む。 ○同じ技や課題に取り組む友達と3人組をつくる。 ○互いのめあてを伝え合い、どこを見合うのかを確認する。 ○一人が2〜3回取り組んだら交代し、順番に運動に取り組む。 ○見ている子供は、技のできばえについて伝える。
整理運動	2分	**体をほぐす** ○運動で使った部位をゆっくりと動かし、ほぐす。
まとめ	5分	**(1)クラス全体で本時の学習について振り返り、学習カードに記入する** ○学習について振り返り、学習カードに記録する。 　①下り技について自分の状態や友達との関わりについて振り返る。 　②次時のめあてを記入する。 ○振り返ったことを発表し合う。 **(2)次時の学習内容を確認する**

7 ハードル走

8 鉄棒運動

9 走り高跳び

10 マット運動

11 病気の予防(2)

12 ゴール型（バスケットボール）

1 感覚づくりの運動例（主運動につながるやさしい運動例）

運動例	ポイント	運動例	ポイント
ふとんほし	力を抜いて、おへその下で鉄棒を挟み込み、軽く膝を曲げて手を放す。その後、できるだけ大きく振動すると回転系の技の習得につながる。	後ろ跳び下り	膝の曲げ伸ばしを利用して、大きく振動し、跳ぶ瞬間に鉄棒を強く押す。跳んだときは背中を反らす。
前回り下り	最後まで回り切ってから着地するようにする。その際、着地の足が鉄棒より後ろに来るように膝を曲げ、手首を返して回転をする。	こうもり	両膝を鉄棒にかけ、ゆっくりと手を離し、力を抜き逆さになる感覚をつかむ。足抜き回りから足をかけると鉄棒にかけやすい。
横移動	肘を伸ばし、左右それぞれの腕に体重をかけながら片手で体を支えて横に移動する。手の平で鉄棒を支える感覚を身に付ける。	こうもり振り	腕と頭を前後に振りながら体を振動させ、振動する感覚を身に付ける。反ったときに顔を上げて前を見るようにする。
ツバメ	肘を伸ばし、腰骨のあたりで体を支える感覚を身に付ける。つま先を伸ばし、前を見て静止する。	足抜き回り	体を縮めて前後に回転する感覚をつかむ。慣れてきたら連続して行う。苦手な子供は、足を鉄棒にかけるところからはじめる。登り棒で行うとやりやすい。

2 場の準備・補助具の活用

①膝のサポーター
いらなくなったくつ下を切って作成することもできる。

②緩衝材

③鉄棒の下のマット

④サポーター（手）
弾性包帯の両端に切り込みを入れて結ぶ。

3 下り技の行い方・技のポイント

両膝掛け振動下り（発展技）

腕の振りとあごを出したり引いたりして体を大きく振る

前を見て、ひざをはずす

あごを引いて、ひざを体に引きつけて立つ

友達に手と腹部を支えてもらい、タイミングをつかむ練習をする
いーち、にーの、さん！

両サイドで支えてもらうと安定して練習することができる。

横跳び越し下り（さらなる発展技）

片逆手
足を振り上げる

逆手の体重をかけ
足を横から回す

スイングで体を浮かせて、鉄棒の上を両足同時に越えるようにする。体を浮かすことができればよい。高く足を上げなくてもよい。跳び箱等を使い、両足同時に越える練習を取り入れる。

本時案

上がり技に取り組もう ②/⑤

本時の目標

自己の能力に適した上がり技の練習の場や段階を選び、友達と見合い、教え合って課題の達成を目指す。

評価のポイント

自己の能力に適した上がり技の練習の場や段階を選ぶことができたか。上がり技の基本的な技を安定して行ったり、その発展技に取り組んだりすることができたか。

週案記入例

[目標]
自分に合っためあてをもち、友達と教え合って上がり技の運動に取り組む。

[活動]
上がり技に取り組む。

[評価]
自己の能力に適した上がり技の練習ができたか。

[指導上の留意点]
準備や片付けなどで、分担された役割を果たすこと。器械・器具の安全に気を配ること。

本時の展開

	時	子供の活動
はじめ	1分	**(1)集合・あいさつ** ○集合・整列・服装の確認をする。 **(2)本時の学習内容を知る**
準備運動 感覚つくり の運動	6分	**(1)本時の運動につながる準備運動をする** ○鉄棒運動で主に使う手首、肩、首、膝、足首、股関節をしっかりと伸ばす。 **(2)主運動につながるやさしい運動（感覚つくりの運動）を行う** ○実際に鉄棒を使い、音楽に合わせて簡単な動きをしたり、ゲーム化された動きを行ったりする。
場の準備	3分	**場の準備をする** ○友達と協力し、安全に気を付けながら分担された教具等の準備をする。
上がり技 (1)技の確認 (2)技の練習	28分	**(1)上がり技の行い方や技のポイント、その練習方法を確認する** 1 2 3 ○上がり技【▲基本的な技 ■発展技】の行い方や技のポイントを確認する。 　→▲膝掛け振り上がり、補助逆上がり、■膝掛け上がり、逆上がり 　　（できる子たちにはさらなる発展技としてもも掛け上がりの行い方を理解させる。） **(2)自己の能力に適した上がり技の課題を見付け、運動に取り組む** 1 2 3 ○繰り返し、組み合わせを意識し、自己の能力に適した上がり技を選んで、課題を見付け、運動に取り組む。 ○同じ技や課題に取り組む友達と3人組をつくる。 ○互いのめあてを伝え合い、どこを見合うのかを確認し、出来映えについて伝える。 ○一人が2～3回取り組んだら交代し、順番に運動に取り組む。
整理運動	2分	**体をほぐす** ○運動で使った部位をゆっくりと動かし、ほぐす。
まとめ	5分	**(1)クラス全体で本時の学習について振り返り、学習カードに記入する** ○学習について振り返り、学習カードに記録する。 　①上がり技について自分の状態や友達との関わりについて振り返る。 　②次時のめあてを記入する。 ○振り返ったことを発表し合う。 **(2)次時の学習内容を確認する**

7
ハードル走

8
鉄棒運動

9
走り高跳び

10
マット運動

11
病気の予防⑵

12
ゴール型（バスケットボール）

1 鉄棒運動のグルーピング・グループ学習の仕方

　技調べや技の行い方やポイント、練習方法を知る段階では、身長順に3人のグループを編成して取り組む。一人が連続して2～3回取り組んだら次の人と交代するようにする。自己の能力に適した課題に取り組む段階では、技別や課題（練習方法）別に3人のグループを編成して練習に取り組む。互いにめあてを伝え合い、見合ってほしいところを確認する。毎時間違う友達とグループを組む可能性があるため、授業前にあらかじめ取り組む技を確認し、グループを作っておくとよい。

2 3人組（トリオ）での見合い、教え合いの仕方

　自分が技に取り組んでいる状態を自分で知ることは難しいため、友達に見てもらい、自分の状態を知ることが重要である。めあて（技や課題、練習方法）が同じ友達と3人組をつくり、互いに見合うようにする。見てほしいところを確認し、運動のできばえを伝えるようにする。

技によって異なるが、基本的には前後から見るとよい

教え合いの流れ
①自分のめあてを友達に伝える。
②運動に取り組む。
③友達にできばえを聞く。
④2～3回連続で取り組む。
　（そのつど、友達に聞く）
⑤交代する。

3 上がり技の行い方・技のポイント

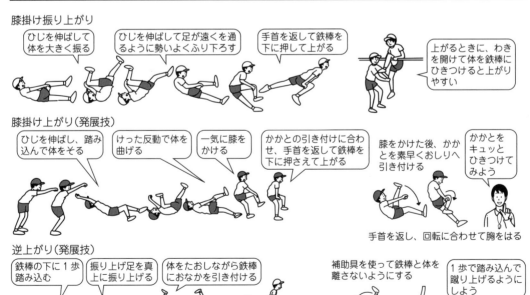

膝掛け振り上がり

ひじを伸ばして体を大きく振る

ひじを伸ばして足が遠くを通るように勢いよくふり下ろす

手首を返して鉄棒を下に押して上がる

上がるときに、わきを開けて体を鉄棒にひきつけると上がりやすい

膝掛け上がり（発展技）

ひじを伸ばし、踏み込んで体をそる

けった反動で体を曲げる

一気に膝をかける

かかとの引き付けに合わせ、手首を返して鉄棒を下に押さえて上がる

膝をかけた後、かかとを素早くおしりへ引き付ける

かかとをキュッとひきつけてみよう

手首を返し、回転に合わせて胸をはる

逆上がり（発展技）

鉄棒の下に1歩踏み込む

振り上げ足を真上に振り上げる

体をたおしながら鉄棒におなかを引き付ける

補助具を使って鉄棒と体を離さないようにする

1歩で踏み込んで蹴り上げるようにしよう

本時案

回転技に取り組もう

本時の目標

　自己の能力に適した回転技の練習の場や段階を選び、友達と見合い、教え合って課題の達成を目指す。

評価のポイント

　自己の能力に適した回転技の練習の場や段階を選ぶことができたか。回転技の基本的な技を安定して行ったり、その発展技に取り組んだりすることができたか。

週案記入例

[目標]
自分に合っためあてをもち、友達と教え合って回転技の運動に取り組む。

[活動]
回転技に取り組む。

[評価]
自己の能力に適した回転技の練習ができたか。

[指導上の留意点]
準備や片付けなどで、分担された役割を果たすこと。器械・器具の安全に気を配ること。

本時の展開

	時	子供の活動
はじめ	1分	**(1)集合・あいさつ** ○集合・整列・服装の確認をする。 **(2)本時の学習内容を知る**
準備運動 感覚つくり の運動	6分	**(1)本時の運動につながる準備運動をする** ○鉄棒運動で主に使う手首、肩、首、膝、足首、股関節をしっかりと伸ばす。 **(2)主運動につながるやさしい運動（感覚つくりの運動）を行う** ○実際に鉄棒を使い、音楽に合わせて簡単な動きをしたり、ゲーム化された動きを行ったりする。
場の準備	3分	**場の準備をする** ○友達と協力し、安全に気を付けながら分担された教具等の準備をする。
回転技 (1)技の確認 (2)技の練習	28分	**(1)回転技の行い方や技のポイント、その練習方法を確認する。** ▶1 ▶2 ▶3 ○回転技【▲基本的な技　■発展技】の行い方や技のポイントを確認する。 　→▲かかえ込み回り、前方膝掛け回転、かかえ込み後ろ回り、後方膝掛け回転、■前方支持回転、前方もも掛け回転、後方支持回転、後方もも掛け回転 　（できる子たちには、さらなる発展技として前方伸膝支持回転、後方伸膝支持回転の行い方を理解させる） **(2)自己の能力に適した回転技の課題を見付け、運動に取り組む** ▶1 ▶2 ▶3 ○繰り返し、組み合わせを意識し、自己の能力に適した回転技を選んで、運動する。 ○同じ技や課題に取り組む友達と3人組をつくる。 ○互いのめあてを伝え合い、どこを見合うのかを確認し、出来映えについて伝える。 ○一人が2〜3回取り組んだら交代し、順番に運動に取り組む。
整理運動	2分	**体をほぐす** ○運動で使った部位をゆっくりと動かし、ほぐす。
まとめ	5分	**(1)クラス全体で本時の学習について振り返り、学習カードに記入する** ○学習について振り返り、学習カードに記録する。 　①回転技について自分の状態や友達との関わりについて振り返る。 　②次時のめあてを記入する。 ○振り返ったことを発表し合う。 **(2)次時の学習内容を確認する**

7

ハードル走

8

鉄棒運動

9

走り高跳び

10

マット運動

11

病気の予防⑵

12

ゴール型（バスケットボール）

1 授業での技の取り扱い方⇒自分の力に合った技に取り組む

　基本的な技が安定してできるように十分に取り組ませたい。発展技の行い方を教えてあげることは必要である。ただし、発展技やさらなる発展技は子どもの学習状況により、個別に指導を進めることが大切である。例えば回転技について取り上げた技が難しい子供には、かかえ込み回りや、後方片膝掛け回転に取り組ませてもよい。

　また、前方支持回転や後方支持回転ができるようになった子供は、膝を伸ばした状態での回転に取り組ませる等したい。自分の力に合った技に十分に取り組ませて、友達と見合いながら、工夫させて楽しませるようにしたい。

2 運動のポイント（手首の返し）

　回転技や上がり技では、起き上がる局面で、「手首を返す」技能が必要になる。鉄棒を強く握り過ぎると、ブレーキがかかってしまうので、強く握り過ぎないようにアドバイスするとよい。上体が起き上がるときにタイミングよく手首を返すことにより、上体が上がって、支持の状態に止まることができる。

3 回転技の行い方・技のポイント

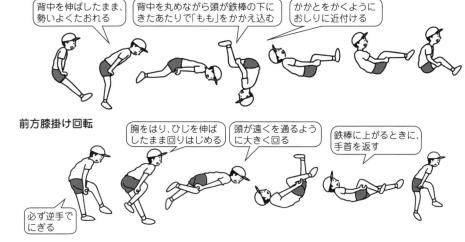

本時案

技の繰り返し、組み合わせに取り組もう①

本時の目標

　自己の能力に適した技を繰り返したり、組み合わせたりする練習方法を選び、友達と見合い、教え合って課題の達成を目指す。

評価のポイント

　自己の能力に適した技の練習方法を選ぶことができたか。安定して技を繰り返したり、組み合わせたりして粘り強く取り組むことができたか。

週案記入例

[目標]
自分に合っためあてをもち、友達と教え合って技の繰り返し、組み合わせ運動に取り組む。

[活動]
技の繰り返し、組み合わせに取り組む。

[評価]
自己の能力に適した技の繰り返しや組み合わせのめあての達成ができたか。

[指導上の留意点]
準備や片付けなどで、分担された役割を果たすこと。器械・器具の安全に気を配ること。

本時の展開

	時	子供の活動
はじめ	1分	**(1)集合・あいさつ** ○集合・整列・服装の確認をする。 **(2)本時の学習内容を知る**
準備運動 感覚つくりの運動	6分	**(1)本時の運動につながる準備運動をする** ○鉄棒運動で主に使う手首、肩、首、膝、足首、股関節をしっかりと伸ばす。 **(2)主運動につながるやさしい運動（感覚つくりの運動）を行う** ○実際に鉄棒を使い、音楽に合わせて簡単な動きをしたり、ゲーム化された動きを行ったりする。
場の準備	3分	**場の準備をする** ○友達と協力し、安全に気を付けながら分担された教具等の準備をする。
上がり技 回転技 下り技 (1)単技の練習 (2)繰り返し、組み合わせ技の練習	28分	**(1)自己の能力に適した技の課題を見付け、運動に取り組む** 1 ○繰り返し、組み合わせを意識し、自己の能力に適した上がり技、回転技、下り技を選んで、課題を見付け、運動に取り組む。 ○同じ技や課題に取り組む友達と３人組をつくる。 ○互いのめあてを伝え合い、どこを見合うのかを確認する。 ○一人が２～３回取り組んだら交代し、順番に運動に取り組む。 ○見ている子供は、技のできばえについて伝える。 **(2)自己の能力に適した技を繰り返し、組み合わせ、運動に取り組む** 2 ○自分の力に応じて何の技を繰り返すのか、組み合わせるのか考えさせる。 ○実態に応じて「上がる→下りる」の組み合わせにしたり、ペアやグループでの動きを合わせたりしてもよい。
整理運動	2分	**体をほぐす** ○運動で使った部位をゆっくりと動かし、ほぐす。
まとめ	5分	**(1)クラス全体で本時の学習について振り返り、学習カードに記入する** ○学習について振り返り、学習カードに記録する。 　①技の繰り返し、組み合わせについて自分の状態や友達との関わりについて振り返る。 　②次時のめあてを記入する。 ○振り返ったことを発表し合う。 **(2)次時の学習内容を確認する**

1 2 回転技の行い方・技のポイント

前方支持回転

- 胸をはって膝を曲げる
- 前をしっかり見ながら頭が遠くを通る感じで
- 鉄棒の下を通ったら背中を丸める
- 手首を返して腕を立てる

膝と胸を着けて手首を返す練習をする。

手首を返して上から押さえるようにしてみよう

前方もも掛け回転

- 胸をはり、ひじを伸ばしたまま回りはじめる
- 頭が遠くを通るように大きく回る
- 鉄棒に上がるときに、手首を返す

前に乗り出して体を回転させる

前脚を振る

後方支持回転

- 足を後ろに振り上げる
- 胸をはったまま肩を後ろにたおす
- ひざを曲げ鉄棒にかけるようにする
- 手首を返して前を見る

ツバメの姿勢から大きく振り出す練習をする。

腰を大きく浮かせてみよう

後方もも掛け回転

- 胸をはり、ひじを伸ばしたまま回りはじめる
- 伸ばしている足を鉄棒に引き寄せる
- ひじを伸ばして、足は最後まで振り続ける
- 手首を返し、伸ばしていた足を戻すことにより止まる

7 ハードル走

8 鉄棒運動

9 走り高跳び

10 マット運動

11 病気の予防(2)

12 ゴール型(バスケットボール)

本時案

技の繰り返し、組み合わせに取り組もう②

5/5

本時の目標

　自己の能力に適した技を繰り返したり、組み合わせたりする練習方法を選び、友達と見合い、教え合って課題の達成を目指す。

評価のポイント

　自己の能力に適した技の練習方法を選ぶことができたか。安定して技を繰り返したり、組み合わせたりして粘り強く取り組むことができたか。

週案記入例

[目標]
自分に合っためあてをもち、友達と教え合って技の繰り返し、組み合わせ運動に取り組む。

[活動]
技の繰り返し、組み合わせに取り組む。

[評価]
自己の能力に適した技の繰り返しや組み合わせのめあての達成ができたか。

[指導上の留意点]
準備や片付けなどで、分担された役割を果たすこと。器械・器具の安全に気を配ること。

本時の展開

	時	子供の活動
はじめ	1分	**⑴集合・あいさつ** ○集合・整列・服装の確認をする。 ⑵本時の学習内容を知る
準備運動 感覚つくり の運動	6分	**⑴本時の運動につながる準備運動をする** ○鉄棒運動で主に使う手首、肩、首、膝、足首、股関節をしっかりと伸ばす。 **⑵主運動につながるやさしい運動（感覚つくりの運動）を行う** ○実際に鉄棒を使い、音楽に合わせて簡単な動きをしたり、ゲーム化された動きを行ったりする。
場の準備	3分	**場の準備をする** ○友達と協力し、安全に気を付けながら分担された教具等の準備をする。
上がり技 回転技 下り技 ⑴単技の練習 ⑵繰り返し、 組み合わせ 技の練習	28分	**⑴自己の能力に適した技の課題を見付け、運動に取り組む** 1 2 ○繰り返し、組み合わせを意識し、自己の能力に適した上がり技、回転技、下り技を選んで、課題を見付け、運動に取り組む。 ○同じ技や課題に取り組む友達と3人組をつくる。 ○互いのめあてを伝え合い、どこを見合うのかを確認する。 ○一人が2～3回取り組んだら交代し、順番に運動に取り組む。 ○見ている子供は、技のできばえについて伝える。 **⑵自己の能力に適した技を繰り返し、組み合わせ、運動に取り組む** 1 2 ○自分の力に応じて何の技を繰り返すのか、組み合わせるのかを考えさせる。 ○実態に応じて「上がる→下りる」の組み合わせにしたり、ペアやグループでの動きを合わせたりしてもよい。
整理運動	2分	**体をほぐす** ○運動で使った部位をゆっくりと動かし、ほぐす。
まとめ	5分	**⑴クラス全体で本時の学習について振り返り、学習カードに記入する** ○学習について振り返り、学習カードに記録する。 　①技の繰り返し、組み合わせについて自分の状態や友達との関わりについて振り返る。 　②次時のめあてを記入する。 ○振り返ったことを発表し合う。 **⑵次時の学習内容を確認する**

7

ハードル走

8

鉄棒運動

9

走り高跳び

10

マット運動

11

病気の予防⑵

12

ゴール型（バスケットボール）

1 技を組み合わせたり、繰り返したりする

○「上がる－回る－下りる」の技の組み合わせを基本とするが、子供の実態に応じて、「上がる－下りる」の組み合わせにしたり、「上がる－回る－回る－下りる」と繰り返しを取り入れたりする。

○ペアやグループで動きを合わせて演技することも取り入れてよい。できる技を使って、同時に行ったり、タイミングをずらして行ったり、工夫させる。

○自分で今できる技を組み合わせたり、繰り返したりする。もう少しでできる技については、十分に練習をしてから取り組ませる。

【組み合わせの例】

①跳び上がり→ふとんほし→後ろ跳び下り

②跳び上がり→前回り下り→足抜き回り

③跳び上がり→かかえ込み回り→片足踏み越し下り

④膝掛け振り上がり→後方片膝掛け回転→前回り下り

⑤膝掛け上がり→前方片膝掛け回転→両足掛け倒立下り

⑥逆上がり→前方片膝掛け回転→両足掛け振動下り

⑦逆上がり→前方支持回転→片足踏み越し下り

⑧逆上がり→後方支持回転→前方支持回転→前回り下り

2 回転技の行い方・技のポイント

前方伸膝支持回転

回転のスピードを得るためには、回りはじめの背中の伸ばしと手の押しが重要である。背中を伸ばし、両手で鉄棒を押して遠くを回るように意識させる。

後方伸膝支持回転

足を前に振り込むときまで脇を締めて支持姿勢を保つようにし、膝を伸ばして回る。

後方支持回転の繰り返し

終わりの姿勢が次の開始の姿勢になる。

DVD収録資料

「鉄棒運動」学習カード＆資料

使用時 **第1〜5時**

カード08-01と08-02は、第1時から第5時まで、単元全体を通して使用する。単元を通して、思考・判断・表現などの変容を見取るカードである。また、カード08-03は、技のポイントや練習方法が載せてある資料である。技の行い方を理解し、自己の能力に適した技を選び、課題に合った練習に取り組めるよう配慮したい。

収録資料活用のポイント

①使い方

授業のはじめに、カード08-01と08-02を画用紙に印刷して配付する。カードの裏面には、技のポイントや練習方法が載せてある資料を印刷しておく。中学年で使った資料も印刷しておくと、復習として使うことができる。第1〜5時で、技の行い方を知り、自己の能力に適した課題を見付けるときや第4〜5時で、技を組み合わせる練習に資料を使う。授業の終わりに、学習の振り返りを行う。

②留意点

単元を通して、目的意識をもって学習できるように、できるようになりたい技に色をぬらせる。また、できるようになった技を線で結び、組み合わせ技を考え、鉄棒運動の特性に触れるようにする。自分で見付けた運動のこつや友達のよい動きについて書いたことや振り返りを思考・判断・表現の評価に活用したい。めあてや振り返りを記入する時間を多く設けることはせず、運動の時間を十分に確保する。

● 学習カード6-8-1　　　　　● 学習カード6-8-2

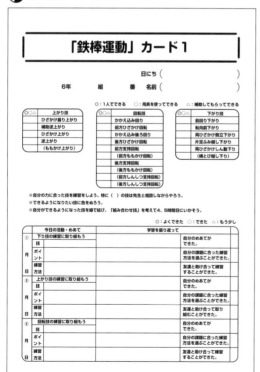

資料 6-8-1

月　　日

7
ハードル走

8
鉄棒運動

9
走り高跳び

10
マット運動

11
病気の予防(2)

12
ゴール型（バスケットボール）

技のポイント・練習方法

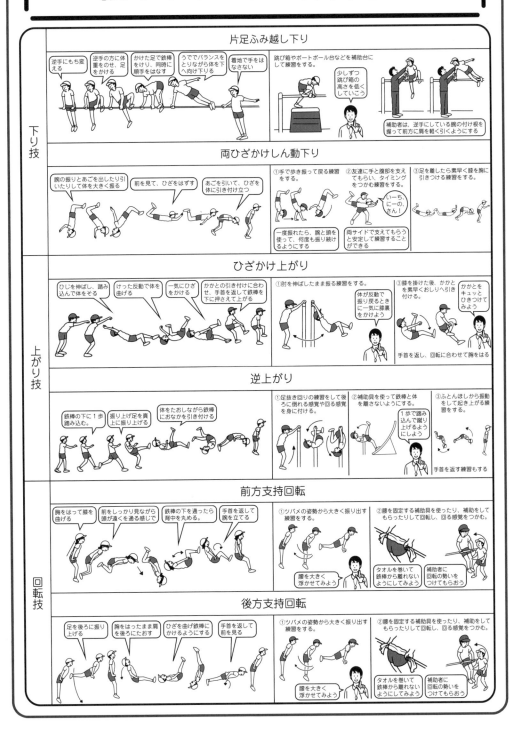

陸上運動

9 走り高跳び

（6時間）

【単元計画】

1 時	2・3 時
[第一段階] 記録への挑戦の仕方を知るとともに、より高く跳ぶための課題を探す。	
走り高跳びの学習内容を知るとともに、はじめの記録の計測をする。	友達と動きを見合い、走り高跳びに必要な技能ポイントに気付かせる。
1　はじめの記録を計測しよう POINT：試し跳びをしながら、自分の助走の仕方を決める。	**2・3　より高く跳ぶための課題をつかもう** POINT：助走の仕方を身に付ける時間と踏み切り後の課題を発見する時間とを分けて取り組ませる。
[主な学習活動] ○集合・あいさつ・今日の運動につながる準備運動 ○場の準備の仕方、安全な運動の仕方、記録への挑戦の仕方を知る。 ○安全な運動の仕方、安全な跳び方を確認しながら試し跳びを行う。 ○はじめの記録を計測する。 ○運動で使った部位をほぐす。 ○学習のまとめをする。	**[主な学習活動]** ○集合・あいさつ・今日の運動につながる準備運動 ○［助走の仕方を身に付ける］走り出しの位置を決めて、リズミカルな助走の練習をする。 ○［踏み切り後の課題を発見する］体のどこがバーに当たっているかを友達と見合い、何が原因で引っかかっているのかを考えながら跳ぶ。 ○運動で使った部位をほぐす。 ○学習のまとめをする。

授業改善のポイント

主体的・対話的で深い学びの実践に向けて

　学習の目的を「はじめの記録からの伸びをチームごとに競う」とすることで、どんな子供も自分の課題を見付け、解決しようとする意欲をもたせることができる。友達同士で動きを見合ったり、協力して計測を行ったりする姿も期待できる。

　走り高跳びに必要な技能は「助走」「踏み切りと空中動作」「着地」の３つの局面に整理できる。

　「踏み切りと空中動作」「着地」については、チームの友達と動きを見合ったり、撮影した動画やよい動きの動画を活用したりして、自分の課題をつかんだり、課題解決のための意図をもって練習の場を選んだりさせる。そのために「用意された場の意図」「学習資料の使い方」「場の選び方や工夫の仕方」「よい動きの見分け方」を指導しておく必要がある。

　「リズミカルな助走」については、技能の獲得には数多くの知識・技能が必要であること、技能の定着までにはある程度の時間が必要であることから、単元のはじめの方から技能ポイントを与えて指導する。

7
ハードル走

8
鉄棒運動

9
走り高跳び

10
マット運動

11
病気の予防(2)

12
ゴール型（バスケットボール）

単元の目標

○知識及び技能
・リズミカルな助走から上体を起こして力強く踏み切る行い方を理解するとともに、はさみ跳びで足から着地することができる。

○思考力、判断力、表現力等
・自己の能力に適した課題の解決の仕方、競争や記録への挑戦の仕方を工夫するとともに、自己や仲間の考えたことを他者に伝えることができる。

○学びに向かう力、人間性等
・運動に積極的に取り組み、約束を守り助け合って運動をしたり、仲間の考えや取組を認めたり、場や用具の安全に気を配ったりすることができる。

4 時	5・6 時
[第二段階] 同じ課題をもつ友達同士で動きを見合いながら、自分の課題の解決に向けて運動に取り組む。	
技能ポイントを確認し、課題の解決の仕方について理解する。	自分の課題に合わせて選んだ場で運動に取り組みながら、チーム間で競争を楽しむ。
4　学習課題を解決するための方法を知ろう POINT：場の意図に応じて、技能ポイントを意識して運動に取り組むことができるように指導する。 [主な学習活動] ○集合・あいさつ・今日の運動につながる準備運動 ○課題を解決するための方法を指導する。 　①用意された場の意図 　②学習資料の使い方 　③場の選び方や工夫の仕方 　④よい動きの見分け方（録画した動画の使い方） ○運動で使った部位をほぐす。 ○学習のまとめをする。	5・6　自分の課題に合わせて選んだ場で運動に取り組みながら、チーム間で競争を楽しもう POINT：自分の課題に応じて、根拠をもって運動の場を選んだり工夫したりできるように指導する。 [主な学習活動] ○集合・あいさつ・今日の運動につながる準備運動 ○自分の課題に合った場を選んで運動に取り組む。 ○計測をする（2〜3cm刻み） ○運動で使った部位をほぐす。 ○学習のまとめをする。

子供への配慮の例

①運動が苦手な子供
　助走のリズムを生かして踏み切ることができるように、基礎感覚を養う必要がある。
○準備運動の際に右のような場を用意し、全員で取り組む。「イチ、ニッ、サンッ！（強く）」とみんなで声を出して、左右交互に跳ぶ。
○練習の場では3歩助走からはじめる。ここでもみんなで口伴奏をするとよい。左右どちらから助走をするかを決め、どちらの足から助走を始めるかを覚えさせる。

②意欲的でない子供
　「チームで伸びを競い合う」設定にしても意欲が高まらない場合は、バーを跳び越えることへの恐怖感が原因であると考えられる。はじめのうちはバーの代わりにゴムを使ったり、支柱間を十分に確保したりするとよい。

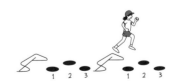

本時案

安全な跳び方を確認して、「はじめの記録」を計測しよう

本時の目標

　安全な運動の仕方について理解する。

　計測の仕方を理解するとともに、はじめの記録を計測する。

評価のポイント

　計測の仕方や役割分担について理解できているか。

　安全な跳び方、着地の仕方について理解できているか。

週案記入例

[目標]
安全な跳び方が分かる。
計測の仕方や役割を理解する。

[活動]
試し跳びをする。
はじめの記録を計測する。

[評価]
計測の仕方や役割を理解できたか。

[指導上の留意点]
用具の準備を効率よく行うために、準備の役割は単元を通して固定する。

本時の展開

	時	子供の活動
はじめ	2分	**集合・あいさつ** ○走り高跳びの学習内容を確認する。 ○今日のめあての確認をする。
準備運動	8分	**本時の運動につながる準備運動をする** ○足や足首、腕、肩のストレッチ運動をする。 ○「イチ・ニッ・サンッ！」のリズムから小型ハードルを跳び越える。
場の準備	5分	**用具や場の準備の仕方を確認する** ■1 ○用具の準備を効率よく行うために、準備の役割は単元を通して固定することを伝える。
試し跳び	15分	**安全な運動の仕方について確認する** ■2 ○用具の扱い方や活動のきまりについて確認する。 ○安全な跳び方、助走の仕方について指導する。 ○試し跳びをしながら、自分の助走の仕方を決める。
計測の時間	10分	**チームの仲間と協力して計測をする。** ○ 5cm刻みで行う。一回失敗したら計測終了。
整理運動	2分	**運動で使った部位をゆったりとほぐす** ○特に手首、足首を中心に動かす。
まとめ	3分	(1)**今日の学習について振り返り、学習カードに記入する** 　①はじめの記録 　②跳んでみて気が付いたこと、次にがんばりたいこと (2)**はじめの記録からの「伸び」をチームで競い合いながら学習を進めていくことを伝える**

7 ハードル走

8 鉄棒運動

9 走り高跳び

10 マット運動

11 病気の予防(2)

12 ゴール型（バスケットボール）

1 場の設定について

準備物　・高跳びセット　3〜5セット　・ゴム　・マット（1つの場に対して4枚）
　　　　　・すべり止めシート　3〜5枚

運動の場に合わせて用意する物
・踏切板　3〜5枚　　跳び箱　1段
・紅白玉　24〜40個

支柱、バー受けが足りない場合の工夫

用意するもの
・カラーコーン（高さがあり、穴が開いているもの）
・自在ほうきの柄など
・目玉クリップ

目玉クリップのつまみ部分にバーを乗せる。

基本の場の設定

4つの場で行う場合

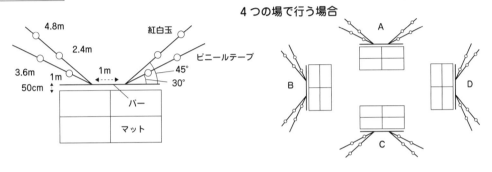

2 場の安全について

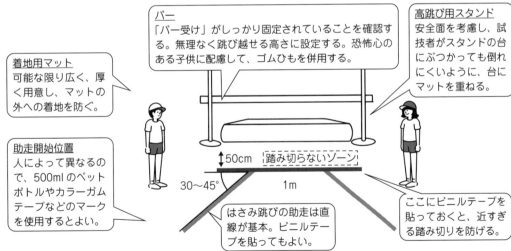

バー
「バー受け」がしっかり固定されていることを確認する。無理なく跳び越せる高さに設定する。恐怖心のある子供に配慮して、ゴムひもを併用する。

高跳び用スタンド
安全面を考慮し、試技者がスタンドの台にぶつかっても倒れにくいように、台にマットを重ねる。

着地用マット
可能な限り広く、厚く用意し、マットの外への着地を防ぐ。

助走開始位置
人によって異なるので、500mlのペットボトルやカラーガムテープなどのマークを使用するとよい。

はさみ跳びの助走は直線が基本。ビニルテープを貼ってもよい。

ここにビニルテープを貼っておくと、近すぎる踏み切りを防げる。

安全に関わる指導

■ 試技直前⇒直前に跳んだ子供からの合図を確認後、「行きます！」などの合図をしてから助走をはじめるようにする。
■ 着地　⇒振り上げ足から、ひざを柔らかく使って足裏から着地する。お尻や背中から着地しないようにする。
■ 試技直後⇒マットから出て、マットのずれなど場の安全を確かめてから、次の子供に合図をする。

本時案

より高く跳ぶための 2/6
課題をつかもう①

本時の目標
リズミカルな助走を身に付ける。
より高く跳ぶための課題をつかむ。

評価のポイント
リズミカルな助走から踏み切るための練習に取り組んでいるか。
友達と動きを見合い、何が原因でひっかかるのかを考えているか。

週案記入例

[目標]
リズミカルな助走を身に付ける。
[活動]
リズミカルな助走を身に付ける。
より高く跳ぶための課題を探す。
[評価]
リズムミカルな助走を身に付けているか。
[指導上の留意点]
「イッチ、ニー、イチ・ニッ・サンッ」の口伴奏でリズムをつかませる。

本時の展開

	時	子供の活動
はじめ	2分	**集合・あいさつ** ○今日の学習内容を確認する。 ○今日のめあての確認をする。
準備運動	8分	**本時の運動につながる準備運動をする** ○足や足首、腕、肩のストレッチ運動をする。 ○「イチ・ニッ・サンッ！」のリズムから小型ハードルを跳び越える。
助走の仕方を身に付ける時間	15分	**走り出しの位置・踏み切りの位置を決めて、リズミカルな助走をするための練習に取り組む** 1 ○最初の2歩は大きく弾むように少し大股で、最後の3歩は少しリズムを速くして（リズムアップ）跳ぶ。 ○「イッチ、ニー、イチ・ニッ・サンッ」の口伴奏に合わせて助走する。
課題発見の時間	15分	**跳躍を繰り返しながら、高く跳ぶための体の動かし方を考える** ○友達と動きを見合い、何が原因でひっかかるのかを考える。 ○バーを落としても何度も挑戦する。 ○記録は学習カードに記入する。 2
整理運動	2分	**運動で使った部位をゆったりとほぐす** ○特に手首、足首を中心に動かす。
まとめ	3分	(1)**今日の学習について振り返り、学習カードに記入する** ①リズミカルな助走ができたか。 ②踏み切り後の課題を見付けられたか。 (2)**今日の学習で気付いたことを発表してもらう**

7 ハードル走

8 鉄棒運動

9 走り高跳び

10 マット運動

11 病気の予防(2)

12 ゴール型(バスケットボール)

1 リズミカルな助走と踏み切りコース

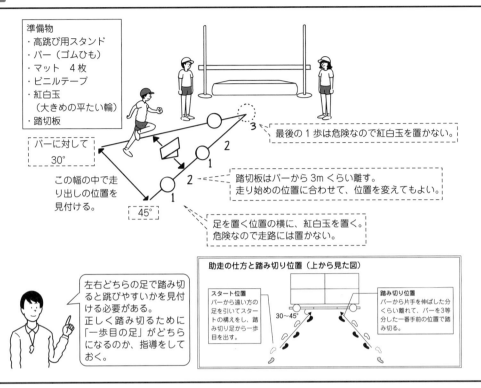

準備物
・高跳び用スタンド
・バー（ゴムひも）
・マット　4枚
・ビニルテープ
・紅白玉
　（大きめの平たい輪）
・踏切板

バーに対して
30°

この幅の中で走り出しの位置を見付ける。

45°

最後の1歩は危険なので紅白玉を置かない。

踏切板はバーから3mくらい離す。
走り始めの位置に合わせて、位置を変えてもよい。

足を置く位置の横に、紅白玉を置く。
危険なので走路には置かない。

左右どちらの足で踏み切ると跳びやすいかを見付ける必要がある。
正しく踏み切るために「一歩目の足」がどちらになるのか、指導をしておく。

助走の仕方と踏み切り位置（上から見た図）

スタート位置
バーから遠い方の足を引いてスタートの構えをし、踏み切り足から一歩目を出す。

30〜45°

踏み切り位置
バーから片手を伸ばした分くらい離れて、バーを3等分した一番手前の位置で踏み切る。

2 計測の仕方について

計測のルール

	第1時	第2時	第3時	第4・5・6時
上げ方	5cm刻み			2・3cm刻み
ルール	1回失敗したら終了。	失敗しても時間内に何回でも挑戦できる。		同じ高さに2回挑戦できる。 2回続けて失敗したら終了。

準備（場の数は、学校の用具の数に合わせて準備する）

①助走路が重ならないように場を用意する。

②それぞれの場に、マットを4枚敷く。

③バー受けが5cmずつ5つあるものを使い、高さの設定をする。

　※バー受けの一番低いところを80cmに合わせる場と、82cmに合わせる場を用意すると、バー受けの高さを変えずに計測することができる。

　※80cmはゴム紐を使用するなどの工夫をすることもできる。

行い方

①跳ぶ子供は、どの場も中央へ向かって助走をする。ぶつからないように「行きます」などの声をかけてからスタートする。

②マットに対して遠い方の足（右側からなら左足、左側からなら右足）を一歩引いて、その足から助走を開始する。

バー受けをたくさん用意しておくと便利

本時案

より高く跳ぶための課題をつかもう②

本時の目標

リズミカルな助走を身に付ける。
より高く跳ぶための課題をつかむ。

評価のポイント

リズミカルな助走から踏み切るための練習に取り組んでいるか。
友達と動きを見合い、何が原因でひっかかるのかを考えているか。

週案記入例

[目標]
踏み切り後の課題を探す。

[活動]
リズムミカルな助走を身に付ける。
より高く跳ぶための課題を探す。

[評価]
互いに動きを見合いながら、踏み切った後の動きの課題を見付けているか。

[指導上の留意点]
体のどの部分がバーに当たったかを見合うよう、声をかける。

本時の展開

	時	子供の活動
はじめ	2分	**集合・あいさつ** ○今日の学習内容を確認する。 ○今日のめあての確認をする。
準備運動	8分	**本時の運動につながる準備運動をする** ○足や足首、腕、肩のストレッチ運動をする。 ○「イチ・ニッ・サンッ！」のリズムから小型ハードルを跳び越えたり、バスケットゴールのボードなどに触ったりする。
助走の仕方を身に付ける時間	15分	**走り出しの位置・踏み切りの位置を決めて、リズミカルな助走をするための練習に取り組む** ◀1 ○最初の2歩は大きく弾むように少し大股で、最後の3歩は少しリズムを速くして（リズムアップ）跳ぶ。 ○「イッチ、ニー、イチ・ニッ・サンッ」の口伴奏に合わせて助走する。
課題発見の時間	15分	**跳躍を繰り返しながら、高く跳ぶための体の動かし方を考える** ◀2 ○友達と動きを見合い、何が原因でひっかかるのかを考える。 ○バーを落としても何度も挑戦する。 ○記録は学習カードに記入する。
整理運動	2分	**運動で使った部位をゆったりとほぐす** ○特に手首、足首を中心に動かす。
まとめ	3分	**(1)今日の学習について振り返り、学習カードに記入する** 　①リズミカルな助走ができたか。 　②踏み切り後の課題を見付けられたか。 **(2)今日の学習で気付いたことを発表してもらう**

1 称賛したい子供の言葉

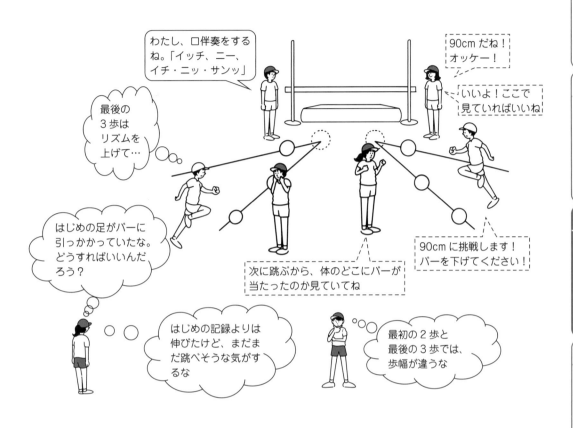

2 この時間で指導したい技能ポイント

【課題】リズムアップできない。
　○まずは助走せずに、手拍子と口伴奏でリズムをつかもう。
　○口伴奏に合わせて助走してみよう。
　○最後の「イチ・ニッ・サンッ！」を速くしてみよう。

【課題】助走にアクセントがつかない。
　○足を一歩引いてスタートしよう。
　○はじめの2歩は大きく弾むように助走してみよう。

「気を付け」の姿勢ではなく、後ろに体重をかけ、
足を一歩引いた状態から助走をはじめる。

本時案

課題を解決する ための方法を知ろう

本時の目標

自分の課題に応じて、運動の場を選んだり工夫したりすることができる。

評価のポイント

場の意図に応じて、技能ポイントを意識して運動に取り組んでいるか。

> **週案記入例**
>
> **[目標]**
> 運動の場の意図を理解しながら運動する。
>
> **[活動]**
> 練習の場の意図や、練習の仕方、自分の課題に合った解決の仕方を知る。
> 仲間と協力して計測する。
>
> **[評価]**
> 場の意図に応じて運動に取り組んでいるか。
>
> **[指導上の留意点]**
> 友達に見てほしいポイントを伝え合うことで、動きのポイントを意識させる。

本時の展開

	時	子供の活動
はじめ	2分	**集合・あいさつ** ○今日の学習内容を確認する。 ○今日のめあての確認をする。
準備運動	8分	**本時の運動につながる準備運動をする** ○足や足首、腕、肩のストレッチ運動をする。 ○「イチ・ニッ・サンッ！」のリズムから小型ハードルを跳び越えたり、バスケットゴールのボードに触ったりする。
課題を解決する時間	15分	**練習の場の意図や、練習の仕方について知る** ☆ ○「振り上げ足・抜き足コース」と「着地コース」をみんなで準備する。 ○それぞれの場の意図や練習の仕方を説明し、それぞれの場で跳んでみる。
	15分	**自分の課題に合った解決の仕方を知る** ○新しい学習カードを使って自分の課題に合った解決の仕方を知る。 ○自分の課題をつかむために、学習資料を使って友達と動きを見合う視点を知る。
整理運動	2分	**運動で使った部位をゆったりとほぐす** ○特に手首、足首を中心に動かす。
まとめ	3分	(1)**今日の学習について振り返り、学習カードに記入する** 　記録を高めるために、課題の解決の仕方が理解できたか。 (2)**次時、どの場で運動に取り組みたいのか、自分なりの根拠をもって発表し合う**

☆ 練習の場について（場のつくり方、運動の仕方、効果的な声かけ例）

☆1 振り上げ足・抜き足コース

①ゴムがクロスしている真ん中を跳び越す。

②足がゴムに当たらないように、抜き足の膝を胸に引き付けて跳ぶ。

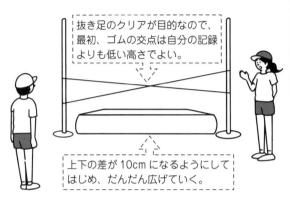

> 抜き足のクリアが目的なので、最初、ゴムの交点は自分の記録よりも低い高さでよい。

> 上下の差が10cmになるようにしてはじめ、だんだん広げていく。

準備物
・ゴムひも（平ゴム1cm幅）2本
・洗濯バサミ（洗濯竿用）4つ
・マット　4枚
・走り高跳び用スタンド
　（または簡易スタンド）

> 最初は、上のゴムの留め位置を自分の最高記録に合わせる。
> （例）最高記録が90cm
> 上の留め位置：90cm
> 下の留め位置：80cm

【効果的な声かけ例】

○振り上げ足の膝を上に突き出すようにして、胸を張って跳ぼう。

○抜き足の膝を胸に引き付けて跳ぼう。

○振り上げ足を高く上げているのにゴムに当たるときは、踏み切り位置を手前にしてみよう。

☆2 着地コース

①バーの高さは80〜100cm程度。

②跳び箱（1段目）の上に立ち、バーを跳び越える。

> 3歩助走で勢いよく踏み切る。

【効果的な声かけ例】

○膝を柔らかく使ってふわっと着地しよう。

○体がバーの真上にきたら、振り上げ足を下ろす動きと抜き足を引き上げる動きをパパッ！と素早くしよう。

本時案

チーム間で競争を
楽しもう①

本時の目標
　自分の課題に応じて、運動の場を選んだり工夫したりすることができる。

評価のポイント
　友達と見合ったり、よい動きの動画や自分の試技の動画を見たりして、課題をつかもうとしているか。

本時の展開

	時	子供の活動
はじめ	2分	**集合・あいさつ** ○今日の学習内容を確認する。 ○今日のめあての確認をする。
準備運動	8分	**本時の運動につながる準備運動をする** ○足や足首、腕、肩のストレッチ運動をする。 ○「イチ・ニッ・サンッ！」のリズムから小型ハードルを跳び越えたり、バスケットゴールのボードなどに触ったりする。
課題を解決する時間	15分	**自分の課題に合わせて練習の場を選び、同じ課題をもつ友達同士で動きを見合いながら運動に取り組む。** 1 ○課題に合わせて場を選んでいるかどうか、声をかける。 ○新しい課題に取り組む場合は学習資料を参考にさせる。 ○録画した動画と「よい動きの動画」や「学習資料」とを比べて使うことで課題が明確になることを指導する。 2
計測の時間	15分	**チームの仲間と協力して計測をする** ○2回連続で失敗したら計測を終了する。 ○計測が早く終わった場合は、3回目の挑戦も認める。
整理運動	2分	**運動で使った部位をゆったりとほぐす** ○特に手首、足首を中心に動かす。
まとめ	3分	**(1)今日の学習について振り返り、学習カードに記入する** 　①課題に合わせて運動の場を選ぶことができていたか。 　②友達と協力して練習や計測に取り組めたか。 **(2)自分の課題に合わせて場を選べた子供に、今日の取組の成果と課題を発表してもらう**

7 ハードル走

8 鉄棒運動

9 走り高跳び

10 マット運動

11 病気の予防(2)

12 ゴール型（バスケットボール）

1 学習の様子（称賛したい言葉や考え方）

【課題解決の時間】抜き足コースの例

どっちの足がゴムに当たっているか見ていてね

上のゴムをさっきより5cm下げたよ

抜き足がゴムに当たらなくなったよ

抜き足が引き上がるようになったね。今度は、平場コースに行って試してみようよ

【課題解決の時間】跳び箱コースの例

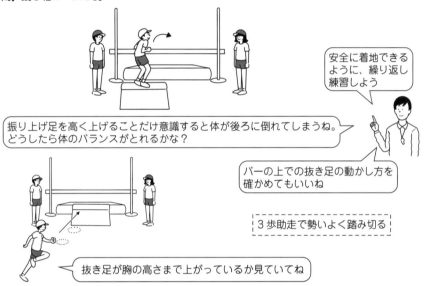

安全に着地できるように、繰り返し練習しよう

振り上げ足を高く上げることだけ意識すると体が後ろに倒れてしまうね。どうしたら体のバランスがとれるかな？

バーの上での抜き足の動かし方を確かめてもいいね

3歩助走で勢いよく踏み切る

抜き足が胸の高さまで上がっているか見ていてね

2 動画を活用した学習の仕方

　自分の動きを動画で確認すると、自己の課題をつかむことができると考えられるが、どんな動きが「よい動き」かが理解できていることが前提なので、学習資料との併用が必須である。また、陸上運動系の動きは一瞬なので、録画をしてスロー再生で確認できるとよい。また、よい動きをしている動画と自分の動画を見比べることで、足の上げ方や腕の動きなどの微妙な違いに気付くことができる。

　録画回数や録画してよい時間帯を制限しておかないと、運動量が減ってしまうので、十分に留意したい。

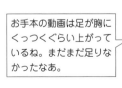

お手本の動画は足が胸にくっつくぐらい上がっているね。まだまだ足りなかったなあ。

踏み切る瞬間に胸を張っているつもりだったけど、少し前かがみになっていたわ。ゆっくりにして見ないと分からないこともあるね。

本時案

チーム間で競争を 楽しもう②

本時の目標

自分の課題に応じて、運動の場を選んだり工夫したりすることができる。

評価のポイント

友達と意見交換をしたり、動画を活用したりして、課題をつかんだり解決に向けて運動したりしているか。

本時の展開

	時	子供の活動
はじめ	2分	**集合・あいさつ** ○今日の学習内容を確認する。 ○今日のめあての確認をする。
準備運動	8分	**本時の運動につながる準備運動をする** ○足や足首、腕、肩のストレッチ運動をする。 ○「イチ・ニッ・サンッ！」のリズムから小型ハードルを跳び越えたり、バスケットゴールのボードなどに触ったりする。
課題を解決する時間	15分	**自分の課題に合わせて練習の場を選び、同じ課題をもつ友達同士で動きを見合いながら運動に取り組む** ☆ ○課題に合わせて場を選んでいるかどうか、声をかける。 ○新しい課題に取り組む場合は学習資料を参考にさせる。 ○録画した動画と「よい動きの動画」や「学習資料」と比べて使うことで課題が明確になることを指導する。
計測の時間	15分	**チームの仲間と協力して計測をする** ○2回連続で失敗したら計測終了。 ○計測が早く終わった場合は、3回目の挑戦も認める。
整理運動	2分	**運動で使った部位をゆったりとほぐす** ○特に手首、足首を中心に動かす。
まとめ	3分	⑴**今日の学習について振り返り、学習カードに記入する** 　①課題に合わせて運動の場を選ぶことができていたか。 　②友達と協力して練習や計測に取り組めたか。 ⑵**自分の課題に合わせて場を選べた子供に、今日の取組の成果と課題を発表してもらう**

☆ 練習の場について（場のつくり方、運動の仕方、効果的な声かけ例）

【課題解決の時間】平場コースの例

【計測の時間】

7 ハードル走

8 鉄棒運動

9 走り高跳び

10 マット運動

11 病気の予防(2)

12 ゴール型（バスケットボール）

「走り高跳び」学習カード＆資料

使用時 **第1〜6時**

学習カードは単元計画の第1段階と第2段階それぞれの学習内容に合わせて用意した。第1段階で気付いたことをたくさん書き留め、学級の中で交流し、それを集約したものとして学習資料が第2段階のはじめに出てくるという流れになる。第2段階の学習カードは、自分の課題に応じて場を選び、友達からのアドバイスや動画を見て気付いたことをもとに、次の課題を決定するという「思考のサイクル」を身に付けさせる仕組みになっている。

収録資料活用のポイント

①使い方

　カードや学習資料は色画用紙に印刷をするとよい。はじめの記録からの「伸び」をチームで競うことから、チームカラーに合わせてカードを作成すると、チームへの所属意識が増す。学習資料については第4時で提示したい。子供が「実際に跳んでみて気付いたことをまとめたもの」として提示することで、意欲が高まる。

②留意点

　第1段階の学習カードは跳んでみて気付いたことや試したいことが記述できるようになっている。体の「どこを」「どのように」動かすと「どのような結果になったのか」を書かせるとよい。第2段階の学習カードは課題解決のための思考のサイクルを記録するようになっている。課題を解決するためのプロセスは45分の中にもいくつか存在すると考えられるので、その時間の代表的な思考のサイクルを記述するように指示する。

💿 学習カード 6-9-1

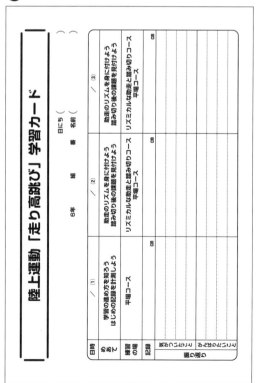

💿 学習カード 6-9-2

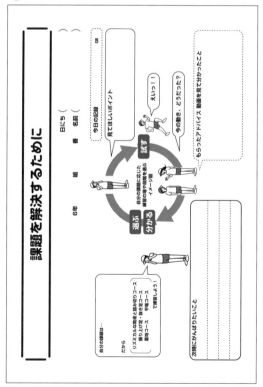

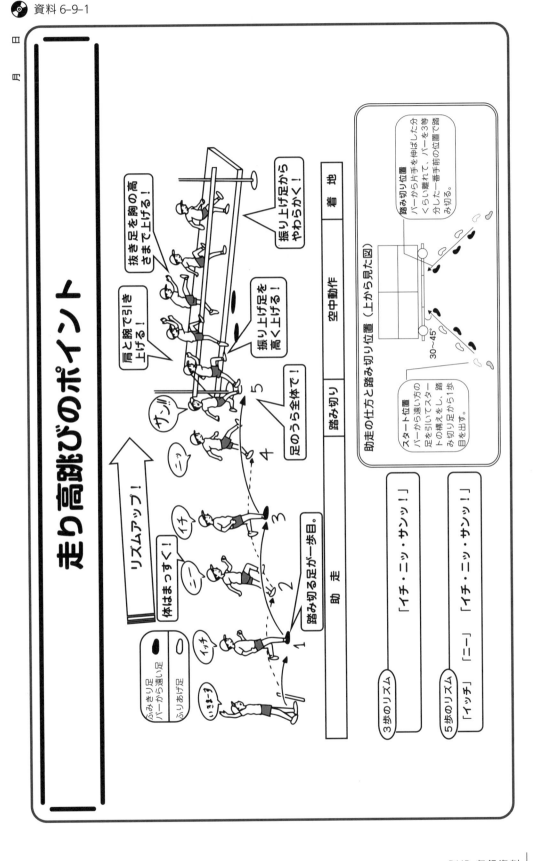

走り高跳びのポイント

資料 6-9-1

10 マット運動

6時間

【単元計画】

1時	2～4時
[第一段階] 自分の力に合った回転系、巧技系の技に取り組み、できる技を増やそう。	
単元の学習内容を知り、既習の技（回転系、巧技系の発展技）を振り返る。	自己の能力に適した回転系や巧技系の基本的な技や発展技、技の組み合わせに取り組み、技を身に付ける。
1　学習の進め方と自分の状態を知ろう POINT：既習の学習を振り返り、マット運動の学習を進めていく上で大切なことや技の系統を確認する。	**2～4　自分の課題を解決しよう** POINT：課題の解決に向けて、対話的な学びが行いやすいように、同じ課題（技）に取り組む子供同士でグループを組み、運動に取り組む。
[主な学習活動] ○集合・あいさつ ○単元を通した学習の流れの確認 ○準備運動 ○感覚つくりの運動 ○既習の技（基本的な技）に取り組む。 　・マット運動に必要な技能を知る。 ○整理運動 ○学習の振り返り	[主な学習活動] ○集合・あいさつ ○今日の学習の流れの確認 ○準備運動 ○感覚つくりの運動 ○回転系・巧技系の発展技に取り組む。 　・自分の課題の解決に取り組む。 ○技の組み合わせ、繰り返しに取り組む。 ○整理運動 ○学習の振り返り

授業改善のポイント

主体的・対話的で深い学びの実践に向けて

単元のはじめに、できるようになった技を活用して集団マットに取り組むことを伝える。個人の技の達成が、集団マットの質や子供の学習意欲を高める。また学習の第一段階の第1時で、既習事項から自分に合った技を目標に設定するために、自分のできることとできないことを確認する時間を設定することが必要である。

さらに、技を習得していくために、グループによる対話的な学習が必要となる。各技の見合う視点を学習カード等で明確にしておくことで、対話的な学習がより効果的に行われる。

第一段階の自分の課題（技）に取り組む段階では、3～4人を1グループとする、同じ学習課題（技）をもつ子供同士でグループを組み、対話的な学習を進める。

第二段階の集団マットに取り組む段階では、自分たちの動きを確認できるようにするために、ICTの活用も積極的に取り入れるとよい。また集団マットを作り上げる過程で、ペアグループで見合う活動を取り入れ、互いのよさを認め合うと同時に、さらに高めるための助言をし合うと、より対話的な学習が進んでいく。

7
ハードル走

8
鉄棒運動

9
走り高跳び

10
マット運動

11
病気の予防(2)

12
ゴール型（バスケットボール）

単元の目標

○知識及び技能

・自己の能力に適した回転系や巧技系の基本的な技を安定して行ったり、その発展技を行ったり、それらを繰り返したり組み合わせたりする行い方を理解するとともに、その技ができる。

○思考力、判断力、表現力等の基礎

・自己の能力に適した課題の解決の仕方や技の組み合わせ方を工夫するとともに、自己や仲間の考えたことを他者に伝えることができる。

○学びに向かう力、人間性等

・運動に積極的に取り組み、約束を守り助け合って運動をしたり、仲間の考えや取組を認めたり、場や器械・器具の安全に気を配ったりすることができる。

5時	6時
[第二段階] 自分のできる技を活用して、仲間と集団マットに取り組もう。	
身に付けた技を活用して、集団マットに取り組む。	グループ同士で、集団マットの発表会を行う。
5　集団マットに取り組もう POINT：様々な技能段階の子供の混ざったグループで、演技構成等を相談しながら集団マット（演技）をつくっていく。 [主な学習活動] ○集合・あいさつ ○今日の学習の流れの確認 ○準備運動 ○感覚つくりの運動 ○集団マットに取り組む 　・グループで互いの技の組み合わせを確認する。 　・集団マットの構成を考える。 ○整理運動 ○学習の振り返り	6　グループ同士で集団マットを発表し合おう POINT：ペアグループ同士で見合ったり助言し合ったりして、後半の発表会に向けて、高めていく。 [主な学習活動] ○集合・あいさつ ○今日の学習の流れの確認 ○準備運動 ○感覚つくりの運動 ○ペアグループで見合い、発表会に向けて感想や助言を伝え合う。 ○相手グループを代えながら、ペアグループで発表会を行う。 ○整理運動 ○学習の振り返り

子供への配慮の例

①運動が苦手な子供

　マット運動を苦手としている子供には、その技の系統の運動遊びに取り組ませ、技に必要な動きができるようにする。

　例えば回転系の技を行う際に、回転に勢いがない子供には、マットの下に跳び箱の踏切板などを敷き、傾斜を利用して、勢いを付けて回転する動きができるようにする。

　このように、技の達成に向けてのスモールステップの場や練習方法を用意し、一つ一つのめあての達成を繰り返すことができるようにすることが大切である。

②意欲的でない子供

　痛みへの不安感や技への恐怖心をもつ子供には、ぶつかったり、倒れたりしても痛くないように、マットを多めに敷いたり、補助者を付けたりする。

　意欲が高まらない子供は、技の達成への道のりがイメージできない場合が多いので、学習資料を活用し、スモールステップ等を示すことが効果的である。またその時間に技の達成まで行かなくても、着実な伸びを実感できるためにICT機器等を活用し、「できた」という思いをもたせることが意欲の向上につながる。

本時案

学習の進め方と
自分の状態を知ろう

1/6

本時の目標

　単元の学習内容を知り、既習の技を振り返るとともに、自分の課題を決めることができる。

評価のポイント

　学習の進め方や自分の状態を理解し、自分の課題を決めることができたか。

週案記入例

[目標]
学習の進め方や自分の状態を知る。

[活動]
約束を確認し、既習の技に取り組む。

[評価]
自己の能力に適した課題を見付けたか。

[指導上の留意点]
既習事項(各技の系統やそれぞれの場の活用法)について、ICT機器等を活用して効率的に確認し、個々に適した課題を選択できるようにする。

本時の展開

	時	子供の活動
はじめ	5分	**集合・あいさつ** ○単元の学習内容を知る。
準備運動	2分	**本時の学習で使う部位をよくほぐす** ○足や足首、腕や手首、首、肩のストレッチ運動をする。 　→伸ばしている部分を意識させるよう言葉かけをする。
場の準備	2分	**安全に気を付けて準備をする** ▶1 ○声をかけ合って準備をする。
感覚づくりの運動	3分	**技につながる感覚を養う運動に取り組む** ▶2 　→技へのつながりを意識させながら取り組むよう言葉かけをする。
マット運動	25分	**5学年までに取り組んだ技について運動しながら振り返る** [回転系接転技群] 　・開脚前転　・補助倒立前転　・開脚後転　・伸膝後転 [回転系ほん転技群] 　・倒立ブリッジ　・側方倒立回転　・ロンダート　・首はね起き 　・頭はね起き [巧技系平均立ち技群] ・壁倒立　・頭倒立　・補助倒立 ○既習の振り返りを基にして、マット運動に必要な技能を知る。 ○技の系統を確認し、技の行い方や技能ポイントを確認する。※
後片付け	2分	**安全に気を付けて片付けをする** ○声をかけ合って片付ける。
整理運動	2分	**運動で使った部位をゆったりとほぐす** ○よく使った部位を中心にほぐす。
まとめ	4分	**今日の学習を振り返り、学習カードに記入する** ○学習カードの記入方法を知る。 ○今日の課題の達成状況をもとに、次の時間の課題について記入する。 　→次時の学習内容を予告する。

7 ハードル走

8 鉄棒運動

9 走り高跳び

10 マット運動

11 病気の予防⑵

12 ゴール型（バスケットボール）

1 単元を通した安全面に関わる注意事項

○マットは大きさに応じて、2人または4人で持ち運びをさせる。

○持ち手は必ずマットの下に入れる。

○マットを並べる際、隣の場との間隔を2〜3m空ける。

○移動する際に、マットを横切らせない。

○試技の後、マットがずれたら直す。

●マットのはこび方

声を かけ合って もつ。

2 単元を通した感覚づくりの運動

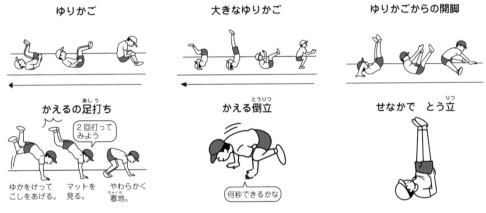

ゆりかご　　　大きなゆりかご　　　ゆりかごからの開脚

かえるの足打ち

2回打って みよう

ゆかをけって こしをあげる。　マットを 見る。　やわらかく 着地。

かえる倒立

何秒できるかな

せなかで　とう立

支持感覚	接転感覚	倒立感覚	締めの感覚
動物歩き、手押し車、うさぎ跳び	ゆりかご、背支持倒立からゆりかご、またのぞき前転	かえるの足打ち、壁登り逆立ち、ブリッジ	アンテナ、手押し車、石の地蔵さん、人運び

※技の系統を確認する

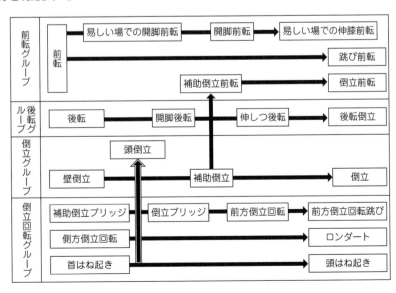

前転グループ　前転　易しい場での開脚前転　開脚前転　易しい場での伸膝前転

跳び前転

補助倒立前転　倒立前転

後転グループ　後転　開脚後転　伸しつ後転　後転倒立

倒立グループ　頭倒立　壁倒立　補助倒立　倒立

倒立回転グループ　補助倒立ブリッジ　倒立ブリッジ　前方倒立回転　前方倒立回転跳び

側方倒立回転　ロンダート

首はね起き　頭はね起き

本時案

自分の課題を
解決しよう①

本時の目標

　自己の能力に適した技に取り組み、その習得に向けた練習の場や段階を選んで取り組む。

評価のポイント

　技の習得に向けて、練習方法を工夫したり、仲間と助け合って練習に取り組んだりすることができたか。

週案記入例

[目標]
自己の能力に適した技に取り組む。

[活動]
練習の場や段階を選んで取り組む。

[評価]
練習を工夫し、助け合って練習に取り組めたか。

[指導上の留意点]
場に合った練習方法をしていたり練習方法を工夫していたりする姿や、協力して学び合いをしているグループの姿を全体に価値付け、手本とするようにしていく。

本時の展開

	時	子供の活動
はじめ	2分	**集合・あいさつ** ○今日の学習内容を知る。
準備運動	2分	**本時の学習で使う部位をよくほぐす** ○足や足首、腕や手首、首、肩のストレッチ運動をする。 　→伸ばしている部分を意識させるよう言葉かけをする。
場の準備	2分	**安全に気を付けて準備をする** 　→声をかけ合って準備をするように言葉かけをする。
感覚づくりの運動	3分	**技につながる感覚を養う運動に取り組む** 　→技へのつながりを意識させながら取り組むよう言葉かけをする。
マット運動	29分	**学習課題の解決に向けて、自分が選択した技に取り組む** 　**1** **2** **3** ○回転系接転技群の技に取り組む。 　・前転グループ、後転グループのどちらか一つの技を選択する。 　→ 3〜4人の課題別グループで取り組む。 ○回転系ほん転技群、巧技系平均立ち技群の技に取り組む。 　・どちらか一つの群から技を選択して取り組む。 　→ 3〜4人の課題別グループで取り組む。
後片付け	2分	**安全に気を付けて片付けをする** 　→声をかけ合って片付けるように言葉かけをする。
整理運動	2分	**運動で使った部位をゆったりとほぐす** ○よく使った部位を中心にほぐす。
まとめ	3分	**今日の学習を振り返り、学習カードに記入する** ○今日の課題の達成状況をもとに、次の時間の課題について記入する。 　→次時の学習内容を予告する。

7 ハードル走

8 鉄棒運動

9 走り高跳び

10 マット運動

11 病気の予防(2)

12 ゴール型（バスケットボール）

1 「易しい場での伸膝前転」の行い方

重ねマットや坂道マットを活用し、両手と後頭部を着きながら腰を高く上げ前方に回転し、膝を伸ばしたまま接地するとともに素早く両手を腿の外側に着いて、起き上がる。

段差を使って、起き上がりの練習をする

マットの枚数を一枚ずつ減らしていく

ポイント
ロイター板や踏み切り板を活用して坂道をつくり、勢いを付けて伸膝前転を行う。

2 「倒立前転」の行い方

片足を振り上げ倒立を行い、前に倒れながら腕を曲げ、頭を入れて前転する。

マットを見ながら足を振り上げて、倒立になる

前に倒れながら腰を曲げ、前転に入る

ポイント
腰と膝を早く曲げすぎないように気を付け、後頭部から背中に順次転がり、滑らかに前転する。

3 「跳び前転」の行い方

強く踏み切り、腰を大きく開きながら遠くに手を着き、両手で体をしっかりと支えてから前転に入る。両足を素早くたたんで起き上がる。

軽く予備ジャンプを入れて、地面を強くける

踏み切りと同時に両足を振り上げて、腰を大きく開く

体を両手でしっかりと支えてから、前転に入る

ポイント
回転不足に気を付け、両手でしっかりと体を支えて安全に転がるようにする。

素早く両足をたたんで、起き上がる

本時案

自分の課題を
解決しよう②

本時の目標

　自己の能力に適した技に取り組み、その習得に向けた練習の場や段階を選んで取り組む。

評価のポイント

　技の習得に向けて、練習方法を工夫したり、仲間と助け合って練習に取り組んだりすることができたか。

週案記入例

[目標]
自己の能力に適した技に取り組む。

[活動]
練習の場や段階を選んで取り組む。

[評価]
練習を工夫し、助け合って練習に取り組めたか。

[指導上の留意点]
場に合った練習方法をしていたり練習方法を工夫していたりする姿や、協力して学び合いをしているグループの姿を全体に価値付け、手本とするようにしていく。

本時の展開

	時	子供の活動
はじめ	2分	**集合・あいさつ** ○今日の学習内容を知る。
準備運動	2分	**本時の学習で使う部位をよくほぐす** ○足や足首、腕や手首、首、肩のストレッチ運動をする。 　→伸ばしている部分を意識させるよう言葉かけをする。
場の準備	2分	**安全に気を付けて準備をする** 　→声をかけ合って準備をするように言葉かけをする。
感覚づくりの運動	3分	**技につながる感覚を養う運動に取り組む** 　→技へのつながりを意識させながら取り組むよう言葉かけをする。
マット運動	29分	**課題解決に向けて、自分が選択した技に取り組む** 1 2 3 ○回転系接転技群の技に取り組む 　・前転グループ、後転グループのどちらか一つの技を選択する。 　→ 3〜4人の課題別グループで取り組む。 ○回転系ほん転技群、巧技系平均立ち技群の技に取り組む 　・どちらか一つの群から技を選択して取り組む。 　→ 3〜4人の課題別グループで取り組む。
後片付け	2分	**安全に気を付けて片付けをする** 　→声をかけ合って片付けるように言葉かけをする。
整理運動	2分	**運動で使った部位をゆったりとほぐす** ○よく使った部位を中心にほぐす。
まとめ	3分	**今日の学習を振り返り、学習カードに記入する** ○今日の課題の達成状況をもとに、次の時間の課題について記入する。 　→次時の学習内容を予告する。

1 「後転倒立」の行い方

後方に回転しながら両手でマットを押し、体を伸ばして一気に倒立する。

お尻を遠くに着くことで回転スピードを上げる

手を着くと同時に、マットを一気に押し、腰を伸ばす

顔はしっかりとマットを見る

ポイント
両腕を伸ばすタイミングをつかむことが大切。倒立方向に体が向くように、タイミングを調整する。

2 「前方倒立回転」の行い方

倒立の姿勢から、両足を倒しながら腰の高いブリッジになり、重心を前にかけてゆっくり起き上がる。

腕と片足を大きく振り上げる

あごをしっかりと出す

ポイント
倒立状態からゆっくり足を倒し、肩を手前に引きながらブリッジする。

重ねマットを活用し、マットの段差で起き上がる練習をする

3 「倒立」の行い方

体を前方に振り下ろしながら片足を振り上げ両手を着き、体をまっすぐに伸ばして逆さの姿勢になり、倒立をする。

腕と足を大きく振り上げて、勢いよく下ろす

手と手の間に目線をもっていき、あごを上げた状態を保つ

てのひら全体で、体を支えるようにする

ポイント
・手は肩幅
・目線は手と手の間
・両肩に体重の乗る感覚を意識する。

アゴ出し姿勢ができるように【目のマーク】を置く

本時案

自分の課題を
解決しよう③

本時の目標

　自己の能力に適した技に取り組み、その習得
に向けた練習の場や段階を選んで取り組む。

評価のポイント

　技の習得に向けて、練習方法を工夫したり、
仲間と助け合って練習に取り組んだりすること
ができたか。

週案記入例

【目標】
自己の能力に適した技に取り組む。

【活動】
練習の場や段階を選んで取り組む。

【評価】
練習を工夫し、助け合って練習に取り組めたか。

【指導上の留意点】
場に合った練習方法をしていたり練習方法を工夫し
ていたりする姿や、協力して学び合いをしているグ
ループの姿を全体に価値付け、手本とするようにし
ていく。

本時の展開

	時	子供の活動
はじめ	2分	**集合・あいさつ** ○今日の学習内容を知る。
準備運動	2分	**本時の学習で使う部位をよくほぐす** ○足や足首、手や手首、首、肩のストレッチ運動をする。 　→伸ばしている部分を意識させるよう言葉かけをする。
場の準備	2分	**安全に気を付けて準備をする** ○声をかけ合って準備をするように言葉かけをする。
感覚づくりの運動	3分	**技につながる感覚を養う運動に取り組む** 　→技へのつながりを意識させながら取り組むよう言葉かけをする。
マット運動	29分	**課題解決に向けて、自分が選択した技に取り組む** ○回転系接転技群の技に取り組む 　・前転グループ、後転グループのどちらか一つの技を選択する。 　→3〜4人の課題別グループで取り組む。 ○回転系ほん転技群、巧技系平均立ち技群の技に取り組む。 　・どちらか一つの群から技を選択して取り組む。 　→3〜4人の課題別グループで取り組む。 ○技の組み合わせに取り組む **1** 　・身に付けた技の中から、つなぎの動きも含めて練習する。
後片付け	2分	**安全に気を付けて片付けをする** 　→声をかけ合って片付けるように言葉かけをする。
整理運動	2分	**運動で使った部位をゆったりとほぐす** ○よく使った部位を中心にほぐす。
まとめ	3分	**今日の学習を振り返り、学習カードに記入する** ○今日の課題の達成状況をもとに、次の時間の課題について記入する。 　→次時の学習内容を予告する。

7 ハードル走

8 鉄棒運動

9 走り高跳び

10 マット運動

11 病気の予防⑵

12 ゴール型（バスケットボール）

1 組み合わせ技に取り組む

(1)組み合わせ技のモデル

- ・個人で技の繰り返し・組み合わせに取り組む。
- ・「はじめ」－「なか」－「おわり」を意識して行う。
- ・「はじめ」…次の技を予測してスピードをコントロールする。
- ・「なか」…小さい技をなめらかにつなぐ。
- ・「おわり」…ダイナミックな技を正確に行う。

はじめ　はじめのポーズ →　前転　→　前回り → V字バランス → 背支持倒立

なか　後転　←　開脚後転　←　前屈

おわり　助走 → ホップ → ロンダート → 着地　おわりのポーズ

(2)技と技をスムーズにつなげるためのつなぎの技や動きの例

片足ターン

片足で180度回転

足をずらして回転

足をずらして着地→回転

足交差

足交差→向きを変える

跳びひねり

ジャンプして180度回転

(3)バランス技の例

水平バランス

側倒バランス

Y字バランス

本時案

集団マットに
取り組もう

本時の目標

　グループの仲間ができるようになった技を活用して、集団マットの構成を考え、動きの練習をする。

評価のポイント

　友達と協力して集団マットの構成を考え、グループ内で練習することができたか。

本時の展開

	時	子供の活動
はじめ	2分	**集合・あいさつ** ○今日の学習内容を知る。
準備運動	2分	**本時の学習で使う部位をよくほぐす** ○足や足首、手や手首、首、肩のストレッチ運動をする。 　→伸ばしている部分を意識させるよう言葉かけをする。
場の準備	2分	**安全に気を付けて準備をする** 　→声をかけ合って準備をするように言葉かけをする。
感覚づくりの運動	3分	**技につながる感覚を養う運動に取り組む** 　→技へのつながりを意識させながら取り組むよう言葉かけをする。
マット運動	29分	**身に付けた技を活用して、集団マットに取り組む**　**1** ○グループ内で、集団マットの構成を考える。 　・一人一人が身に付けた技を見せ合う。 　・方形にマットを並べ、場をつくる。 　・「技の種類」「タイミング（合わせる・ずらす等）」「転がる方向」等の視点に合わせて、構成を考える。 　→ぶつからないようにすることに配慮するよう声かけをする。 　→集団で取り組むことで技が雑にならないように、声かけをする。 ○ ICT 機器を活用し、グループの動きを確認する。
後片付け	2分	**安全に気を付けて片付けをする** 　→声をかけ合って片付けるように言葉かけをする。
整理運動	2分	**運動で使った部位をゆったりとほぐす** ○よく使った部位を中心にほぐす。
まとめ	3分	**今日の学習を振り返り、学習カードに記入する** ○今日の課題の達成状況をもとに、次の時間の課題について記入する。 　→次時の学習内容を予告する。

7
ハードル走

8
鉄棒運動

9
走り高跳び

10
マット運動

11
病気の予防(2)

12
ゴール型（バスケットボール）

1 方形マットでの集団マット（演技）例

集団マットでは、ぶつからないように安全に演技をすることが大切である。そのため、動きの方向やタイミングを合わせたりずらしたりすることが効果的である。

○同じ方向

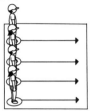 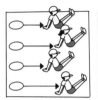

> 一直線に進むことで、ぶつかる心配がないこと、タイミングを合わせる楽しさが味わえる。

○左右対称

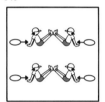 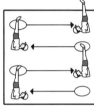

> 向かい合いながら演技することで、違った見方の表現になる。左右対称の場合でも距離を取って、ぶつからないようにする。

○放射状

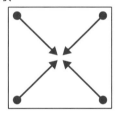 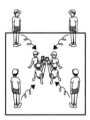

> 斜め方向を使うことで、空間が広がってくる。一人ずつ回転して、中央部分のどこに着地するかを確認し、同時に行ったときにぶつからないような配慮が必要である。

○様々な使い方

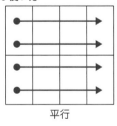 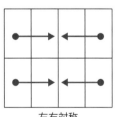 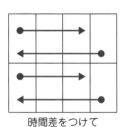 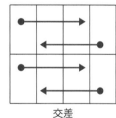

平行　　　　　左右対称　　　　時間差をつけて　　　　交差

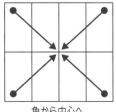 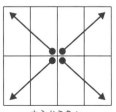 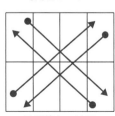 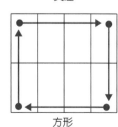

角から中心へ　　　中心から角へ　　　時間差をつけて　　　方形

本時案

グループ同士で
集団マットを
発表しよう

本時の目標

　ペアグループの動きを見て互いに助言し、その内容を生かして集団マットを作り上げ、学級内で認め合う。

評価のポイント

　ペアグループの動きを見て助言をしたり、助言されたことを生かして構成を考えたりできたか。様々なグループの集団マットを見て、認め合えたか。

> **週案記入例**
>
> **[目標]**
> 集団マットの質を高め、互いのグループの動きを認め合う。
>
> **[活動]**
> ペアグループと動きを見合いながら構成を修正する。様々なグループと発表会をする。
>
> **[評価]**
> 友達の助言を聞き、集団マットの作成に生かせたか。
>
> **[指導上の留意点]**
> 互いのグループのよいところに目を向けさせて、互いのよさを認め合える雰囲気をつくる。

本時の展開

	時	子供の活動
はじめ	2分	**集合・あいさつ** ○今日の学習内容を知る。
準備運動	2分	**本時の学習で使う部位をよくほぐす** ○足や足首、手や手首、首、肩のストレッチ運動をする。 　→伸ばしている部分を意識させるよう言葉かけをする。
場の準備	2分	**安全に気を付けて準備をする** ○声をかけ合って準備をするように言葉かけをする。
感覚づくりの運動	3分	**技につながる感覚を養う運動に取り組む** ○技へのつながりを意識させながら取り組むよう言葉かけをする。
マット運動	29分	**ペアグループの助言を生かして、集団マットに取り組む** ○ペアグループ同士で、集団マットを見合い、助言し合う。 　・互いに「動きのタイミング」「動きの方向」といった視点を意識して見合い、改善点を具体的に伝える。 　→個々の動きと同時にグループ全体の動きに注目させる。 ○ペアを代えて様々なグループと集団マットの発表会を行う。　◀1 　・発表会では、互いのよい点を見ることを心がけ、よかった点を必ず伝える。 　→集団演技のダイナミックさや美しさ等に目を向けさせる。
後片付け	2分	**安全に気を付けて片付けをする** ○声をかけ合って片付けるように言葉かけをする。
整理運動	2分	**運動で使った部位をゆったりとほぐす** ○よく使った部位を中心にほぐす。
まとめ	3分	**今日の学習を振り返り、学習カードに記入する** ○学習全体の振り返りを行う。

7 ハードル走

8 鉄棒運動

9 走り高跳び

10 マット運動

11 病気の予防(2)

12 ゴール型（バスケットボール）

1 集団マットの発表会をしよう

集団マットでは、学級全体で見合うことも考えられるが、運動量の確保という視点から、ペアで発表を見合い、順々にペアを代えていくのが効果的である。

○対角線

時間差（同時やずれ）を活用しやすい。

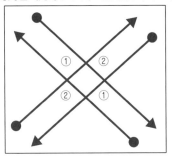

○周りの線

4人同時にタイミングを合わせる。

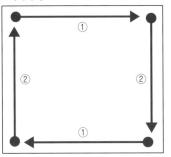

○方形マット以外の例（マット4枚の十字マット）

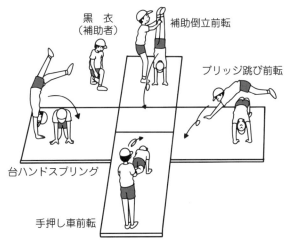

黒衣（補助者）　補助倒立前転

ブリッジ跳び前転

台ハンドスプリング

手押し車前転

側方倒立回転

○動き方の例

・全員一緒に

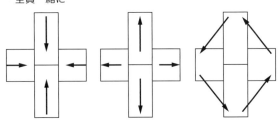

・二人ずつ

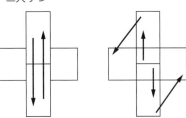

「マット運動」学習カード

使用時 **第 1 ～ 6 時**

本カードは第 1 時から第 6 時まで、単元全体を通して使用する。技の系統表を活用して、できるようにさせたい技を明確にさせるとともに、その技に至るまでに身に付けておかなければならない技も明確にすることができる。子供がどのような技に挑戦して技を身に付けていったのか見取るとともに、学習課題や課題解決の変容も見取ることができるカードである。

収録資料活用のポイント

①使い方

まず、単元のはじめに本カードを子供一人一人に板目紙と一緒に配付する。板目紙の裏側にはマット運動の技の系統図を貼り、自分ができるようになりたい技、そこまでの系統をいつでも確認できるようにしておく。めあての書き方や学習の振り返りを書く視点も説明する。

②留意点

本カードは子供のめあての変容を記録するものである。子供が、自己の能力に合っていない技に取り組んでいたり、課題に合っていない練習方法などに取り組んでいたりする場合は、コメントを残して積極的にめあての修正をしていきたい。記入する欄が多いが、記入の時間を多く設けることはせず、できるだけ運動の時間を確保できるようにしていきたい。

🖸 学習カード 6–10–1

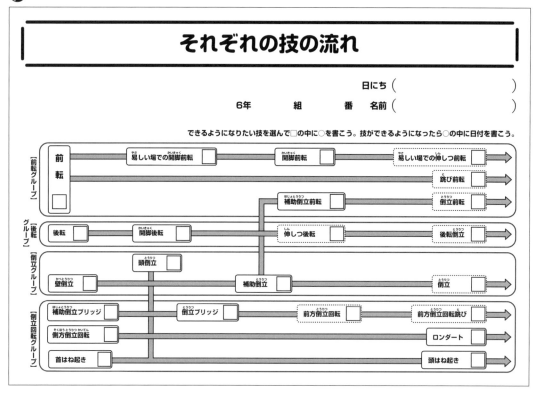

マット運動学習ノート

日にち（　　）

6年　　　組　　　番　名前（　　　　　）

	1（　/　）	2（　/　）	3（　/　）	4（　/　）	5（　/　）	6（　/　）
回転系／接転技／転転技／本転技／平均立ち技	学習の進め方を知る 【前・後転グループ】 ・前転 ・易しい場での開脚前転 ・後転　・開脚後転 【倒立回転ほん転グループ】 ・補助倒立ブリッジ ・側方倒立回転 ・首はね起き 【倒立グループ】 ・壁倒立　・頭倒立	技名 ポイント 練習方法・場	技名 ポイント 練習方法・場	技名 ポイント 練習方法・場	集団マットの構成を考えよう	集団マットのめあて
めあて						
振り返り（◎　○　△）	くり返し取り組めた 約束を守って取り組めた 安全に気を付けて取り組めた	くり返し取り組めた 約束を守って取り組めた 安全に気を付けて取り組めた	くり返し取り組めた 約束を守って取り組めた 安全に気を付けて取り組めた	くり返し取り組めた 約束を守って取り組めた 安全に気を付けて取り組めた	くり返し取り組めた 約束を守って取り組めた 安全に気を付けて取り組めた	くり返し取り組めた 約束を守って取り組めた 安全に気を付けて取り組めた

11 病気の予防(2)

（4時間）

【単元計画】

第5時	第6時
[第一段階] **様々な害について知る**	
喫煙は、呼吸や心臓の働きに影響が現れること、受動喫煙により周囲の人々の健康にも影響を及ぼすことを理解する。	飲酒は、判断力が鈍る、呼吸や心臓が苦しくなるなどの影響があることを理解する。
1　喫煙の害について考えよう POINT：すぐに害を教えるのではなく、まずは考えさせることで、知りたいという気持ちを高めるようにする。	**2　飲酒の害について考えよう** POINT：生活経験の違いがあるので、一人一人の課題に対しての情報量が違う。友達と考えを伝え合うことで、様々な情報を共有させ、その後正しい知識を教えていく。
【主な学習活動】 ○学習の見通しをもつ。 ○なぜ未成年の喫煙を禁止する法律があるのかを考える。 ○喫煙にはどんな害があるのかを考え、知る。 ○身近な家族が喫煙したら、自分はどうするかを考える。 ○喫煙の害と健康についてまとめる。	**【主な学習活動】** ○なぜ未成年の飲酒が法律で禁止されているかを考える。 ○飲酒をすると体にどんな影響があるか考え、知る。 ○今、同級生の友達がお酒を飲もうとしていたらどのような言葉をかけるか考える。 ○飲酒の害と健康についてまとめる。

授業改善のポイント

主体的・対話的で深い学びの実践に向けて

　「病気の予防(2)」は身近でない内容もあり、子供にとっては実感しにくい単元である。そのため対話する場の設定と、資料の提示がポイントとなる。

対話する場の設定

　子供一人一人の生活環境により情報量が異なっているため、それぞれの考えを対話させることで、多面的な考えが出され、それぞれのもっている情報を共有できる。このようにしていくことで、学習課題に関心をもち、「どんな害があるのだろう？」という思いが生まれ、自分の考えを深めていくようになる。

資料の提示

　薬物はもちろん、喫煙、飲酒の害は子供の身近な事柄とはいえない。心身への影響が理解しやすくなるような資料提示が必要となる。

　例えば、5時間目では、たばこを吸っている人より何倍もの有害物質が副流煙に含まれていると数値で示したり、7時間目では、正常な人が描いたうずまきと薬物乱用者が描いたうずまきを見比べさせたりと子供がイメージしやすくすることで理解を促し、「もっと知りたい」「友達の考えを聞きたい」と思わせるようにしていく。

7	ハードル走
8	鉄棒運動
9	走り高跳び
10	マット運動
11	病気の予防(2)
12	ゴール型(バスケットボール)

単元の目標

○知識
・病気の予防について理解することができる。

○思考力、判断力、表現力等
・病気を予防するために課題を見付け、解決の方法を考え、適切なものを選び、自分の考えたことを仲間に伝えることができる。

○学びに向かう力、人間性等
・病気の予防に関心をもち、主体的に学習に取り組んだり、課題の解決に向けて協力しようとしたりすることができる。

第7時	第8時
	[第二段階] 自分や自分の身の回りの健康について考える
薬物乱用は、一回の乱用でも止められなくなったり、死に至ったりすることがあるなど、心身の健康に深刻な影響を及ぼすことを理解する。	人々の病気を予防するために、保健所や保健センターなどでは、様々な活動が行われていることを理解する。
3　薬物乱用の害について考えよう POINT：喫煙と飲酒を比べて、薬物乱用は厳しく禁止されていることに気付かせ、なぜそのようになるのかを主体的に学習できるようにする。 【主な学習活動】 ○薬物と乱用について知る。 ○なぜ薬物乱用が厳しく禁止されているのかを知る。 ○薬物の害を知る（体と心）。 ○薬物乱用の害と健康についてまとめる。	4　地域の保健所はどんな活動をしているのかな？ POINT：地域の広報誌から保健所や保健センターの活動を探す活動をすることで、受け身でなく主体的に課題を解決できるようにする。 【主な学習活動】 ○私たちの健康を守るために、どのような施設があるのか、地域の広報誌から探す。 ○保健所についてまとめる。 ○病気の予防全8時間を振り返り、健康的な生活をするためにどのような生活をしていくかを考える。

子供への配慮の例

①知識が身に付いていない子供

黒板を見れば今日の学習が分かるように、学習内容や根拠などが分かりやすくまとまった板書を意識する。

学習したことをもとに考える場面では、黒板を見ながら一緒に学習を振り返り、内容の再確認をする。再度、考えることで課題解決の方法についても学んでいくことができる。

②意欲的でない子供

タバコやお酒はどのような害があるのかをすぐに教えるのではなく、イメージしやすくするために、具体的な場面を出したり、ICTを使って写真や資料を見せたりするなどの工夫が必要である。

本時案

喫煙の害に
ついて考えよう

1/4

本時の目標

喫煙は、呼吸や心臓の働きに影響を与えること、受動喫煙により周囲の人々の健康にも影響を及ぼすことを理解することができる。

評価のポイント

喫煙は、呼吸や心臓の働きに影響を与えること、受動喫煙により周囲の人々の健康にも影響を及ぼすことを理解できたか、ワークシートに具体例を示しながら書けているかをチェックする。

本時の板書のポイント

point 1 最初の発問に対して、子供から出た発言を、体と心に分けて板書することにより、既習事項とこれから学習する内容とに分ける。

point 2 心は「感情」「社会性」「思考力」で成り立っていること、その3つは年齢によってどのように違うのか、比較して考えられるように、表にしてまとめる。

point 3 心はどのようなことを通して発達するのかについて、表の途中に子供の発言を書き込み、いろいろな生活経験が大切になることを視覚的に理解できるようにする。

本時の展開 ▷▷▷

1 なぜ、20歳未満の喫煙を禁止する法律があるのかを考える

なぜ、20歳未満の人がたばこを吸ってはいけないという法律があるのでしょう

後半の4時間も病気の予防について学んでいくことを伝え、見通しをもたせる。そして「なぜ、20歳未満の人がたばこを吸ってはいけないという法律があるのでしょう」と発問する。特に未成年は体に悪い影響が大きいことをおさえる。

2 喫煙にはどのような害があるのかを考え、理解する

一人一人の生活経験が違うので、「喫煙にはどのような害があるでしょうか」と発問し、グループでブレインストーミングをさせる。全体共有をした後に、正しい知識を伝える。副流煙についてもここで指導する。その際、養護教諭と連携しながら授業を進めると効果的である。

7 ハードル走

8 鉄棒運動

9 走り高跳び

10 マット運動

11 病気の予防(2)

12 ゴール型（バスケットボール）

病気の予防

喫煙の害について知り、健康について考えよう

なぜ20歳未満は禁止なのか。

・成長中だから
・体に悪いから
・子供だと悪いことが多くなる

喫煙の害 ⟶

・吐き気 ・せき、たん
・食欲の低下 ・歯の汚れ
・思考力の低下 ・めまい
・息切れ ・心臓がドキドキ
・運動能力の低下
・がん ⟶

たばこをすう人はすわない人に比べると、がんによる死亡率が、どのようにちがうのでしょうか。

こう頭がん	32.5 倍
食道がん	2.2 倍
肺がん	4.5 倍
肝臓がん	1.5 倍
胃がん	1.5 倍

周りの人にも…

喫煙しない人にも害がある

すいこむ側のけむりより、火のついた先のけむりに有害物質が多くふくまれている

火のついた先のけむりの中の有害物質は
・タール 3.4倍 がんの原因になる
・ニコチン 2.8倍 血液の流れをさまたげる
・一酸化炭素 4.7倍 体が酸素不足になる

自分はどうする？

・病気になりやすくなるから減らしてほしいと言う。

---

3 習得した知識を使って、課題解決をする

　習得した知識を使って、「身近な家族がたばこを吸い出したら、自分はどうするか」を考える。発表し合うことで、様々な伝え方や投げかけ方があることにも気付かせたい。また、他の課題解決（高校生になったとき、同級生がたばこを吸っていたら自分はどうするか、など）をすることも考えられる。

4 喫煙の害と健康についてまとめる

　今日の学びや、これからの生活で生かしていきたいことなどをワークシートに記入するように促す。

週案記入例

[目標]
喫煙は、呼吸や心臓の働きに影響を与えること、受動喫煙により周囲の人々の健康にも影響を及ぼすことを理解することができる。

[活動]
喫煙の害について考える。

[評価]
喫煙は、呼吸や心臓の働きに影響を与えること、受動喫煙により周囲の人々の健康にも影響を及ぼすことを理解できたか。

本時案

飲酒の害に
ついて考えよう

本時の目標

　飲酒は、判断力が鈍る、呼吸や心臓が苦しくなるなどの影響を与えることを理解することができる。

評価のポイント

　飲酒は、判断力が鈍る、呼吸や心臓が苦しくなるなどの影響を与えることを理解できたか、ワークシートに具体例を示しながら書けているかをチェックする。

本時の板書のポイント

point **1** 飲酒の害を子供に考えさせ、発表させたときに、短冊に記入して貼る。考えを出し切ったら、大きく「すぐに」「長期的」の2つのキーワードを出して仲間分けをする。子供とやり取りしながら進めていく。

point **2** 飲酒の害の説明時に使った、イラストは黒板にも掲示し、必要に応じて振り返ることができるようにする。

本時の展開 ▷▷▷

1 なぜ、20歳未満の飲酒を禁止する法律があるのかを考える

なぜ、20歳未満の人の飲酒が法律で禁止されているのでしょうか

　「なぜ、20歳未満の人の飲酒が法律で禁止されているのでしょうか」と発問する。特に未成年は体に悪い影響が大きいことをおさえる。具体的に、どんな影響なのかという意識をもたせて次へ。

2 飲酒にはどのような害があるのかを考え、知る

　まずは個人で考えさせ、隣同士で交流させる。その後、全体で発表させ、短冊に意見を書いて貼る。考えが出たら、影響が「すぐ」と「長期的」に分けられることを伝え、分けながら説明する。養護教諭と連携しながら授業を進めると効果的である。説明中も子供に考えさせたり投げかけたりする。

病気の予防

飲酒の害について知り、健康について考えよう

なぜ20歳で
・影響が大きい
・体に悪い
・子供だと悪いことが
　多くなる

飲酒の害
すぐに
・判断力×
・呼吸や心臓苦しい
長期的に
・肝臓の病気

①すぐにあらわれる影響

②長期間飲むことであらわれる影響

・脳への影響
・肝臓の病気
・胃の病気
・血圧が高くなる
・糖尿病
・がん　　　　など

未成年の今、同級生がお酒を飲もうとしていたらどのような言葉をかけますか？
・アルコール中毒になってしまうよ。　　・がんの原因になってしまうからやめよう。

---

7 ハードル走

8 鉄棒運動

9 走り高跳び

10 マット運動

11 病気の予防(2)

12 ゴール型（バスケットボール）

---

3 習得した知識を使って、課題解決をする

わたしは、友達に『今、お酒を飲むと急性アルコール中毒になってしまうかもしれないよ。飲むのは大人になってからにしよう』といいたいです

　習得した知識を使って「未成年の今、同級生がお酒を飲もうとしていたらどのような言葉をかけますか？」について考える。発表し合うことで、様々な伝え方や投げかけ方があることにも気付かせたい。

4 飲酒の害と健康についてまとめる

　今日の学びや、これからの生活で生かしていきたいことなどをワークシートに記入するように促す。

週案記入例

[目標]
飲酒は、判断力が鈍る、呼吸や心臓が苦しくなるなどの影響を与えることを理解することができる。

[活動]
飲酒の害について考える。

[評価]
飲酒は、判断力が鈍る、呼吸や心臓が苦しくなるなどの影響を与えることを理解できたか。

本時案

薬物乱用の害について考えよう

本時の目標

薬物乱用は、一回の乱用でも止められなくなったり死に至ったりすることがあるなど、心身の健康に深刻な影響を及ぼすことを理解することができる。

評価のポイント

薬物乱用は、一回の乱用でも止められなくなったり死に至ったりすることがあるなど、心身の健康に深刻な影響を及ぼすことを理解できたか、ワークシートに具体例を示しながら書けているかをチェックする。

本時の板書のポイント

point **1** 「乱用」の意味は勘違いしやすいので、言葉でもおさえ、板書にもしっかりと書いておく。

point **2** 薬物乱用が厳しく禁止されているのは日本だけではないので、世界地図を使いながら説明する。

point **3** 体への影響と、心への影響など様々あるので、整理して板書することで子供の理解の助けとなるように意識する。説明時に使った資料も分けて貼っておく。

本時の展開 ▷▷▷

1 薬物・薬物乱用について考え、知る

> 薬物と聞くと、どのような薬物の名前を思い浮かべますか

今日の学習は薬物乱用についてであることを確かめる。「薬物と聞くと、どのような薬物の名前を思い浮かべますか」と発問する。次に薬物乱用の乱用とはどんな意味かを予想させ、「1回だけでも乱用」ということをおさえる。

2 薬物乱用が厳しく禁止されているのは、なぜかを考え、知る

「なぜ法律で厳しく禁止されているのでしょうか」と発問する。世界各国の例を挙げながら説明をする。喫煙、飲酒とは違い、薬物乱用は大人になっても禁止されていることに気付かせたい。

7 ハードル走

8 鉄棒運動

9 走り高跳び

10 マット運動

11 病気の予防(2)

12 ゴール型（バスケットボール）

病気の予防

薬物乱用の害を知り、健康について考えよう

薬物乱用の害 ──→ 依存性がある

薬物
・大麻
・覚せい剤
・危険ドラッグ

体
・目が見えなくなる
・歯がとける
・手足がふるえる

心
・幻覚が見える
・すぐキレる
・犯罪

薬物乱用

＝1回でも乱用！！

薬物乱用に対する世界各国の最高刑

イギリス 終身刑
中国 死刑
アメリカ 無期懲役
日本 無期懲役
エジプト 死刑
オーストラリア 終身刑

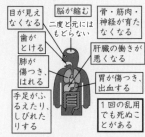

シンナーの害

目が見えなくなる
脳が縮む 二度と元にはもどらない
骨・筋肉・神経が育たなくなる
歯がとける
肝臓の働きが悪くなる
肺が傷つき、はれる
胃が傷つき、出血する
手足がふるえたり、しびれたりする
1回の乱用でも死ぬことがある

心への害

やる気がなくなる　攻撃的になる
あなたがあなたでなくなる

実際にはないものが見えたり、聞こえたりする
正しい判断ができず、犯罪に走ることがある
注意力や運動能力がにぶり、事故にあいやすくなる

薬物乱用は、絶対にしてはいけません。

---

3 薬物の害（体と心）について考え、知る

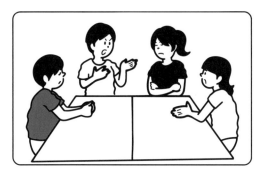

シンナーを例に、どんな影響があるかを考えさせる。体→依存症→心と様々な影響を教える。

4 薬物乱用と健康についてまとめる

今日の学びや、これからの生活で生かしていきたいことなどをワークシートに記入するように促す。

週案記入例

[目標]
薬物乱用は、一回の乱用でも止められなくなったり死に至ったりすることがあるなど、心身の健康に深刻な影響を及ぼすことを理解することができる。

[活動]
薬物乱用の害と健康について考える。

[評価]
薬物乱用は、一回の乱用でも止められなくなったり死に至ったりすることがあるなど、心身の健康に深刻な影響を及ぼすことを理解できたか。

本時案

地域の保健所は
どんな活動を
しているのかな？

本時の目標

人々の病気を予防するために、保健所や保健センターなどでは、様々な活動が行われていることを理解する。

評価のポイント

人々の病気を予防するために、保健所や保健センターなどでは、様々な活動が行われていることを理解できたか、ワークシートに具体例を示しながら書けているかをチェックする。

本時の板書のポイント

point 1 平均寿命と新生児死亡率の表を提示し、なぜ日本は健康に過ごすことができているのかを考えるきっかけにする。

point 2 保健所の活動をイメージしやすくするために、できるだけ地域の情報を子供に触れられるようにする。広報誌や実際の保健所の写真など、見たことある施設だと自分事として考えやすい。

point 3 本時のまとめは、6年生の保健のまとめでもある。今までの学習を思い出せるように、黒板に8時間の内容を簡単に書いておくとよい。

本時の展開 ▷▷▷

1 健康を守るための施設について興味をもつ

「日本と他の国では、平均寿命と新生児死亡率になぜ大きな差があるのでしょうか」と発問し、日本では、健康・安全についてどんな活動が行われているかについて興味をもたせてから学習課題を設定する。

2 施設が行っている活動について調べる

地域ではどのような取組をしているのか、知っていることや予想を発表させる。地域の広報誌のコピーを用意し、健康や安全に関する取組を探せるようにしておく。

7 ハードル走
8 鉄棒運動
9 走り高跳び
10 マット運動
11 病気の予防(2)
12 ゴール型（バスケットボール）

病気の予防

地域の保健所はどんな活動をしているのかな？

WHO（世界保健機構）の2018年の調査によると

	日本	平均	最も低い国
平均寿命	84歳	72歳	53歳
新生児死亡率 1か月未満	0.9 /1000人	18.6 /1000人	45.6 /1000人

子供たちの健康を守る

赤ちゃん準備教室 生まれてくる赤ちゃんのために勉強します。

こんにちは赤ちゃん事業 生後4か月までに、全ての家庭を訪問します。

生活習慣病の予防

生活習慣病検診 生活習慣病改善のために保健指導を行います。

様々ながん検診を行っています。

4か月児健康調査 予防接種もこの時、うちます。

育児相談 心をこめて子育てのお手伝いをします。

たばこ・薬物対策

○市の広報誌より
・3か月検診
・がん検診
・健康いきいき教室

様々な活動を通してわたしたちの健康を守ってくれている

病気の起こり方 / 病原体 / 生活習慣病1 / 生活習慣病2 / 喫煙の害 / 飲酒の害 / 薬物乱用の害 / 地域の保健活動

---

3 保健所の役割と活動を知る

子供が探した情報を紹介しながら、保健所や保健センターの役割と活動を伝える。「小さいうちは数か月ごとに見てもらっていたんだね」など、自分事として考えられるようにつなげながら説明するとよい。写真があると、より子供にイメージさせやすい。

4 病気の予防の学習をまとめる

「病気を予防し、健康的な生活をするためにこれからどのような生活をしていくのか」をワークシートに記入するように促す。

週案記入例

［目標］
人々の病気を予防するために、保健所や保健センターなどでは、様々な活動が行われていることを理解することができるようにする。

［活動］
地域の保健活動について考える。

［評価］
人々の病気を予防するために、保健所や保健センターなどでは、様々な活動が行われていることを理解できたか。

「病気の予防(2)」学習カード

使用時 第1～4時

本カードは第1時から第4時まで、1時間に1枚ずつ使用する。4時間を通して、「学んだことをこれからの生活にどう生かしていくのか」と「おうちの方から」の欄を入れている。学んだ知識を使って、自分事として考えることができるように、また家族も自分の健康を願っていることを知り、自分を大切に考えられるようにというねらいで入れている。

収録資料活用のポイント

①使い方

学習の流れに沿って自分の考えや、友達の考え、大切なキーワードなどを記入させる。授業のはじめから配付するのではなく、必要なときになってから配付したほうが効果的である。

1時間の振り返りを書かせたら、全員分を回収し、次の授業の導入で紹介する。このことにより、「認め合う活動をすることで温かい雰囲気で学びをはじめることができ」「前時の振り返りができる」「お手本として紹介することで、振り返りの書き方を学べる」というよさがある。

②留意点

毎時間学習カードを使用するので、画用紙などで表紙をつくって、まとめておけるファイル形式にすると、学びの足跡が分かるのでよい。

「お家の人から」の欄を毎時間設けている。保健の単元がはじまる前に、保護者会や学年便りなどで先に保護者にお知らせし、協力をお願いすることが必要である。学習内容も保護者に伝わるようにしたい。

学習カード 6-11-1

学習カード 6-11-2

学習カード 6-11-3

「病気の予防」学習カード④

日にち（　　　　　　　）

6年　　　組　　　番　名前（　　　　　　　）

月　日（　）	地域の様々な保健活動

学習のめあて

1　日本と他の国では、平均寿命、新生児死亡率に、なぜ大きな差があるのでしょうか。

2　社会の中には、私たちの健康を守るために、どのような施設があるのでしょうか。
〔　　　　　　　　　　　　　　　　　　　　　　　　　　　　　〕

3　地域の広報誌を手がかりにして、地域の保健所や保健センターがどのような活動を行っているのか調べましょう。

活動の名前　〔　　　　　　　　　　　　　　　　　　　　　〕

活動内容

気付いたこと・考えたこと

友達が調べた活動

4　今日の学習で分かったことやこれからの生活に活かしたいことを書きましょう。

5　「病気の予防」の学習は、これで終わりです。これから、あなたはどのような生活をしていきますか。今までの学習を振り返り、学んだことを活かして書きましょう。

お家の方から
「病気の予防」の学習を終えたお子さまにメッセージをお願いします。

7 ハードル走

8 鉄棒運動

9 走り高跳び

10 マット運動

11 病気の予防(2)

12 ゴール型（バスケットボール）

12 ゴール型（バスケットボール）

（10時間）

【単元計画】

1・2時	3・4時
[第一段階] 運動の楽しさや喜びを味わう	
バスケットボールの行い方を知るとともに、単元の学習の進め方の見通しをもつ。	学級の全員が楽しいバスケットボールのルールや、得点を取るために必要なことを考える。
1・2　バスケットボールをやってみよう POINT：ゴール型ゲームでの学習を思い出しながら、ゲームを行ってみる。	**3・4　バスケットボールのルールを工夫しよう** POINT：チームの全員が、バスケットボールを楽しんでいるのか、確認しながらルールの変更を行う。
[主な学習活動] ○集合・あいさつ ○今日の運動につながる準備運動をする。 ○試しのゲーム 　①既習事項を確認する。 　②バスケットボールの行い方を知る。 ○運動で使った部位をゆったりとほぐす。 ○まとめ 　①学級全体で今日の学習について振り返る。 　②次時の学習内容を知る。	[主な学習活動] ○集合・あいさつ ○今日の運動につながる準備運動をする。 ○ゲーム①　リーグ戦 ○振り返り　学級全体でルールを中心に振り返る。 ○ゲーム②　リーグ戦 ○運動で使った部位をゆったりとほぐす。 ○まとめ 　①学級全体で今日の学習について振り返る。 　②次時の学習内容を知る。

授業改善のポイント

主体的・対話的で深い学びの実践に向けて

　ボール運動領域における課題解決学習では、主として以下の3つのことを課題として学習を進める。

①知識及び技能

　知らなかったり、できなかったりすることを課題とし、資料にあたったり、仲間と練習したりして解決していく。

②思考力、判断力、表現力等

　ルールや作戦がうまくいかないことを課題とし、様々なルールを試してみたり、仲間と作戦を立て直してみたりして解決していく。

③学びに向かう力、人間性等

　チーム内やチーム間、学級で楽しくゲームを行えないことを課題とし、ボール運動が苦手な子供の意見を取り入れたり、励ましの言葉かけを行ったりして解決していく。

　また、ゴール型はコート内で攻守が入り交じり、ボール操作とボールを持たないときの動きによって攻防を組み立て、一定時間内に得点を競い合うことが課題となる。一人一人の力が集団対集団のゲームを通して、仲間の力になるという実感をもたせて学習を進めたい。

7

ハードル走

8

鉄棒運動

9

走り高跳び

10

マット運動

11

病気の予防(2)

12

ゴール型（バスケットボール）

単元の目標

○知識及び技能

・運動の楽しさや喜びを味わい、その行い方を理解するとともに、ボール操作とボールを持たないときの動きによって、簡易化されたゲームをすることができる。

○思考力、判断力、表現力等

・ルールを工夫したり、自己やチームの特徴に応じた作戦を選んだりするとともに、自己や仲間の考えたことを他者に伝えることができる。

○学びに向かう力、人間性等

・運動に積極的に取り組み、ルールを守り助け合って運動をしたり、勝敗を受け入れたり、仲間の考えや取組を認めたり、場や用具の安全に気を配ったりすることができる。

5〜8 時	9・10 時
[第二段階] チームで課題解決を行う	
得点を取るために必要なことを整理し、チームの特徴に合わせて作戦を立てたり、練習したりする。	学習してきたことを総合的に活用して、学級バスケットボール大会を運営する。
5〜8　作戦と練習でよりよいゲームをしよう POINT：自分のチームの特徴に応じた作戦を選んだり、そのために必要な練習をしたりする。 [主な学習活動] ○集合・あいさつ ○今日の運動につながる準備運動をする。 ○ゲーム①・②　5時リーグ戦　6〜8時指名戦 ○振り返り　チームごとに作戦の振り返り・練習 ○ゲーム③　指名戦 ○運動で使った部位をゆったりとほぐす。 ○まとめ 　①学級全体で今日の学習について振り返る。 　②次時の学習内容を知る。	**9・10　バスケットボール大会を開催しよう** POINT：学級で統一のルールを掲げ、一人一人が様々な役割について運動したり、試合を見たり、運営をサポートしたり、行い方の理解を深めたりする。 [主な学習活動] ○集合・あいさつ ○今日の運動につながる準備運動をする。 ○ルール説明 ○ゲーム ○運動で使った部位をゆったりとほぐす。 ○まとめ 　・学級全体で単元の学習について振り返る。

子供への配慮の例

①運動が苦手な子供

　得点しやすい場所に移動し、パスを受けてシュートなどをすることが苦手な子供には、シュートが入りやすい場所に目印を付けたり、ボールを保持した際に最初にゴールを見ることを助言するなどの配慮をする。

　また、ボール保持者とゴールの間に体を入れて守備をすることが苦手な子供には、仲間がゴールの位置を教えたり、ICT機器で守備の場面を撮影しながら対話したりできるようにするなどの配慮をする。

②意欲的でない子供

　ゲームに負け続けたためにゲームや練習に意欲的に取り組めない子供には、チームに合った作戦を選び直したり、新たな作戦を試したりするなどの配慮をする。

　また、仲間と仲よく助け合ってゲームに取り組めない子供には、役割を果たしたこと、最後まで全力でプレイしたこと、味方を励ます言葉かけがあったことなどの取組を、授業のまとめで取り上げて称えたり、子供相互で称え合ったりする場面を設定するなどの配慮をする。

本時案

バスケットボール
をやってみよう

1/10

本時の目標

バスケットボールの行い方を知るとともに、単元の学習の進め方の見通しをもつ。

評価のポイント

バスケットボールの行い方を知るとともに、ルールやマナーを守り、仲間と助け合うことができたか。

週案記入例

[目標]
バスケットボールの行い方を知る。

[活動]
「はじめのルール」でバスケットボールをやってみる。

[評価]
行い方を知るとともに、仲間と助け合うことができたか。

[指導上の留意点]
安全に運動するためのきまりや約束をしっかりと確認させる。

本時の展開

	時	子供の活動
はじめ	10分	**集合・あいさつ** ○今日の学習内容を知る。 ○バスケットボールの「はじめのルール」を知る。　**1** ○学習の進め方を知る。
準備運動	5分	**本時の運動につながる準備運動をする** ○音楽（リズム）に合わせて、動的ストレッチ（ダイナミックストレッチ）をする。　**2**
試しのゲーム① 試しのゲーム②	25分	**ゲームを通して、ゴール型（ゲーム）の既習事項を確認する** ○パス、ドリブル、シュート等のボール操作等 ○ボールを受けるためにサイドに開いたり、シュートが打てる位置に寄ったりするなど、ボールを持たないときの動き等 ○ボール保持者とゴールの間に体を入れて守備をするなど、ボールを持たないときの動き等　**3** ○2コート・6チームで実施する場合、時間を半分にしてゲームを2展開行い、全てのチームがゲームを体験できるようにする。
整理運動	2分	**運動で使った部位をゆったりとほぐす** ○静的ストレッチ（スタティック・ストレッチ）をする。特に手首、足首を中心に動かす。
まとめ	3分	**(1)今日の学習について振り返り、学習カードに記入する** 　①楽しく運動できたか。 　②バスケットボールの行い方は理解できたか。 　③仲間と助け合って安全に運動できたか。 **(2)運動についてや仲間と助け合えたこと等を発表し合う**

7
ハードル走

8
鉄棒運動

9
走り高跳び

10
マット運動

11
病気の予防(2)

12
ゴール型（バスケットボール）

1 バスケットボールの「はじめのルール」

- ・チームの人数：4〜6人
- ・ゲームの人数：4人
- ・得点：ゴールは2点、上からリングに当たったら1点
- ・ゲーム時間：1ゲーム6分間
- ・ドリブル：ドリブルあり。
- ・オフェンスの制限：ボールを持って3歩以上歩けない。
- ・ディフェンスの制限：ボールを持っている人からボールをうばえない。
- ・ファール：押したりたたいたり、危険なプレーはしてはいけない。
- ・ファールをしたとき：その場から相手のスタート
- ・得点の後：エンドラインからスローイン
- ・ボールがコートの外に出たとき：一番近いサイドラインからスローイン

2 準備運動

本時の運動に近い、動的ストレッチ（ダイナミックストレッチ）を行う。

逆向きランジ+ひねり

お尻キック

90度振り上げ行進

3 試しのゲームを通して、ゴール型（ゲーム）の既習事項を確認する

パスを出したり、シュートをしたりできるか。

練習の時間を設定する

簡単な作戦を選ぶことができるか。

ゴール型（ゲーム）の攻め方を確認する

誰とでも仲よくすることができるか。

どんな言葉かけをすると楽しくできるか確認する

本時案

バスケットボール の行い方を知ろう

本時の目標

バスケットボールの行い方を知るとともに、単元の学習の進め方の見通しをもつ。

評価のポイント

バスケットボールの行い方を知るとともに、ルールやマナーを守り、仲間と助け合うことができたか。

本時の展開

	時	子供の活動
はじめ	5分	**集合・あいさつ** ○今日の学習内容を知る。 ○学習のめあてを立てる。
準備運動	5分	**本時の運動につながる準備運動をする** ○音楽（リズム）に合わせて、動的ストレッチ（ダイナミックストレッチ）をする。
ゲーム①	8分	**既習事項を生かしてゲームを行う①** ○ボール操作やボールを持たないときの動き。 ○みんなが楽しめる雰囲気づくり。 **1**
ゲーム②	8分	**既習事項を生かしてゲームを行う②** ○ゲームを行っていない子供の役割を考える。
振り返り	6分	**学級全体で楽しくゲームを行うことができているか確認する** ○グループごとに全員の意見を確認する。
ゲーム③	8分	**既習事項を生かしてゲームを行う③** ○簡単な作戦を考える。 **2**
整理運動	2分	**運動で使った部位をゆったりとほぐす** ○静的ストレッチ（スタティック・ストレッチ）をする。特に手首、足首を中心に動かす。
まとめ	3分	**(1)今日の学習について振り返り、学習カードに記入する** **3** 　①楽しく運動できたか。 　②バスケットボールの行い方は理解できたか。 　③仲間と助け合って安全に運動できたか。 **(2)運動についてや仲間と助け合えたこと等を発表し合う**

7 ハードル走

8 鉄棒運動

9 走り高跳び

10 マット運動

11 病気の予防(2)

12 ゴール型（バスケットボール）

1 みんなが楽しめる雰囲気づくり

みんな楽しむことができているかな

がんばって！

まもろうね！

　教師、審判をするのではなく、よいプレイの称賛をする。また、困っている子供がいないか全体が見える位置に立つ。

2 簡単な作戦を考える

こんなふうに攻めてみよう

ゲームを楽しむことを第一にしながら、攻め方や簡単な作戦を考えているチームを称賛する。

はい！

※ネット型やベースボール型でも作戦を考えてきた経験があれば、子供は連携するためにいろいろな声や身振りをしている。

3 学習の振り返りと学習カード（体育ノート）への記入

　めあてに対して自己評価できたら、仲間と今日できたことを共有する。回数を重ねることで、仲間がどんなプレイができるかが分かり、作戦が充実していく。また困っていることに気付き、支援しやすくなる。

私は○○のめあてで、△△ができた

そうだね△△できていたね

本時案

バスケットボール のルールを工夫しよう ①

本時の目標

バスケットボールの「私たちの学級のルール」を考え、全員が楽しんでいるかを考えることができる。

評価のポイント

得意な子が難しくしていくのではなく、全員が楽しむことのできる「私たちの学級ルール」について考えるようにさせる。

週案記入例

[目標]
全員が楽しい、バスケットボールのルールを考える。

[活動]
「私たちの学級のルール」をつくる。

[評価]
全員が楽しむことのできるルールを工夫することができたか。

[指導上の留意点]
安全に運動するためのきまりや約束をしっかりと確認させる。

本時の展開

	時	子供の活動
はじめ	5分	**集合・あいさつ** ○今日の学習内容を知る。 ○学習のめあてを立てる。
準備運動	5分	**本時の運動につながる準備運動をする** ○音楽（リズム）に合わせて、動的ストレッチ（ダイナミックストレッチ）をする。
ゲーム①	8分	**ルールを考えてリーグ戦でゲームを行う①** 1 ○全員が楽しむことのできるルールの工夫 ○ボール操作やボールを持たないときの動き
ゲーム②	8分	**ルールを考えてリーグ戦でゲームを行う②** 2 ○ゲーム①と同じ。
振り返り	6分	**全体で「私たちの学級ルール」について考える** 3 ○グループごとに全員の意見を確認する。
ゲーム③	8分	**ルールを考えてリーグ戦でゲームを行う③** ○「私たちの学級のルール」でゲームをする。
整理運動	2分	**運動で使った部位をゆったりとほぐす** ○静的ストレッチ（スタティック・ストレッチ）をする。特に手首、足首を中心に動かす。
まとめ	3分	**⑴今日の学習について振り返り、学習カードに記入する** 　①楽しく運動できたか。 　②「私たちの学級のルール」を考えることができたか。 　③仲間と助け合って安全に運動できたか。 **⑵運動についてや仲間と助け合えたこと等を発表し合う**

7 ハードル走

8 鉄棒運動

9 走り高跳び

10 マット運動

11 病気の予防(2)

12 ゴール型(バスケットボール)

1 リーグ戦のモデル

リーグ戦ではいろいろなチームとゲームを行うことで、自分たちのチームの特徴に気付きやすくなる。その中で全員が楽しむことのできるルールや作戦を考えたい。

	A	B	C	D	E	F
A		赤①	青②	赤④	赤⑥	赤⑧
B	赤①		赤⑦	青⑥	赤③	青⑤
C	青②	赤⑦		青①	赤⑤	青④
D	赤④	青⑥	青①		青⑦	青③
E	赤⑥	赤③	赤⑤	青⑦		赤②
F	赤⑧	青⑤	青④	青③	赤②	

			赤コート		青コート	
			ゲーム	観察	ゲーム	観察
月	日	ゲーム①	A B	E	C D	F
月	日	ゲーム②	E F	B	A C	D
月	日	ゲーム③	B E	A	D F	C
月	日	ゲーム④	A D	B	C F	E
月	日	ゲーム⑤	C E	A	B F	D
月	日	ゲーム⑥	A E	C	B D	F
月	日	ゲーム⑦	B C	F	E D	A
月	日	ゲーム⑧	A F			
月	日	ゲーム⑨				

○ゲーム⑧の半分と、ゲーム⑨はブランクになっているが、指名戦にしたり、練習や作戦の時間を多くとって調整したりする等、工夫して行う。

2 全員が楽しむことのできるルール

ゲーム中に起こる、様々な困ったことを課題設定のチャンスと捉え、ストックして、「私たちの学級のルール」づくりに生かす。

落としたボールを取り合う

パスができない
スローインのときに前をふさぐ

ドリブルを叩く

失敗しろ〜
ネガティブな言葉

3 「私たちの学級ルール」

ルールは技能の状態によって更新していくものであることを確認し、今の時点での「私たちの学級ルール」をいつでも見えるようにしておく。

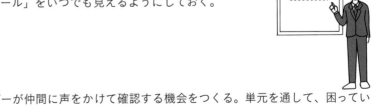
私たちの学級ルール

大丈夫　みんな楽しめてる？　うん　今のところ楽しくできてるよ

リーダーが仲間に声をかけて確認する機会をつくる。単元を通して、困っている仲間がいないか気にすることや、困っている子供をどのように楽しい状態にするかを考えるようにさせたい。

本時案

バスケットボール
のルールを工夫しよう
②

4/10

本時の目標

バスケットボールの「私たちの学級のルール」を考え、全員が楽しんでいるかを考えることができる。

評価のポイント

得意な子が難しくしていくのではなく、全員が楽しむことのできる「私たちの学級ルール」について考えるようにさせる。

週案記入例

[目標]
全員が楽しい、バスケットボールのルールを考える。

[活動]
「私たちの学級のルール」をつくる。

[評価]
全員が楽しむことのできるルールを工夫することができたか。

[指導上の留意点]
安全に運動するためのきまりや約束をしっかりと確認させる。

本時の展開

	時	子供の活動
はじめ	5分	**集合・あいさつ** ○今日の学習内容を知る。 ○学習のめあてを立てる。
準備運動	5分	**本時の運動につながる準備運動をする** ○音楽（リズム）に合わせて、動的ストレッチ（ダイナミックストレッチ）をする。
ゲーム①	8分	**ルールを考えてリーグ戦でゲームを行う①** ■1 ○「私たちの学級のルール」の調整 ○ボール操作やボールを持たないときの動き
ゲーム②	8分	**ルールを考えてリーグ戦でゲームを行う②** ○ゲーム①と同じ。
振り返り	6分	**全体で「私たちの学級ルール」を決める** ■2 ○グループごとに全員の意見を確認する。
ゲーム③	8分	**ルールを考えてリーグ戦でゲームを行う③** ■3 ○「私たちの学級のルール」でゲームをする。
整理運動	2分	**運動で使った部位をゆったりとほぐす** ○静的ストレッチ（スタティック・ストレッチ）をする。特に手首、足首を中心に動かす。
まとめ	3分	**(1)今日の学習について振り返り、学習カードに記入する** 　①楽しく運動できたか。 　②「私たちの学級のルール」を考えることができたか。 　③仲間と助け合って安全に運動できたか。 **(2)運動についてや仲間と助け合えたこと等を発表し合う**

7

ハードル走

8

鉄棒運動

9

走り高跳び

10

マット運動

11

病気の予防(2)

12

ゴール型（バスケットボール）

1 「私たちの学級のルール」をつくる学習

「私たちの学級のルール」でゲームを行い、生じた困ったことを課題設定のチャンスととらえ、ストックして、ルールの決定に活かす。

○ルールについての学習例

・いつまで、「上からリングに当たったら1点」のルールを続けるか。
　→全員得点ができたので、廃止しよう。
　→全員が2点を入れることができたら、廃止にしよう。

・ドリブルの間に何度もボールを保持して攻めに時間がかかる。
　→全員がドリブルを使って攻めることができたので（攻めることができたら）、「1度ドリブルを止めたら、シュートかパスをする」にしよう。

2 「私たちの学級ルール」

今後も「私たちの学級ルール」を調整していくことを確認し、「全員が○○したら」と変更するルールは短冊などで分かるようにしておく。

3 困っている子供の把握

単元の前半では、教師はよいプレイや、よい作戦に称賛の言葉かけを行うとともに、困っている子供の把握に努め、次の時間の授業改善につなげる。

得点しやすい場所に移動し、パスを受けてシュートなどをすることが苦手な子供

シュートが入りやすい場所に目印を付けたり、ボールを保持した際に最初にゴールを見ることを助言したりする。

新しく提示した動きが分からないためにゲームに意欲的に取り組めない子供

代表の子供やチームが行う見本を観察したり、ゲーム中のポジションを確認したり、その動きを動画で確認したりする場を設定するなどの配慮をする。

本時案

作戦と練習で
よりよいゲームを
しよう①

本時の目標

　得点を取るために必要なことを整理し、チームの特徴に合わせて作戦を立てたり、練習したりする。

評価のポイント

　チームの特徴に応じた作戦を選び、自己の役割を確認できているかを学習カードの記述や録画した映像から見取る。

週案記入例

[目標]
作戦とそれに対する練習をやってみる。
[活動]
作戦と練習を考えてゲームをする。
[評価]
作戦と練習を考えてゲームをすることができたか。
[指導上の留意点]
安全に運動するためのきまりや約束をしっかりと確認させる。

本時の展開

	時	子供の活動
はじめ	5分	**集合・あいさつ** ○今日の学習内容を知る。 ○チームで作戦を立てる。 ○チームの作戦に合わせて、学習のめあてを立てる。
準備運動	5分	**本時の運動につながる準備運動をする** ○音楽（リズム）に合わせて、動的ストレッチ（ダイナミックストレッチ）をする。
ゲーム①	8分	**作戦を考えてリーグ戦でゲームを行う①** 1 ①ポジション　②動き　③ボール操作の連携
ゲーム②	8分	**作戦を考えてリーグ戦でゲームを行う②** ○ゲーム①と同じ。
振り返り	6分	**チームごとに作戦の振り返り・練習を行う** 2 ○課題解決学習を進める。
ゲーム③	8分	**作戦を考えて指名戦でゲームを行う** 3 ○作戦の振り返りや練習を活かしてゲームをする。
整理運動	2分	**運動で使った部位をゆったりとほぐす** ○静的ストレッチ（スタティック・ストレッチ）をする。特に手首、足首を中心に動かす。
まとめ	3分	**(1)今日の学習について振り返り、学習カードに記入する** 　①楽しく運動できたか。 　②作戦を考えてゲームをすることができたか。 　③仲間と助け合って安全に運動できたか。 **(2)うまくいった作戦や練習を発表し合う**

7
ハードル走

8
鉄棒運動

9
走り高跳び

10
マット運動

11
病気の予防⑵

12
ゴール型（バスケットボール）

1 作戦を考えてゲームを行う学習

「ポジション」「動き」「ボール操作の連携」の3つの観点でチームの特徴に応じた作戦を選ぶことを学習する。

「ポジション」ついての学習例

・攻撃のポジション

「私はキャッチに自信があるから、前に行くね」
「私はドリブルしながら、後ろから運ぶよ」

・守備のポジション

「守備のときは、人手がほしいから、横一列になろう」
「私はシュートカットが得意だから、ゴール前に残るね」

「動き」についての学習例

・リスタート

リスタートのときは、みんなで前に走ろう。

・パスを受けるために

ボールをもらえる位置にみんなで動こう。

「ボール操作の連携」についての学習例

・壁パス

「中学年のときにやった、ポートボールみたいに、移動しながらパスし合えるといいね」

2 作戦の振り返り・練習

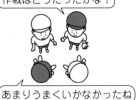

作戦はどうだったかな？

あまりうまくいかなかったね

・作戦の修正

「作戦が私たちの特徴に合っていなかったから、よりよい作戦にしよう」

・練習による技能の向上

「作戦を成功させるには、キャッチの技能が鍵だから、キャッチの練習をしよう」

3 指名戦のモデル

指名戦ではリーグ戦の中で課題が明らかになったチームを指名して、ゲームをする。その中で作戦を立て直したり、練習して自分のチームのよさを伸ばしたりして学習を深めていく。

オー！

この前は攻撃の連携ができていなかったからA作戦でいこう！

本時案

作戦と練習で
よりよいゲームを
しよう②

6/10

本時の目標

得点を取るために必要なことを整理し、チームの特徴に合わせて作戦を立てたり、練習したりする。

評価のポイント

チームの特徴に応じた作戦を選び、自己の役割を確認できているかを、記述や録画した映像から見取る。

本時の展開

	時	子供の活動
はじめ	5分	**集合・あいさつ** ○今日の学習内容を知る。 ○チームで作戦を選ぶ。　1 ○チームの作戦に合わせて、学習のめあてを立てる。
準備運動	5分	**本時の運動につながる準備運動をする** ○音楽（リズム）に合わせて、動的ストレッチ（ダイナミックストレッチ）をする。
ゲーム①	8分	**作戦を考えて指名戦でゲームを行う①** ①ポジション　②動き　③ボール操作の連携
ゲーム②	8分	**作戦を考えて指名戦でゲームを行う②** ○ゲーム①と同じ。
振り返り	6分	**チームごとに作戦の振り返り・練習を行う**　2 ○課題解決学習を進める。
ゲーム③	8分	**作戦を考えて指名戦でゲームを行う③** ○作戦の振り返りや練習を生かしてゲームをする。
整理運動	2分	**運動で使った部位をゆったりとほぐす** ○静的ストレッチ（スタティック・ストレッチ）をする。特に手首、足首を中心に動かす。
まとめ	3分	**(1)今日の学習について振り返り、学習カードに記入する** 　①楽しく運動できたか。 　②作戦を考えてゲームをすることができたか。 　③仲間と助け合って安全に運動できたか。 **(2)うまくいった作戦や練習を発表し合う**

7
ハードル走

8
鉄棒運動

9
走り高跳び

10
マット運動

11
病気の予防(2)

12
ゴール型（バスケットボール）

1 チームで作戦を選ぶ（立てる）学習

「ポジション」「動き」「ボール操作の連携」の3つの観点でチームの特徴に応じた作戦を選ぶことを学習する。

⑴手順

・前時の振り返りを基に今までうまくいった作戦から選んだり、考えたりして、作戦名を決める。
・コート図に「ポジション」を○、「動き」を──▶、「ボール操作の連携（ボールの動き）」を点線「┄┄▶」で表す。

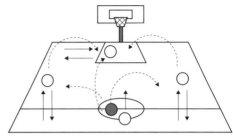

⑵留意事項

・作戦を選ぶ（立てる）よさに気付かせたい。そのために、ゲーム中に作戦行動には肯定的な言葉かけをする。
・コート図はコミュニケーションツールとして活用できるようにしたい。そのために、話しながら記入するようにさせる。

2 作戦の振り返り

作戦がうまくいったのかを客観的に振り返るためには、記録が必要である。ICT機器を使った動画撮影も有効であるが、観点を絞れば、学習カードも有効である。

○シュートが成功（失敗）する位置を知りたい
　→シュートマップカード
・使用例
　シュートをした場所を記録する。成功したら○を、失敗したら×を記入する。
・振り返りの仕方
　シュートをした場所、成功・失敗を記録することで、どの場所からシュートを打ったときに得点できたのかが一目で分かる。記録から、よりゴールが入る場所でシュートが打てるようにボールを運ぶための作戦を考える材料になる。

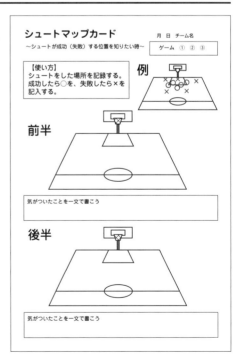

第6時
193

本時案

作戦と練習で
よりよいゲームを
しよう③

本時の目標

　得点を取るために必要なことを整理し、チームの特徴に合わせて作戦を立てたり、練習したりする。

評価のポイント

　チームの特徴に応じた作戦を選び、自己の役割を確認できているかを、記述や録画した映像から見取る。

本時の展開

	時	子供の活動
はじめ	5分	**集合・あいさつ** ○今日の学習内容を知る。 ○チームで作戦を選ぶ。 ○チームの作戦に合わせて、学習のめあてを立てる。
準備運動	5分	**本時の運動につながる準備運動をする** ○音楽（リズム）に合わせて、動的ストレッチ（ダイナミックストレッチ）をする。
ゲーム①	8分	**作戦を考えて指名戦でゲームを行う①** 　①ポジション　②動き　③ボール操作の連携
ゲーム②	8分	**作戦を考えて指名戦でゲームを行う②** ○ゲーム①と同じ。
振り返り	6分	**チームごとに作戦の振り返り・練習を行う** 1 ○課題解決学習を進める。
ゲーム③	8分	**作戦を考えて指名戦でゲームを行う③** ○作戦の振り返りや練習を生かしてゲームをする。
整理運動	2分	**運動で使った部位をゆったりとほぐす** ○静的ストレッチ（スタティック・ストレッチ）をする。特に手首、足首を中心に動かす。
まとめ	3分	**(1)今日の学習について振り返り、学習カードに記入する** 2 　①楽しく運動できたか。 　②作戦を考えてゲームをすることができたか。 　③仲間と助け合って安全に運動できたか。 **(2)うまくいった作戦や練習を発表し合う**

7 ハードル走

8 鉄棒運動

9 走り高跳び

10 マット運動

11 病気の予防(2)

12 ゴール型（バスケットボール）

1 作戦・課題に合わせた練習例

　子供は既習事項として、練習の仕方を学んでいる。教師から全て示すのではなく、課題に合った練習を価値づけたり、困っているチームに助言したりしたい。

○作戦・チームの課題	練習の行い方	図
○ショートパス作戦 ○走ってもらおう作戦 ・もっとスムーズにパスをつなげたい。 ・ボールをもらうことのできる位置に素早く動きたい。	背番号順にパスを回す。慣れてきたら、動きながらもらうようにする。	ナンバリングパス
	相手のいないスペースに動いてパスをもらう。	3対2（スペースを見つけてのパス回し）
○シュート！シュート！作戦 ○キャッチ＆シュート作戦 ・もっと得点を取りたい。 ・パスからシュートにつなげたい。	敵と味方に分かれて、味方がシュートをしたゴールと相手の間に場所を取る。	リバウンドからのシュート
	走って来る味方に合わせてパスを出す。	ボールをもらってのシュート

2 まとめの時間

　まとめの時間には、チームの作戦はうまくいったか→友達への評価→自己評価の順番でとりかかると、より正しい自己評価につながる。

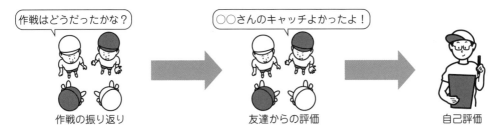

作戦の振り返り　　　　　友達からの評価　　　　　自己評価

第7時
195

本時案

作戦と練習で
よりよいゲームを
しよう④

本時の目標

　得点を取るために必要なことを整理し、チームの特徴に合わせて作戦を立てたり、練習したりする。

評価のポイント

　チームの特徴に応じた作戦を選び、自己の役割を確認できているかを、記述や録画した映像から見取る。

週案記入例

[目標]
作戦とそれに対する練習をやってみる。

[活動]
作戦と練習を考えてゲームをする。

[評価]
作戦と練習を考えてゲームをすることができたか。

[指導上の留意点]
安全に運動するためのきまりや約束をしっかりと確認させる。

本時の展開

	時	子供の活動
はじめ	3分	**集合・あいさつ** ○今日の学習内容を知る。 ○チームで作戦を選ぶ。 ○チームの作戦に合わせて、学習のめあてを立てる。
準備運動	3分	**本時の運動につながる準備運動をする** ○音楽（リズム）に合わせて、動的ストレッチ（ダイナミックストレッチ）をする。
ゲーム①	8分	**作戦を考えて指名戦でゲームを行う①** 　①ポジション　②動き　③ボール操作の連携
ゲーム②	8分	**作戦を考えて指名戦でゲームを行う②** ○ゲーム①と同じ。
振り返り	3分	**チームごとに作戦の振り返りを行う** ○課題解決学習を進める。
整理運動	2分	**運動で使った部位をゆったりとほぐす** ○静的ストレッチ（スタティック・ストレッチ）をする。特に手首、足首を中心に動かす。
まとめ	3分	**⑴今日の学習について振り返り、学習カードに記入する** 　①楽しく運動できたか。 　②作戦を考えてゲームをすることができたか。 　③仲間と助け合って安全に運動できたか。 **⑵うまくいった作戦や練習を発表し合う**
大会の計画	15分	**大会の計画を立てる** ◀**1** ○対戦の仕方 ○役割分担

7
ハードル走

8
鉄棒運動

9
走り高跳び

10
マット運動

11
病気の予防⑵

12
ゴール型（バスケットボール）

1 大会の計画を立てる

　学習のまとめとして、「する」「見る」「支える」「知る」といった体育の見方・考え方を明確にし、子供の理解を図るため、大会を運営・参加させる。

⑴対戦の仕方（例）
○２ブロックに分けてのリーグ戦→３位同士、２位同士、１位同士（みんなで観戦する）

赤コート

	A	B	C
A		1	2
B	1		3
C	2	3	

青コート

	D	E	F
D		1	2
E	1		3
F	2	3	

		赤コート		青コート	
		ゲーム	観察	ゲーム	観察
月　日	ゲーム①	A	B	C	D	E	F
月　日	ゲーム②	A	C	B	D	F	E
月　日	ゲーム③	B	C	A	E	F	D
月　日	ゲーム④	３位同士		２位同士	
月　日	ゲーム⑤	１位同士			

⑵役割分担（例）
○自チームの試合には出場するため、役割によっては複数であたる。

全体　　進行（プログラム作成・大会当日の進行）　　放送（アナウンス・実況）
　　　　計時（ゲームの計時・進行時間の調整）　　記録（ゲームの記録・順位確認）
　　　　結果発表（閉会式での結果の発表）　　挨拶（開会式、閉会式の挨拶）
　　　　会場（本部席やコートを確認する）
コート　審判（「私たちの学級ルール」に合わせて、観察チームが担当する）
　　　　得点（審判と同じ）
チーム　キャプテン（全体の進行から得た指示を仲間に伝える）

⑶大会を盛り上げる方法（例）
○入場行進を行う。
○選手宣誓を行う。
○得点王、フェアプレイ賞、応援賞等の賞を設定する。
○広報（係活動と絡めて、ポスターや新聞の作成）

○○賞

入場行進

選手宣誓

新聞

本時案

バスケットボール 9/10
大会を開催しよう①

本時の目標

大会の運営・参加を通して、運動の行い方の理解を深めるとともに、体育の見方・考え方を深める。

評価のポイント

大会運営への関わり方や、ゲームへの関わり方を見取り、その後の個別指導に生かす。

週案記入例

[目標]
見方・考え方を深める。

[活動]
バスケットボール大会をする。

[評価]
大会運営やゲームに対して参加状況の変容があったか。

[指導上の留意点]
安全に運動するためのきまりや約束をしっかりと確認させる。

本時の展開

	時	子供の活動
開会式	3分	**入場・開会の挨拶・選手宣誓・学習内容の確認** 1 ○チームで作戦を選び、学習のめあてを立てる。 ○しっかりと「する」「みる」「支える」「知る」を確認する。
準備運動	3分	**本時の運動につながる準備運動をする** ○音楽（リズム）に合わせて、動的ストレッチ（ダイナミックストレッチ）をする。
事務連絡	2分	**「私たちの学級ルール」や大会の進行を確認する** ○「私たちの学級ルール」の掲示物や進行表を確認する。
ゲーム①	10分	**作戦を考えてゲームを行う①** ※移動の2分含む 2 ①ポジション ②動き ③ボール操作の連携
ゲーム②	10分	**作戦を考えてゲームを行う②** ※移動の2分含む ○ゲーム①と同じ。
ゲーム③	10分	**作戦を考えてゲームを行う③** ※移動の2分含む ○ゲーム①、②と同じ。
整理運動	2分	**運動で使った部位をゆったりとほぐす** ○静的ストレッチ（スタティック・ストレッチ）をする。特に手首、足首を中心に動かす。
まとめ	5分	(1)**今日の学習について振り返り、学習カードに記入する** 　①楽しく運動できたか。 　②作戦を考えてゲームをすることができたか。 　③仲間と助け合って安全に運動できたか。 (2)**次回の作戦を選ぶ（立てる）** (3)**次回の大会運営を確認する**

7
ハードル走

8
鉄棒運動

9
走り高跳び

10
マット運動

11
病気の予防(2)

12
ゴール型（バスケットボール）

1 「する」「みる」「支える」「知る」

　ボール運動領域全体の学習のまとめとして、「する」「みる」「支える」「知る」といった体育の見方・考え方について、考えを深める時間にできるようにする。

⑴する

　「私たちの学級ルール」に基づき、バスケットボールを簡易化したゲームに取り組む。

⑵みる

　バスケットボールを簡易化したゲームを観戦したり、応援したりする。

⑶支える

　全体・コート・チームの役割を果たすことで、大会運営に貢献する。

⑷知る

　大会を通して、バスケットボールの歴史について調べたり、地域のクラブチームの試合に興味をもったりする。

2 困っている子供の把握

　勝敗の結果が重要となるバスケットボール大会では、教師はよいプレイや、よい作戦に称賛の言葉かけを行うとともに、困っている子供の把握に努め、個別指導（支援）につなげる。

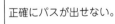

正確にパスが出せない。

個別に手首の動きや踏み出しについて指導する。

攻撃に参加できない。

改めてチームの作戦を確認し、動画を見せながら動きを確認する。

本時案

バスケットボール 大会を開催しよう②

本時の目標

大会の運営・参加を通して、運動の行い方の理解を深めるとともに、体育の見方・考え方を深める。

評価のポイント

大会運営への関わり方や、ゲームへの関わり方を見取り、その後の個別指導に生かす。

週案記入例

[目標]
見方・考え方を深める。

[活動]
バスケットボール大会をする。

[評価]
大会運営やゲームに対して参加状況の変容があったか。

[指導上の留意点]
安全に運動するためのきまりや約束をしっかりと確認させる。

本時の展開

	時	子供の活動
はじめ	3分	**集合・あいさつ** ○チームで作戦を選び、学習のめあてを立てる。 ○しっかりと「する」「みる」「支える」「知る」を確認する。
準備運動	3分	**本時の運動につながる準備運動をする** ○音楽（リズム）に合わせて、動的ストレッチ（ダイナミックストレッチ）をする。
事務連絡	2分	**「私たちの学級ルール」や大会の進行を確認する** ○「私たちの学級ルール」の掲示物や進行表を確認する。
ゲーム①	10分	**作戦を考えてゲームを行う①**　※移動の2分含む ①ポジション　②動き　③ボール操作の連携
ゲーム②	10分	**作戦を考えてゲームを行う②**　※移動の2分含む　**1** ○ゲーム①と同じ。 ○各ブロック1位同士のゲームをみんなで観戦する。
整理運動	2分	**運動で使った部位をゆったりとほぐす** ○静的ストレッチ（スタティック・ストレッチ）をする。特に手首、足首を中心に動かす。
閉会式	5分	**結果発表・閉会の挨拶**
まとめ	10分	**(1)大会を通して学んだことを記入し、発表し合う。** ○単元のリフレクション **(2)単元の学習について振り返り、学習カードに記入する**　**2** 　①楽しく運動できたか。 　②作戦を考えてゲームをすることができたか。 　③仲間と助け合って安全に運動できたか。

7
ハードル走

8
鉄棒運動

9
走り高跳び

10
マット運動

11
病気の予防(2)

12
ゴール型
（バスケットボール）

1 各ブロック1位同士のゲームをみんなで観戦・応援する

　3コートが取れる環境、または2コート4チームで展開可能な人数の学級であれば、できるだけ全員がゲームをしている状況が好ましい。しかし、よい内容のゲームを全員で観戦できれば、「あのときのプレイ」はどうだったかと、授業後に感想を交換したり、休み時間によいプレイを再現したりすることができる。一緒に応援することで、楽しかった思い出になったり、一人で見ているときには気付かない気付きを得ることができたりすることもある。

議論すること

体験を共有すること

気付きを得ること

2 単元のリフレクションと学習の評価

(1)リフレクション（省察）

　自分がどのような学習活動を通して、どんな変容があり、どんな感想をもったかについてメタ認知的に振り返る。予測困難な未来の課題に対して、どのような手立てで課題を解決していくのかの経験値を積むことができる。

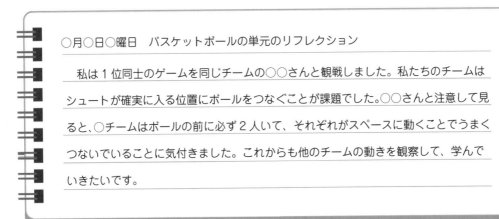

> ○月○日○曜日　バスケットボールの単元のリフレクション
>
> 　私は1位同士のゲームを同じチームの○○さんと観戦しました。私たちのチームはシュートが確実に入る位置にボールをつなぐことが課題でした。○○さんと注意して見ると、○チームはボールの前に必ず2人いて、それぞれがスペースに動くことでうまくつないでいることに気付きました。これからも他のチームの動きを観察して、学んでいきたいです。

(2)学習の評価

　授業の形成的評価を積み重ね、1時間1時間の子供の様子を見取り、次の時間の授業の改善を行うことで、子供の学習改善につながる。その経過を記録し、総括的評価として子供にフィードバックしていく。

「ゴール型（バスケットボール）」学習カード＆資料

使用時 第1～10時

本カードは第1時から第10時まで、単元全体を通して使用する。ボール運動領域は主として集団で学習を進めるため、チームで作戦について共通理解したことを蓄積していくポートフォリオとして活用することができるカードである。運動が得意な子だけが記録するのではなく、運動が苦手な子も記入できるように言葉かけを工夫したい。

収録資料活用のポイント

①使い方

まず、授業のはじめに本カードをチームに一枚ずつ、イメージカラーの画用紙と合わせて配付する。画用紙の左半分に1時間に1枚ずつ貼り重ねていく。右側には、ゲーム中に観察者が記入する記録カードを使用する度に貼り重ねていく。

②留意点

本カードは作戦の蓄積を目的としている。作戦については、勝敗に固執しすぎるとチームの中だけのものにしようとすることが考えられる。しかし、成功したよい作戦やうまくいかなかった作戦を学級全体の経験値として蓄積していくことができれば、決まった時数の中でより多くの学びが期待できる。次の時間にコピーを掲示して共有するなどの活用をしていきたい。

 学習カード 6-12-1

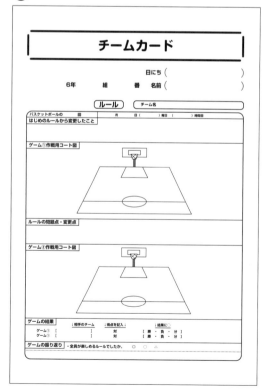

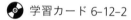 学習カード 6-12-2

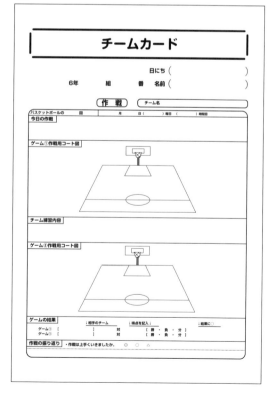

月　　　日

バスケットボール　運動のポイント

有効な「ボール操作」（例）

前が空いていたら、
ドリブル
で攻めよう

ピポットを使って、
パス
コースを探そう

重要 ▶

ランニング
シュート
を決めよう

有効な「ボールを持たないときの動き（攻撃）」（例）

鳥のようにコート全体に広がってみよう

矢のようにゴールに向かって走ってみよう

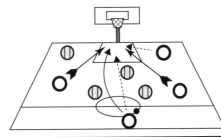

ボールが鏡の反射のように戻ってくるところに
動いてみよう

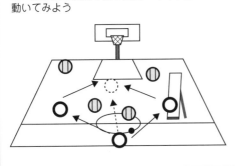

どの動きも声や身振りで考えを伝えよう

前に出して

前に走って

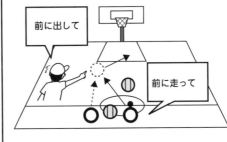

有効な「ボールを持たないときの動き（守備）」（例）

相手とゴールの間に入ろう

ボールを取られたら戻ろう

パスカットをねらおう

7　ハードル走

8　鉄棒運動

9　走り高跳び

10　マット運動

11　病気の予防⑵

12　ゴール型（バスケットボール）

13 体の動きを高める運動

5時間

【単元計画】

1時	2・3時
[第一段階] 体の動きを高める運動の学習内容を知る。	**[第二段階]** 動きを持続する能力を高める運動・巧みな動きを高める運動に取り組む。
体の動きを高める運動の学習内容を知り、自分の体の動きの高め方の計画を立てる。	動きを持続する能力を高める運動・巧みな動きを高める運動の学習内容を知り、自分の目標に応じて動きを工夫する。
1　学習内容を知ろう POINT：体の動きを高める運動の行い方を理解し、自分の目標を立てることができるようにする。 **[主な学習活動]** ○集合・あいさつ ○本時の運動につながる準備運動をする。 ○本時の説明をする。 ○ペース走を行う。 ○短なわを行う。 ○手引きずもうを行う。 ○ボール転がしを行う。 ○運動で使った部位をゆったりとほぐす。 ○まとめ	**2・3　体の動きを高める運動をしよう** POINT：動きを持続する能力を高める運動・巧みな動きを高める運動に取り組み、もとになる動きから自分の目標に応じて自分の体の動きを高めるための工夫をする。 **[主な学習活動]** ○集合・あいさつ ○本時の運動につながる準備運動をする。 ○本時の説明をする。 ○ペース走を行う。 　・自分の目標に応じてペース走を工夫する。 ○短なわを行う。 　・自分の目標に応じて短なわを工夫する。 ○運動で使った部位をゆったりとほぐす。 ○まとめ

授業改善のポイント

主体的・対話的で深い学びの実践に向けて

　体の動きを高める運動では、体の動きを高めるために運動の行い方を工夫していくことが求められる。

　もとになる動きを工夫する際には、自己の心と体の状態や体力に応じて用具の大きさを変えたり動きの方向を変えたりするなどの条件を変えて運動に取り組む。

　工夫した運動の行い方を他者や他のグループに伝えることで、自己の体の動きの高まりをより理解することにつながる。そのために、ペアグループを編成し、工夫した運動の行い方をペ

アやグループの仲間、あるいは他のグループの仲間に例示して見せたり、言葉で伝えたりする。

　学習活動の際には、タブレットなどのICT機器を活用することで、工夫した点が相手に伝わりやすく相互の理解に結び付くことになる。また学習カードを活用し、自分自身の気付きを書くことで自身の学習を振り返るだけでなく、課題の修正やまとめの時間の発表に生かすことができる。

○知識及び運動

・自己の能力に応じた目標を踏まえ、直接的に体力の向上をねらいとして体の動きを高める運動の行い方を理解するとともに、動きを持続する動き、力強い動きができる。

○思考力、判断力、表現力等

・体の動きを高めるために運動の行う方を工夫したり、選んだりできるとともに、自己やペア、グループで考えた運動の行い方を他者に伝えることができる。

○学びに向かう力、人間性等

・約束を守り助け合って運動したり、場や用具の安全に気を配ったりできる。

4・5時

力強い動きを高める運動・体の柔らかさを高める運動に取り組む。

力強い動きを高める運動・体の柔らかさを高める運動の学習内容を知り、自分の目標に応じて動きを工夫する。

4・5　体の動きを高める運動をしよう

POINT：力強い動きを高める運動・体の柔らかさを高める運動に取り組み、もとになる動きから自分の目標に応じて自分の体の動きを高めるための工夫をする。

[主な学習活動]
○集合・あいさつ
○本時の運動につながる準備運動をする。
○本時の説明をする。
○いろいろなすもうを行う。
　・自分の目標に応じてすもうを工夫する。
○ボール転がしを行う。
　・自分の目標に応じてボール転がしを工夫する。
○運動で使った部位をゆったりとほぐす。
○まとめ

①運動が苦手な子供

それぞれの運動で、自己の能力がうまく把握できない子供には、より条件が易しい用具や場を提示し取り組むように助言する。

また、運動することが得意な子供が苦手な子供に補助しやすいよう、すもうでは体格が同じ程度の相手となるようペアやグループの編成の仕方を工夫する。

②運動に意欲的でない子供

自己の課題を見付けることに意欲的でない子供、課題の解決の仕方が分からない子供には、仲間の行い方を見て真似をしたり、仲間から「こうするといいよ」などの気付きを言ってもらったりして、自分の課題を見付けられるよう配慮をする。

達成感が味わえず、やる気をなくしてしまっている子供には、運動の記録をとるようにしたり、わずかな変容を称賛したりして、自分の動きが高まっていることに気付くことができるように配慮をする。

本時案

学習内容を知ろう

本時の目標

この単元で学習する運動のもとになる動きを行い、体の動きを高めるため運動の学習内容を知る。

評価のポイント

この単元で学習するもとになる動きを楽しく行うことができ、学習内容を知ることができたか。

週案記入例

[目標]
単元の学習内容を知る。

[活動]
単元で学習する運動のもとになる運動を行い学習内容を知る。

[評価]
学習内容を知ることができたか。

[指導上の留意点]
各運動のもとになる動きを理解し、自分の目標に合わせて工夫していくことを理解させる。

本時の展開

	時	子供の活動
はじめ	3分	**集合・あいさつ** ○整列する。 ○本時の学習内容を知る。
準備運動	5分	**本時の運動につながる準備運動をする** ○手、手首、足、足首、腰のストレッチ運動をする。 　→伸びているところを意識して運動できるように声かけをする。 ○ジャンプなどの軽い全身運動をする。
各種のもとになる動き	30分	**各種のもとになる運動を行い、学習内容を知る** 1 ○動きを持続する能力を高める運動（ペース走）を行う。 　→一定間隔にコーン（または目印になるもの）を置き、同じペースで5分間走る。 ○巧みな動きを高めるための運動（短なわ）を行う。 　→両足跳びをもとに回旋の仕方、跳ぶリズムを変えた跳び方をいくつか行う。 ○力強い動きを高めるための運動（手引きずもう）を行う。 　→2人組で手引きずもうを行う。 ○体の柔らかさを高める運動（ボール転がし）を行う。 　→座った姿勢で自分の体の周りのボール転がしを行う。
整理運動	2分	**運動で使った箇所をゆっくりとほぐす** ○手、手首、足、足首、腰のストレッチ運動をする。 　→伸びているところを意識して運動できるように声かけをする。
まとめ	5分	(1)**本時の学習について振り返る** ○学習について振り返り、学習カードに記入する。 　・学習する動きが分かったか。 (2)**次時の学習内容を確認する。**

1 各種のもとになる動きの例

ペース走

コースに一定間隔で目印を置き、5分間でいくつの目印を通過したかをペアの相手が数える。

短なわ

両足跳びをもとになる動きとし、方向を変えたり跳ぶリズムを変えたりする。

手引きずもう

2人組で片手を握り合い、お互いに引き合う相手のバランスをくずし、足を動かせたら勝ち。

ボール転がし

座った姿勢で、自分の体の周りを（時計回り又は反時計回りに）ボールを転がす。

本時案

体の動きを高める 運動をしよう①

本時の目標

　動きを持続する能力を高める運動・巧みな動きを高める運動に取り組み、自分の目標に応じて動きを高める工夫をする。

評価のポイント

　自分の目標に応じて動きを持続する能力を高める運動・巧みな動きを高める運動について動きを工夫することができたか。

> **週案記入例**
>
> **[目標]**
> 自分の能力に応じて動きの工夫ができる。
>
> **[活動]**
> もとになる運動から工夫して動きを持続する能力・運動巧みな動きを高める運動に取り組む。
>
> **[評価]**
> 自分の能力に応じた動きの工夫ができたか。
>
> **[指導上の留意点]**
> 各運動のもとになる動きから、自分の目標に合わせて工夫して運動することを指導の重点とする。

本時の展開

	時	子供の活動
はじめ	3分	**集合・あいさつ** ○整列する。 ○本時の学習内容を知る。
準備運動	5分	**本時の運動につながる準備運動をする** ○手、手首、足、足首、腰のストレッチ運動をする。 　→伸びているところを意識して運動できるように声かけをする。 ○ジャンプなどの軽い全身運動をする。
動きを持続する能力を高める運動	10分	**動きを持続する能力を高める運動について工夫した運動をする** ○動きを持続する能力を高める運動（ペース走）を行う。　**1** 　→自分の能力に応じて目標を決めてペース走を5分間行う。
巧みな動きを高める運動	20分	**巧みな動きを高める運動について工夫した運動をする** ○巧みな動きを高めるための運動（短なわ）を行う。 　→両足跳びをもとに、自分の能力に応じた目標を決めて短なわを行う。 　→跳び方、跳ぶリズム、人数などにおいて、自己・ペア・グループで動きの工夫をして運動に取り組むよう声かけをする。
整理運動	2分	**運動で使った箇所をゆっくりとほぐす** ○手、手首、足、足首、腰のストレッチ運動をする。 　→伸びているところを意識して運動できるように声かけをする。
まとめ	5分	(1)**本時の学習について振り返る**　**2** ○学習について振り返り、学習カードに記入する。 　・動きについて工夫することができたか。 　・体の動きの高まりを感じることができたか。 (2)**次時の学習内容を確認する**

1 ペース走の工夫の例

○体育館で5分間同じペースで走る。

○コースに一定間隔ごとに目印となるものを置いたり、印をつけたりする（コーンなど）。

○1分間で通過するコーンの数で、一定のペースで走ることを意識する。

○合計の数が多ければ、走った距離が長いこと、走るスピードが速いことを意味する。

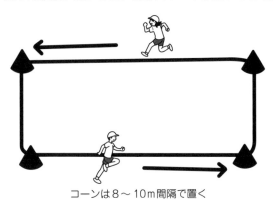

コーンは8〜10m間隔で置く

2 ペアの相手が1分ごとに通過したコーンの数を記入

			1分	2分	3分	4分	5分	計
①	月	日	10	9	8	7	5	39 個

最初はペースが速かったけど、だんだんとペースが落ちているね。同じ速さで走るように、心がけよう。

はじめのペースを少しゆっくりにして後半も同じ数を通過するようにしよう。

呼吸を整えて、体に力を入れすぎないように走ろう。

言葉かけの例

同じペースで走れているよ。この調子で次回もやってみよう。

まだ力が出せる感じなら、次回はペースを速くしてみよう。

体の力をぬいて、呼吸をリズミカルにして走ることができたね。

呼吸を整えながら走ると苦しくないよ。

最初が速すぎると、後半のペースが遅くなってしまうよ。

前回よりも一定のペースでたくさんコーンを通過して持続する力が高まったね。

本時案

体の動きを高める 運動をしよう②

本時の目標

動きを持続する能力を高める運動・巧みな動きを高める運動に取り組み、動きを高める工夫をし、体の動きの高まりを感じる。

評価のポイント

自分の目標に応じて動きを持続する能力を高める運動・巧みな動きを高める運動について動きの高まりを感じることができたか。

週案記入例

[目標]
自分の能力に応じて動きの高まりを感じることができる。

[活動]
もとになる運動から工夫して動きを持続する能力を高める運動・巧みな動きを高める運動に取り組む。

[評価]
動きの高まりを感じることができたか。

[指導上の留意点]
自分の目標に合わせて工夫して運動し、動きの高まりを感じることを指導の重点とする。

本時の展開

	時	子供の活動
はじめ	3分	**集合・あいさつ** ○整列する。 ○本時の学習内容を知る。
準備運動	5分	**本時の運動につながる準備運動をする** ○手、手首、足、足首、腰のストレッチ運動をする。 　→伸びているところを意識して運動できるように声かけをする。 ○ジャンプなどの軽い全身運動をする。
動きを持続する能力を高める運動	10分	**動きを持続する能力を高める運動について工夫した運動をする** ○動きを持続する能力を高める運動（ペース走）を行う。 　→自分の能力に応じて目標を決めてペース走を5分間行う。
巧みな動きを高める運動	20分	**巧みな動きを高める運動について工夫した運動をする** ○巧みな動きを高めるための運動（短なわ）を行う。　**1** 　→両足跳びをもとに、自分の能力に応じた目標を決めて短なわを行う。 　→跳び方、跳ぶリズム、人数などにおいて、自己・ペア・グループで動きの工夫をして運動に取り組むよう声かけをする。
整理運動	2分	**運動で使った箇所をゆっくりとほぐす** ○手、手首、足、足首、腰のストレッチ運動をする。 　→伸びているところを意識して運動できるように声かけをする。
まとめ	5分	(1)**本時の学習について振り返る** ○学習について振り返り、学習カードに記入する。 　・動きについて工夫することができたか。 　・体の動きの高まりを感じることができたか。 (2)**次時の学習内容を確認する**

1 短なわの工夫の例

　両足跳びをもとになる動きとし、跳ぶリズム、跳ぶ方向、跳び方、友達と一緒になど、自分の能力に合わせて工夫した跳び方に取り組む。

　前よりもリズミカルに調子よく跳べるようになったり、できないことができるようになったりしたことで巧みな動きが高まったと感じることができる。

○跳び方を自分の能力に合わせて工夫する例

リズムを変えて

跳ぶ速さを速くしたりゆっくりしたりする。

跳び方を変えて

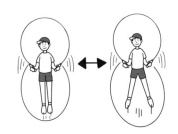

グーパー跳び、交差跳び、二重跳びなど跳び方を工夫する。

跳ぶ方向を変えて

移動しながら跳んだり（駆け足跳び）、ジャンプで方向転換しながら跳んだりする。

回転を変えて

前まわし、後ろ回しと回転を変える。

人数を変えて

ペアやグループでそろえてやってみる。

本時案

体の動きを高める
運動をしよう③

本時の目標

　力強い動きを高める運動・体の柔らかさを高
める運動に取り組み、自分の目標に応じて動き
を高める工夫をする。

評価のポイント

　自分の目標に応じて、力強い動きを高める運
動・体の柔らかさを高める運動について動きを
工夫することができたか。

本時の展開

	時	子供の活動
はじめ	3分	**集合・あいさつ** ○整列する。 ○本時の学習内容を知る。
準備運動	5分	**本時の運動につながる準備運動をする** ○手、手首、足、足首、腰のストレッチ運動をする。 　→伸びているところを意識して運動できるように声かけをする。 ○ジャンプなどの軽い全身運動をする。
力強い動き を高める運 動	10分	**力強い動きを高める運動について工夫した運動をする** ○力強い動きを高める運動（いろいろなすもう）を行う。　■1 　→ペアやグループで自分たちの能力に応じて目標を決めていろいろなすも 　　うを行う。
体の柔らか さを高める 運動	20分	**体の柔らかさを高める運動について工夫した運動をする** ○体の柔らかさを高めるための運動（ボール転がし）を行う。 　→自分の能力に応じた目標を決めてボール転がしを行う。 　→回すボールの大きさ、回す方向、回し方など、一人・ペア・グループで動 　　きの工夫をして運動に取り組むよう声かけをする。
整理運動	2分	**運動で使った箇所をゆっくりとほぐす** ○手、手首、足、足首、腰のストレッチ運動をする。 　→伸びているところを意識して運動できるように声かけをする。
まとめ	5分	**(1)本時の学習について振り返る** ○学習について振り返り、学習カードに記入する。 　・動きについて工夫することができたか。 　・体の動きの高まりを感じることができたか。 **(2)次時の学習内容を確認する**

1 いろいろなすもうを自分の能力に合わせて工夫する例

　ペアやグループで、引きずもうをもとになる動きとし、押したり、引いたりするすもうを工夫して取り組む。取り組むうちに、ペアやグループの友達に勝てるようになったり、早く勝てるようになることで力強い動きが高まったと感じられる。

体の向きを変える

向かい合って、背中合わせなど向きを変える。

力の入れ方を変える

押す、引くといった力の入れ方を変える

姿勢を変える①

しゃがんだ姿勢に変える（しゃがんで押し相撲）。

姿勢を変える②

片足に姿勢を変える（片足相撲）。

人数を変える

ペアやグループで行う（3人で押し相撲）。

用具を使って

タオルや棒など身近な用具を使って行う。

本時案

体の動きを高める
運動をしよう④

本時の目標

　力強い動きを高める運動・体の柔らかさを高める運動に取り組み、動きを高める工夫をし、体の動きの高まりを感じる。

評価のポイント

　自分の目標に応じて、力強い動きを高める運動・体の柔らかさを高める運動について動きの高まりを感じることができたか。

週案記入例

[目標]
自分の能力に応じて動きの高まりを感じることができる。

[活動]
もとになる運動から工夫して力強い動き・体の柔らかさを高める運動に取り組む。

[評価]
動きの高まりを感じることができたか。

[指導上の留意点]
自分の目標に合わせて工夫して運動し、動きの高まりを感じることを指導の重点とする。

本時の展開

	時	子供の活動
はじめ	3分	**集合・あいさつ** ○整列する。 ○本時の学習内容を知る。
準備運動	5分	**本時の運動につながる準備運動をする** ○手、手首、足、足首、腰のストレッチ運動をする。 　→伸びているところを意識して運動できるように声かけをする。 ○ジャンプなどの軽い全身運動をする。
力強い動きを高める運動	10分	**力強い動きを高める運動について工夫した運動をする** ○力強い動きを高める運動（いろいろなすもう）を行う。 　→ペアやグループで自分たちの能力に応じて目標を決めていろいろなすもうを行う。
体の柔らかさを高める運動	20分	**体の柔らかさを高める運動について工夫した運動をする** ○体の柔らかさを高めるための運動（ボール転がし）を行う。　1 　→自分の能力に応じた目標を決めてボール転がしを行う。 　→回すボールの大きさ、回す方向、回し方など、自己・ペア・グループで動きの工夫をして運動に取り組むよう声かけをする。
整理運動	2分	**運動で使った箇所をゆっくりとほぐす** ○手、手首、足、足首、腰のストレッチ運動をする。 　→伸びているところを意識して運動できるように声かけをする。
まとめ	5分	**本時の学習について振り返る** ○学習について振り返り、学習カードに記入する。 　・動きについて工夫することができたか。 　・体の動きの高まりを感じることができたか。 ○単元を通しての感想を学習カードに書く。

1 ボール転がしを自分の能力に合わせて工夫する例

座った姿勢で、自分の体の周りをボールを転がすことで、体の柔らかさを高める。

用具、人数、姿勢を変えることで、自分の能力に合わせた工夫をすることができる。

運動を行うにつれて、スムーズにできるようになったり、難しい条件でできるようになったりすることで、体の柔らかさが高まったと感じることができる。

姿勢を変える

足をそろえて伸ばす、足を開いて伸ばすといった姿勢を変える。

転がす距離を変える

体から近い距離、遠い距離といった距離を変える。

ボールの大きさを変える

ドッジボール、野球ボール、卓球の球などボールの大きさを変える。

人数を変える

ペアやグループで取り組むなど人数を変える。

言葉掛けの例

体の伸びている部分を意識しながらやってみよう

前よりも引っかからないでできるようになったね

前よりも小さいボールでできるということは体の柔らかさが高まったね

「体の動きを高める運動」学習カード＆資料

使用時 **第2〜5時**

本カードは第2時から第5時までの「体の動きを高める運動をしよう」で活用する。各運動の中で、もとになる動きから自分の能力に合わせてどんな工夫をするのかを見取るカードである。また、振り返りで体の動きが高まったかについて自己評価を行う欄を設け、体の動きを高めることを意識した学習になるようにしたい。さらに自分が工夫した点について仲間に伝えることを意識させたい。

収録資料活用のポイント

①使い方

前半のカードは第2時、第3時で使用し、後半のカードは第4時、第5時で使用する。動きを持続する能力を高めるための運動（ペース走）では、1分ごとに通過したコーンの数を記録する欄を設けた。ペアの相手に記録させる。振り返りは5段階で5が肯定評価となる。

②留意点

本カードは、体の動きを高めるために自分がどんな工夫をしていくのかをカードに記入することにより意識させるものである。また、「分かったこと」「できたこと」「伝えたこと」に記入させることで、自分の工夫によって何が解決したのか、体の動きが高まったか、友達と工夫やよいところを伝え合ったかを意識させたい。

💿 学習カード 6–13–1

💿 学習カード 6–13–2

体の動きを高める運動のポイント

○動きを持続する能力を高める運動（ペース走）

- 一定のペースで
- 呼吸のリズムを整えて
- 体の力を抜いて

○巧みな動きを高める運動（短なわ）

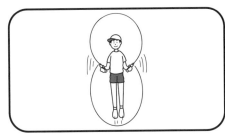

- 跳ぶリズムを変えて
- 跳び方を変えて
- 跳ぶ方向を変えて
- 跳ぶ人数を変えて

○力強い動きを高める運動（いろいろなすもう）

- 体の向きを変えて
（向かい合わせ・背中合わせ）
- 姿勢を変えて（立って・しゃがんで）
- 人数を変えて

○体の柔らかさを高める運動（ボール転がし）

- 姿勢を変えて（長座・開脚）
- 体からの距離を変えて
- ボールの大きさを変えて
- 人数を変えて

【単元計画】

1時	2・3時
[第一段階] 自己の能力に適した課題を見付け、楽しく跳び箱運動に取り組む。	
今できる技に取り組む中で、跳び箱運動での自分の力を知る。	切り返し系・回転系の技のポイントを確認し、自分の取り組みたい技ができるようにする。
1　今の力で跳び箱を跳んでみよう POINT：自分が今できる、跳び箱運動の技に取り組み、自己の能力を知るとともに、次時からの学習の課題をもたせる。 [主な学習活動] ○集合・あいさつ ○今日の学習につながる準備運動をする。 ○跳び箱運動 　①今できる技に取り組む。 　②今の力で選んだ技に取り組む。 ○運動で使った部位をゆったりとほぐす。 ○まとめ 　①学習を振り返り、学習カードに記録する。 　②次時の課題をもつ。 　③次時からの学習内容を知る。	**2・3　技のポイントを確認しよう** POINT：切り返し系、回転系の技のポイントを知るとともに、自分に合った場を選んで、自己の課題の技に取り組む。 [主な学習活動] ○集合・あいさつ ○今日の学習につながる準備運動をする。 ○跳び箱運動　 ICT 　①切り返し系・回転系の技のポイントを確認する。 　②自己の能力に適した技に取り組む。 ○運動で使った部位をゆったりとほぐす。 ○まとめ 　①学習を振り返り、学習カードに記録する。 　②次時の課題をもつ。

授業改善のポイント

主体的・対話的で深い学びの実践に向けて

　第6学年の跳び箱運動では、子供一人一人の技能の習熟状況や、学習に対しての意欲に差が見られることが多い。また、跳び箱運動が得意な子供にも、そうでない子供にも、楽しさや喜びを味わわせることができるような授業づくりが必要になる。

　そのため、子供の主体的な学びとなるように、「自己の能力に適した課題」を見付けることが大切となる。これまでに学習した「開脚跳び」や「台上前転」などの基本的な技を安定して行えるようになることや、発展技に取り組むこと

など、自分が、「これならできそうだ」「やってみたいな」という技を見付けさせるようにする。

　課題解決の際には、対話的な学びを充実するようにする。グループでの学習を設定し、技のポイントを基に動きを見合い、気付いたことやこつを伝えさせるようにする。

　このとき、タブレットなどのICT機器を活用すると、自分や友達の動きを客観的に観察できたり、動きを繰り返し見返したりできるので、対話が活発になり、自己の新たな課題も見付けやすくなるなど効果的である。

○**知識及び技能**

・基本的な技を安定して行ったり、その発展技を行ったりする学習の進め方を理解するとともに、それらの技ができる。

○**思考力、判断力、表現力等**

・自己の能力に適した課題を見付け、その解決の仕方を工夫するとともに、自己や仲間の考えたことを他者に伝えることができる。

○**学びに向かう力、人間性等**

・運動に積極的に取り組み、仲間の考えや取り組みを認めたり、場や器械・器具の安全に気を配ったりすることができる。

4〜6 時

[第二段階]
友達と運動を楽しみながら、自己の能力に適した課題の解決に取り組む。

友達と技のできばえを見合ったり、こつを伝え合ったりして、自分の取り組みたい技ができるようにする。

4〜6　友達と見合って、学習課題を達成しよう

POINT：自己の課題を解決するために、友達と技のできばえを見合ったり、こつを伝え合ったりしながら、自己の能力に適した技に取り組む。

[主な学習活動]
○集合・あいさつ
○今日の学習につながる準備運動をする。
○跳び箱運動　 ICT
　①グループで本時の課題と今のできばえを確認する。
　②同じ技を課題としている友達と取り組む。
　③グループで学習の成果を見合う。
○運動で使った部位をゆったりとほぐす。
○まとめ
　①学習を振り返り、学習カードに記録する。
　②次時の課題（めあて）をもつ。

---

①運動が苦手な子供

　教師が示した技に一斉に取り組ませるのではなく、それぞれが自己の能力に適した「できそうな技」を課題にして学習に取り組めるようにする。無理に例示にある発展技に取り組ませる必要はなく、子供の技能の習熟状況に配慮し、取り組む技の助言をする。

　また、子供が取り組みやすい易しい場を設置して、手や頭の付き方や、跳び越す動きを身に付けられるようにする。例えば、「かかえ込み跳び」では、マットを数枚重ねた場や体育館のステージに跳び乗らせる場を設置するとよい。

②意欲的でない子供

　痛みへの不安感や技への恐怖心をもつ子供には、跳び箱の横にマットを敷いたり、低い跳び箱を設置したりするなどの配慮をする。

　既に基本的な技を安定して行えるようになった子供には、発展技に挑戦するなど、新たな課題に取り組むことができるよう配慮する。

　仲間との学習をうまく進めるために、友達の技を観察するポイントや位置を示したり、ICT機器を使って動きを確認したりして、気付いたことなどを仲間に伝える時間や場を設定するなどの配慮をする。

本時案

今の力で跳び箱を
跳んでみよう

本時の目標

　今できる技に取り組む中で、自分の跳び箱運動の力を把握し、次時からの課題をもつ。

評価のポイント

　今できる技に意欲的に取り組み、自己の能力に適した、次時からの課題をもつことができたか。

週案記入例
[目標] 自分の跳び箱運動の力を把握し、次時からの課題をもつ。 **[活動]** 自分が今できる技に取り組む。 **[評価]** 自己の能力に適した課題をもつことができている。 **[指導上の留意点]** 自己の能力に適した課題になっているかを留意する。また、安全に運動できるよう器具や用具の準備の仕方、扱い方を指導する。

本時の展開

	時	子供の活動
はじめ	2分	**集合・あいさつ** ○本時の学習内容を知る。
準備運動	5分	**今日の学習につながる準備運動をする** ○主に使用する部位（手首、腰、首など）をしっかりとほぐす。 ○跳び箱運動につながる運動遊びを行う。　◀1 　［例］うさぎ跳び、ペア馬跳び　など
場の準備	3分	○場の準備をする。 　→器具や用具の準備の仕方や扱い方を事前に指導する。
跳び箱運動	25分	**今できる技に取り組む** ○これまで学習した技を確認する。 　→既習の跳び箱運動の技やポイントを全体で確認する。 ○場を選択し、今の力でできる技に取り組む。 　→切り返し系、回転系の技ごとに場を指定し、子供に選択させる。取り組む人数によって場の数を調整する。 ○できそうな技に取り組む。 　→安定して跳べるようになりたい技や、挑戦したい技を見付けられるよう声かけをする。
整理運動	2分	**運動で使った部位をゆっくりとほぐす** 　→主に使用した部位を重点的にほぐすようにする。
まとめ	5分	(1)**本時の学習を振り返り、学習カードに記録する** ○次時の課題をもつ。　◀2 　→個々の能力に応じて、安定してできるようになりたい技や挑戦したい技を課題にするよう声をかける。 (2)**次時の学習内容を確認する** ○本時で意欲的に運動していた子供を取り上げ称賛する。
場の片付け	3分	○場の片付けをする。 　→安全に配慮し、友達と協力して片付けるよう指導する。

1 跳び箱運動につながる運動遊び

【運動例】

跳び箱運動につながる運動遊びに取り組ませ、基礎となる感覚を身に付けさせる。

手足走り　　**うさぎ跳び**　　**片足ケンケン**　**両足跳び**　　**ペア馬跳び**

腕で支持する感覚　　体を投げ出す感覚　　　　踏み切りの感覚　　体重移動の感覚

2 自己の能力に適した課題をもつ

①今できる技に取り組み、自分の力を知る。

> ぼくは、跳び箱が得意！
> 台上前転もばっちりできるよ！

> 跳び箱はあまり好きじゃないけど、開脚跳びならできるよ！

②安定して跳べるようになりたい技や、挑戦したい技を見付ける。

> かかえ込み跳びがもう少しでできそうだ…もっと練習したいな！

> ちょっと怖いけど…台上前転ができるようになりたいな

③自己の能力に適した課題をもつ。

> ぼくは、
> 「かかえ込み跳び」を課題にしよう！
> 跳び箱を強く押すことを意識してみるよ！

> わたしは、
> 「台上前転」に挑戦しよう！
> 慣れるまでは、易しい場で練習してみよう！

※高い段数を跳ぶことではなく、技の習得
　やできばえをよくすることを課題にする。

④課題を修正したり、新たな課題を見付けたりする。

> やった！
> 「かかえ込み跳び」ができたよ！
> 次は、何の技を練習しようかな！

> 本当だ！
> 次は、ひざを伸ばすことを意識してみるね！

> これ見て！
> ひざが伸びると、きれいだと思うよ

本時案

切り返し系の技の
ポイントを確認しよう

本時の目標

切り返し系の技のポイントを知り、自己の能力に適した技を選んで取り組む。

評価のポイント

切り返し系の技のポイントを理解し、自己の能力に適した技を選んで意欲的に取り組んでいるか。

週案記入例

[目標]
切り返し系の技のポイントを知り、自分が選んだ技に取り組む。

[活動]
切り返し系の技に取り組む。

[評価]
切り返し系の技のポイントや行い方を理解し、自分が選んだ技ができている。

[指導上の留意点]
切り返し系の技のポイントを理解させ、自分の能力に適しためあて(課題)をもって取り組めるようにする。

本時の展開

	時	子供の活動
はじめ	2分	**集合・あいさつ** ○本時の学習内容を知る。
準備運動	5分	**今日の学習につながる準備運動をする** ○主に使用する部位（手首、腰、首など）をしっかりとほぐす。 ○跳び箱運動につながる運動を行う。
場の準備	3分	○場の準備をする。 　→器具や用具の準備の仕方や扱い方を事前に指導する。
跳び箱運動	25分	**(1)切り返し系の技のポイントを知る** 1 ○切り返し系の技のポイントを確認する。 　→切り返し系の技のポイントをグループで見合ったり、全体で共有したりして確認する。 　→ICT機器を使って、自分や友達の動きを確認する。 **(2)自己の能力に適した切り返し系の技を選んで取り組む** ○場を選択し、切り返し系の技に取り組む。 　→自己の能力に適した切り返し系の技を選んで取り組ませる。人数によって場の数を調整する。 　→平場だけでなく、運動が苦手な子供が取り組みやすいような易しい場を準備する。
整理運動	2分	**運動で使った部位をゆっくりとほぐす** 　→主に使用した部位を重点的にほぐすようにする。
まとめ	5分	**(1)本時の学習を振り返り、学習カードに記録する** ○次時の課題をもつ。 　→自己の能力に応じて、安定してできるようになりたい技や挑戦したい技を課題にするよう声をかける。 **(2)次時の学習内容を確認する** ○本時で意欲的に運動していた子供を取り上げ称賛する。
場の片付け	3分	○場の片付けをする。 　→安全に配慮し、友達と協力して片付けるよう指導する。

1 切り返し系の技のポイントとその練習方法

【開脚跳びの技のポイント】

両足で
踏み切る

足を
高く上げる

遠くに
手を着く

両手で強く
付き放す

ひざを曲げて
ピタリと止まる

【大きな開脚跳びの技のポイント】

助走を生かして
強く踏み切る

腰・足を高く上げる

【開脚跳びの易しい場での練習】

手を着く位置を少しずつ遠くにして、
着地位置を伸ばしていく。

はじめは高い位置で踏み切らせ、徐々に低くし
ていく。両肩を前に出すよう意識させる。

【大きな開脚跳びの練習】

友達にゴムひもを
持ってもらい、跳
び越える。

紅白玉を置き、着手までを
大きくして跳び越す。

【かかえ込み跳びの技のポイント】

前方に上から手を着き、ひざを
閉じて腰を頭くらいに上げる

跳び箱を強く押
して、前を見る

両足をそろえて
強く踏み切る

ひざを曲げて
止まる

【かかえ込み跳びの易しい場での練習】

跳び箱を横向きにして跳び越す。

マットを重ねた場などで、跳び箱に跳び乗ることから
はじめる。

本時案

回転系の技の
ポイントを確認しよう

本時の目標

　回転系の技のポイントを知り、自己の能力に適した技を選んで取り組む。

評価のポイント

　回転系の技のポイントを理解し、自己の能力に適した技を選んで意欲的に取り組んでいるか。

週案記入例

[目標]
回転系の技のポイントを知り、自分が選んだ技に取り組む。

[活動]
回転系の技に取り組む。

[評価]
回転系の技のポイントや行い方を理解し、自分が選んだ技ができている。

[指導上の留意点]
回転系の技のポイントを理解させ、自分の能力に適した課題をもって取り組めるようにする。

本時の展開

	時	子供の活動
はじめ	2分	**集合・あいさつ** ○本時の学習内容を知る。
準備運動	5分	**今日の学習につながる準備運動をする** ○主に使用する部位（手首、腰、首など）をしっかりとほぐす。 ○跳び箱運動につながる運動を行う。
場の準備	3分	○場の準備をする。 　→器具や用具の準備の仕方や扱い方を事前に指導する。
跳び箱運動	25分	**(1)回転系の技のポイントを知る** ◀ 1 ○回転系の技のポイントを確認する。 　→回転系の技のポイントをグループで見合ったり、全体で共有したりして確認する。 　→ICT機器を使って、自分や友達の動きを確認する。 **(2)自己の能力に適した回転系の技を選んで取り組む** ○場を選択し、回転系の技に取り組む。 　→自己の能力に適した回転系の技を選んで取り組ませる。人数によって場の数を調整する。 　→平場だけでなく、運動が苦手な子供が取り組みやすいような易しい場を準備する。
整理運動	2分	**運動で使った部位をゆっくりとほぐす** 　→主に使用した部位を重点的にほぐすようにする。
まとめ	5分	**(1)本時の学習を振り返り、学習カードに記録する** ○次時の課題をもつ。 　→自己の能力に応じて、安定してできるようになりたい技や挑戦したい技を課題にするよう声をかける。 **(2)次時の学習内容を確認する** ○本時で意欲的に運動していた子供を取り上げ称賛する。
場の片付け	3分	○場の片付けをする。 　→安全に配慮し、友達と協力して片付けるよう指導する。

1 回転系の技のポイントとその練習方法

【台上前転の技のポイント】

跳び箱の手前に手を着く

両腕で体をささえ、腰を高く上げる

頭の後ろを着く

背中を丸め、おへそを見る

【伸膝台上前転の技のポイント】

手前に手を着き、ひざをのばして腰を高く上げる

ひざとつま先をのばしてゆっくり回る

【台上前転の易しい場での練習】

1段の跳び箱の端に手をついて、「トン、トン、トーン」と弾みをつけて踏み切り、前転する。

腰を高く上げる

トン　トン
　　トーン

マットを重ねた場に、踏み切って前転する。

踏み切り位置を高くして練習し、回転に慣れてきたら、徐々に低くする。

【首はね跳びの技のポイント】

ひざを伸ばす

首の付け根が着いたら、ひざを曲げずに足を振り出す

手で強く突き放す

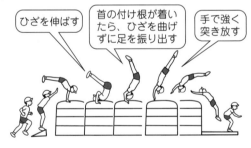

【首はね跳びの易しい場での練習】

ステージの上からエバーマットに足を振り出す

首の付け根が着いたら、勢いよく足を振り出す

手で強く突き放す

【頭はね跳びの技のポイント】

腰を高く上げる

ひざを伸ばす

おでこを着ける

両手で跳び箱を押し、足を高く遠くへ振り出す

ひざを曲げてピタリと止まる

【頭はね跳びの易しい場での練習】

ステージの上からエバーマットに足を振り出す

くの字の姿勢で、おしりが頭をこえるまでがまんする

足を遠くへ投げ出そう

本時案

友達と見合って、課題を達成しよう①

本時の目標

自己の能力に適した技を選び、課題を解決するために、工夫して運動する。

評価のポイント

課題の解決のために、友達と見合ったり伝え合ったりしながら、工夫して運動しているか。

週案記入例

[目標]
自己の能力に適した技を選び、課題を解決するために、工夫して運動する。

[活動]
友達と見合ったり伝え合ったりしながら、自己の能力に適した技に取り組む。

[評価]
自己の能力に適した技を選び、友達と見合ったり伝え合ったりしながら工夫して運動に取り組めている。

[指導上の留意点]
自己の能力に適した課題になっているか留意する。また、友達との伝え合いが活発になるよう、運動の見方やICT機器の活用方法を助言する。

本時の展開

	時	子供の活動
はじめ	2分	**集合・あいさつ** ○本時の学習内容を知る。
準備運動	5分	**今日の学習につながる準備運動をする** ○主に使用する部位（手首、腰、首など）をしっかりとほぐす。 ○跳び箱運動につながる運動を行う。
場の準備	3分	○場の準備をする。
跳び箱運動	25分	**(1)自己の課題と今のできばえを確認する** ○3〜5人のグループをつくる。グループの友達に自己の課題を伝え、今のできばえを確認する。 　→技のポイントをもとに動きを観察させ、気付いたことを伝えるよう声をかけたり、助言したりする。 　→ICT機器を用いて、自他の動きを客観的に捉えさせ、自己の課題が明確になるようにする。 **(2)課題を解決するために友達と工夫して取り組む** ○同じ技を課題とする友達と、工夫して運動に取り組む。 　→事前に子供の課題を把握し、場を設ける。　**1** 　→観察の位置や見るポイントを助言したり、ICT機器を用いて自他の動きを確認させたりして、友達との伝え合いが活発になるようにする。 　→平場だけでなく、運動が苦手な子供が取り組みやすいような易しい場を設けるなどの支援をする。　**2**
整理運動	2分	**運動で使った部位をゆっくりとほぐす** 　→主に使用した部位を重点的にほぐすようにする。
まとめ	5分	**(1)本時の学習を振り返り、学習カードに記録する。** ○次時の課題をもつ。 **(2)次時の学習内容を確認する。** ○本時で意欲的に運動していた子供を取り上げ称賛する。
場の片付け	3分	○場の片付けをする。

1 場の設定の仕方

　一番けがが起こりやすい着地位置を教師がしっかりと見ることができ、子供の動きを把握しやすいように場を設定する。安全面を最優先に、教師が見取れる範囲で、子供の実態や体育館の大きさに合わせて、跳び箱の台数や配置を決める。

【体育館の跳び箱の配置例】

①外側から中心に向かって跳ぶ。

②一方向から跳ぶ。

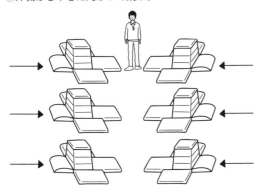
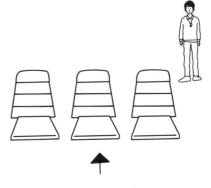

○教師は事前に子供の課題を把握し、必要な易しい場や跳び箱の台数を計画しておく。

○場は図などで子供に示し、グループごとに準備する担当を決めておくとよい。

○ステージなどを易しい場として使う際にも、全体が見取れるよう配慮する。

2 安全面の配慮と補助の仕方

【台上前転】

跳び箱の横に落ちる場合が多いので、横にもマットを敷く。

肩とお腹に手を添え、回転を補助する。

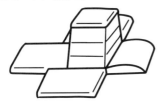

【首はね跳び、頭はね跳び】

はねた後に腰を跳び箱にぶつける場合があるため、マットをかぶせる。

腰を打たないよう手を添え、支える。

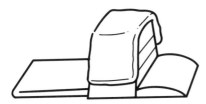

本時案

友達と見合って、課題を達成しよう②

5/6

本時の目標

自己の能力に適した技を選び、課題を解決するために、工夫して運動する。

評価のポイント

課題の解決のために、友達と見合ったり伝え合ったりしながら、工夫して運動しているか。

週案記入例

[目標]
自己の能力に適した技を選び、課題を解決するために、工夫して運動する。

[活動]
友達と見合ったり伝え合ったりしながら、自己の能力に適した技に取り組む。

[評価]
自己の能力に適した技を選び、友達と見合ったり伝え合ったりしながら工夫して運動に取り組めている。

[指導上の留意点]
自己の能力に適した課題になっているか留意する。また、友達との伝え合いが活発になるよう、運動の見方やICT機器の活用方法を助言する。

本時の展開

	時	子供の活動
はじめ	2分	**集合・あいさつ** ○前時の学習を振り返り、本時の学習の見通しをもつ。
準備運動	5分	**今日の学習につながる準備運動をする** ○主に使用する部位（手首、腰、首など）をしっかりとほぐす。 ○跳び箱運動につながる運動を行う。
場の準備	3分	○場の準備をする。
跳び箱運動	25分	**(1)自己の課題と今のできばえを確認する** ○3〜5人のグループをつくる。グループの友達に自己の課題を伝え、今のできばえを確認する。 　→技のポイントをもとに動きを観察させ、気付いたことを伝えるよう声をかけたり、助言したりする。 　→ICT機器を用いて、自分や友達の動きを客観的に捉えさせ、自己の課題が明確になるようにする。 **(2)課題を解決するために友達と工夫して取り組む** ○同じ技を課題とする友達と、工夫して運動に取り組む。 　→事前に子供の課題を把握し、場を設ける。 　→観察の位置や見るポイントを助言したり、ICT機器を用いて自他の動きを確認させたりして、友達との伝え合いが活発になるようにする。　**1** 　→平場だけでなく、運動が苦手な子供が取り組みやすいような易しい場を設けるなどの支援をする。
整理運動	2分	**運動で使った部位をゆっくりとほぐす** 　→主に使用した部位を重点的にほぐすようにする。
まとめ	5分	**(1)本時の学習を振り返り、学習カードに記録する** ○次時の課題をもつ。 **(2)次時の学習内容を確認する** ○本時で意欲的に運動していた子供を取り上げ称賛する。
場の片付け	3分	○場の片付けをする。

1 対話的な学びに向けた、友達との学習の進め方

【観察の仕方】

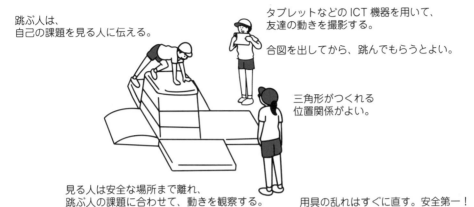

跳ぶ人は、
自己の課題を見る人に伝える。

タブレットなどの ICT 機器を用いて、
友達の動きを撮影する。

合図を出してから、跳んでもらうとよい。

三角形がつくれる
位置関係がよい。

見る人は安全な場所まで離れ、
跳ぶ人の課題に合わせて、動きを観察する。

用具の乱れはすぐに直す。安全第一！

【伝え合いの仕方】

①課題を伝える

②気付いたことを伝える

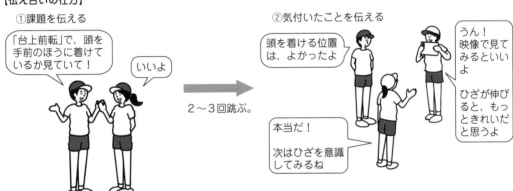

「台上前転」で、頭を
手前のほうに着けて
いるか見ていて！

いいよ

２～３回跳ぶ。

頭を着ける位置
は、よかったよ

本当だ！

次はひざを意識
してみるね

うん！
映像で見て
みるといい
よ

ひざが伸び
ると、もっ
ときれいだ
と思うよ

【ICT 機器（タブレット等）の活用の仕方】

なるほど…

もう少し腰を高く
したほうがよさそ
うだな

そうだね！
次の課題にするよ！

もう一度見てみよう

首はね跳びは、
もっとためて
からはねると、
きれいに見え
ると思うよ

自分の動きを客観的に捉える。

課題を見付ける。

本時案

友達と見合って、課題を達成しよう③

本時の目標

自己の能力に適した技を選び、課題を解決するために、工夫して運動する。

評価のポイント

課題の解決のために、友達と見合ったり伝え合ったりしながら、工夫して運動しているか。

週案記入例

[目標]
自己の能力に適した技を選び、課題を解決するために、工夫して運動する。

[活動]
友達と見合ったり伝え合ったりしながら、自己の能力に適した技に取り組む。

[評価]
自己の能力に適した技を選び、友達と見合ったり伝え合ったりしながら工夫して運動に取り組めている。

[指導上の留意点]
自己の能力に適した課題になっているか留意する。また、友達との伝え合いが活発になるよう、運動の見方やICT機器の活用方法を助言する。

本時の展開

	時	子供の活動
はじめ	2分	**集合・あいさつ** ○前時の学習を振り返り、本時の学習の見通しをもつ。
準備運動	5分	**今日の学習につながる準備運動をする** ○主に使用する部位（手首、腰、首など）をしっかりとほぐす。 ○跳び箱運動につながる運動を行う。
場の準備	3分	○場の準備をする。
跳び箱運動	25分	**(1)自己の課題と今のできばえを確認する** ○3〜5人のグループをつくる。グループの友達に自己の課題を伝え、今のできばえを確認する。 　→技のポイントをもとに動きを観察させ、気付いたことを伝えるよう声をかけたり、助言したりする。 　→ICT機器を用いて、自他の動きを客観的に捉えさせ、自己の課題が明確になるようにする。 **(2)課題を解決するために友達と工夫して取り組む** 1 ○同じ技を課題とする友達と、工夫して運動に取り組む。 　→事前に子供の課題を把握し、場を設ける。 　→観察の位置や見るポイントを助言したり、ICT機器を用いて自他の動きを確認させたりして、友達との伝え合いが活発になるようにする。 **(3)グループで跳ぶ** 2 ○安定してできるようになった技や、新しくできるようになった技をグループで披露する。
整理運動	2分	**運動で使った部位をゆっくりとほぐす** 　→主に使用した部位を重点的にほぐすようにする。
まとめ	5分	**本時の学習を振り返り、学習カードに記録する** ○本時や本単元を通して、意欲的に運動していた子供を取り上げ称賛する。
場の片付け	3分	○場の片付けをする。

1 さらなる発展技のポイント

【切り返し系：屈身跳び】　　　　　　　　　　　【回転系：前方屈腕倒立回転跳び】

勢いよく前方
に跳び出す

強く付き放し
体を浮かす

タイミングよ
く引き付ける

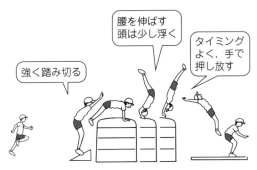

腰を伸ばす
頭は少し浮く

強く踏み切る

タイミング
よく、手で
押し放す

2 その他～跳び箱運動の学習の進め方の例

　技能の高まりや子供の実態に合わせて、習得した技で友達と動きをそろえたり、調子を合わせたり、音楽に合わせて跳んだりする学習もできる。

【シンクロ跳び】

段数の低い跳び箱やボックス型の跳び箱を等間隔に並べ、グループでリズムを合わせて跳ぶ。

イチ、ニッ！

跳び箱を平行に並べ、ペアまたは数人で同時にスタートし、調子を合わせて跳ぶ。

【8の字跳び】

1台の跳び箱をグループで調子よく縦横から交互にクロスしながら跳ぶ。

同時にスタート
しないでね

「跳び箱運動」学習カード＆資料

使用時 **第1〜6時**

本カードは第1時から第6時まで、単元全体を通して使用する。跳び箱運動の学習の中で、子供がどのような課題をもち、課題の解決のためにどのような方法を選び、どのように考えたのかを記入させ、特に「思考力、判断力、表現力等」を見取るカードである。学習の振り返りには、見付けたこつや、友達との伝え合いの内容など、主体的・対話的に学んだ事柄が書けるよう指導する。

収録資料活用のポイント

①使い方

　まず、授業のはじめに本カードを子供一人一人に板目紙とセットで配付する。カードの裏面には跳び箱運動での「友達との学習の仕方」や、それぞれの技についての「易しい場」が書かれた資料を貼る。毎授業の終わりに、自己の課題に沿って学習の振り返りを記入させる。

②留意点

　本カードが子供の「主体的・対話的な学び」の手助けとなるようにする。振り返りから子供の思考を見取り、「先生から」の欄を利用して、次の課題への助言や価値付けができるようにする。資料の「易しい場」は、課題解決に悩んでいる子供へのヒントとして示している。実際に場を準備する際には、安全面で留意することを補足説明して取り組ませるようにする。

🔘 学習カード 6-14-1

```
┌─────────────────────────────────────┐
│  ┃ 跳び箱運動　学習カード① ┃      │
│                                     │
│                 日にち（        ）  │
│    6年    組    番 名前（        ）  │
│  ┌──────────┬──────────────┐       │
│  │ 今日の課題  │ 学習の振り返り │       │
│  │〜取り組みたい技〜│〜見付けたこつ・友達と伝え合ったこと・次の課題など〜│ │
│  │ 取り組みたい技を│            │       │
│  │ 見付けよう！ │            │       │
│ ①│ 課題解決のために│            │       │
│ ╱│ 自分ができる技やできそう│      │       │
│  │ な技に取り組んで、│        │       │
│  │ 今の自分の力を知る。│先生から │       │
│  ├──────────┼──────────────┤       │
│  │ 今日の課題  │ 学習の振り返り │       │
│  │〜取り組みたい技〜│〜見付けたこつ・友達と伝え合ったこと・次の課題など〜│ │
│  │ 開脚跳び   │            │       │
│ ②│ 大きな開脚跳び│            │       │
│  │ かかえ込み跳び│           │       │
│ ╱│ 課題解決のために│          │       │
│  │            │            │       │
│  │            │先生から     │       │
│  ├──────────┼──────────────┤       │
│  │ 今日の課題  │ 学習の振り返り │       │
│  │〜取り組みたい技〜│〜見付けたこつ・友達と伝え合ったこと・次の課題など〜│ │
│  │ 台上前転 首はね跳び│        │       │
│ ③│ 伸膝台上前転│            │       │
│  │ 頭はね跳び │            │       │
│ ╱│ 課題解決のために│          │       │
│  │            │先生から     │       │
│  └──────────┴──────────────┘       │
└─────────────────────────────────────┘
```

🔘 学習カード 6-14-2

```
┌─────────────────────────────────────┐
│  ┃ 跳び箱運動　学習カード② ┃      │
│                                     │
│                 日にち（        ）  │
│    6年    組    番 名前（        ）  │
│  ┌──────────┬──────────────┐       │
│  │ 今日の課題  │ 学習の振り返り │       │
│  │〜取り組みたい技〜│〜見付けたこつ・友達と伝え合ったこと・次の課題など〜│ │
│ ④│            │            │       │
│ ╱│ 課題解決のために│          │       │
│  │            │            │       │
│  │            │先生から     │       │
│  ├──────────┼──────────────┤       │
│  │ 今日の課題  │ 学習の振り返り │       │
│  │〜取り組みたい技〜│〜見付けたこつ・友達と伝え合ったこと・次の課題など〜│ │
│ ⑤│            │            │       │
│ ╱│ 課題解決のために│          │       │
│  │            │            │       │
│  │            │先生から     │       │
│  ├──────────┼──────────────┤       │
│  │ 今日の課題  │ 学習の振り返り │       │
│  │〜取り組みたい技〜│〜見付けたこつ・友達と伝え合ったこと・次の課題など〜│ │
│ ⑥│            │            │       │
│ ╱│ 課題解決のために│          │       │
│  │            │            │       │
│  │            │先生から     │       │
│  └──────────┴──────────────┘       │
└─────────────────────────────────────┘
```

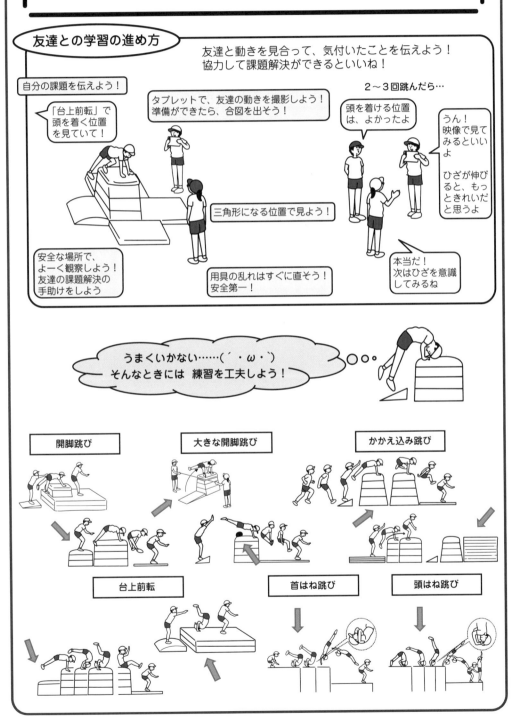

跳び箱運動　学習のヒント！

15 ゴール型（サッカー）

（10 時間）

【単元計画】

	1 時	2 時	3〜5 時
	[第一段階] 運動の楽しさや喜びを味わう。		
	サッカーの行い方を知るとともに、単元の学習の進め方の見通しをもつ。	学級全員がサッカーを楽しむために必要なことを考える。	互いのよさを認め合ってサッカーに取り組み、自分のチームの特徴を知る。
	1　サッカーをやってみよう POINT：ゴール型やゴール型ゲームでの学習を思い出しながら、ゲームを行ってみる。 **[主な学習活動]** ○集合・あいさつ ○今日の運動につながる準備運動をする。 ○試しのゲーム 　①既習事項を確認する。 　②サッカーの行い方を知る。 ○運動で使った部位をゆったりとほぐす。 ○まとめ 　①学級全体で今日の学習について振り返る。 　②次時の学習内容を知る。	**2　「みんなが」楽しいサッカーにしよう** POINT：学級全員が、サッカーを楽しんでいるのか、確認しながらルールの変更を行う。 **[主な学習活動]** ○集合・あいさつ ○今日の運動につながる準備運動をする。 ○ゲーム① 総当たり戦 ○学級全体でルールを中心に振り返る。 ○ゲーム② 総当たり戦 ○運動で使った部位をゆったりとほぐす。 ○まとめ 　①学級全体で今日の学習について振り返る。 　②次時の学習内容を知る。	**3〜5　チームの特徴を知ろう** POINT：よい動きや、自分のチームの友達のよいところに気付けるようにする。 **[主な学習活動]** ○集合・あいさつ ○今日の運動につながる準備運動をする。 ○ゲーム① 総当たり戦 ○振り返り 学級全体でよい動きを中心に。 ○ゲーム② 総当たり戦 ○運動で使った部位をゆったりとほぐす。 ○まとめ 　①学級全体で今日の学習について振り返る。 　②次時の学習内容を知る。

授業改善のポイント

主体的・対話的で深い学びの実践に向けて

　ボール運動領域は、集団対集団の攻防によって仲間と力を合わせて競争する楽しさや喜びを味わうことができる運動である。そのため、単元全体を通して、仲間と力を合わせて課題解決に取り組んでいく。主体的・対話的で深い学びを実践するためには、以下の点がポイントとなる。
①単元序盤は、学習の素地づくりとして学級全員が楽しむために必要なことや、ルールについて確認したり工夫したりしたい。
②単元前半は、自分のチームのよいところを見

付け、チームの特徴をつかませたい。単元後半で作戦を考える上で、仲間のよいところの結集がチームの特徴であることを学ばせたい。
③単元後半は、チームの特徴に応じた作戦を考え、ゲームを通して作戦を変えたり、課題に応じて練習をしたりする。そのためには勝因や敗因とともに、「自分のチームの攻め方はどうだったのか」「仲間のよさが十分に発揮されたか」という視点でゲームの振り返りをさせたい。

○**知識及び技能**
・運動の楽しさや喜びを味わい、その行い方を理解するとともに、ボール操作とボールを持たないときの動きによって、簡易化されたゲームをすることができる。

○**思考力、判断力、表現力等**
・ルールを工夫したり、自己やチームの特徴に応じた作戦を選んだりするとともに、自己や仲間の考えたことを他者に伝えることができる。

○**学びに向かう力、人間性等**
・運動に積極的に取り組み、ルールを守り助け合って運動をしたり、勝敗を受け入れたり、仲間の考えや取組を認めたり、場や用具の安全に気を配ったりすることができる。

6〜8 時	9・10 時
[第二段階] チームで課題解決を行う。	
チームの特徴に合わせて作戦を立てたり練習したりして対抗戦に取り組む。	学習してきたことを総合的に活用して、学級サッカー大会を運営する。
6〜8　作戦を立てて対抗戦を楽しもう POINT：自分のチームの特徴に応じた作戦を選んだり、そのために必要な練習をしたりする。 ［主な学習活動］ ○集合・あいさつ ○今日の運動につながる準備運動をする。 ○ゲーム① 対抗戦 ○振り返り チームごとに作戦の振り返り・練習 ○ゲーム② 対抗戦 ○運動で使った部位をゆったりとほぐす。 ○まとめ 　①学級全体で今日の学習について振り返る。 　②次時の学習内容を知る。	9・10　サッカー大会を開こう POINT：学級で統一のルールを掲げ、一人一人が様々な役割について運動したり、試合を見たり、運営をサポートしたり、行い方の理解を深めたりする。 ［主な学習活動］ ○集合・あいさつ ○今日の運動につながる準備運動をする。 ○ルール説明 ○ゲーム ○運動で使った部位をゆったりとほぐす。 ○まとめ 　・学級全体で単元の学習について振り返る。

①運動が苦手な子供

　得点しやすい場所に移動し、パスを受けてシュートなどをすることが苦手な子供には、シュートが入りやすい場所に目印を付けたり、ボールを保持した際に最初にゴールを見ることを助言したりするなどの配慮をする。

　また、ボール保持者とゴールの間に体を入れて守備をすることが苦手な子供には、仲間がゴールの位置を教えたり、ICT機器で守備の場面を撮影しながら対話したりできるようにするなどの配慮をする。

②意欲的でない子供

　ゲームに負け続けたためにゲームや練習に意欲的に取り組めない子供には、チームに合った作戦を選び直したり、新たな作戦を試したりするなどの配慮をする。

　また、仲間と仲よく助け合ってゲームに取り組めない子供には、役割を果たしたこと、最後まで全力でプレイしたこと、味方を励ます言葉かけがあったことなどの取組を、授業のまとめで取り上げて称えたり、子供相互で称え合ったりする場面を設定するなどの配慮をする。

本時案

サッカーを
やってみよう

本時の目標

サッカーの行い方を知るとともに、単元の学習の進め方の見通しをもつ。

評価のポイント

サッカーの行い方を知るとともに、ルールやマナーを守り、仲間と助け合うことができたか。

週案記入例

[目標]
サッカーの行い方を知る。

[活動]
「はじめのルール」でゲームに取り組む。

[評価]
行い方を知るとともに、仲間と助け合うことができたか。

[指導上の留意点]
安全に運動するためのきまりや約束をしっかりと確認させる。

本時の展開

	時	子供の活動
はじめ	10分	**集合・あいさつ** ○今日の学習内容を知る。 ○サッカーの「はじめのルール」を知る。 1 2 ○学習の進め方を知る。
準備運動 ボール慣れ	5分	**本時の運動につながる準備運動をする** ○音楽やリズム太鼓に合わせて動的な準備運動をする。 ○一人１個ボールを持ち、ボールタッチやドリブル等、ボール操作に慣れる運動に取り組む。
試しのゲーム	20分	**ゲームを通して、ゴール型（ゲーム）の既習事項を確認する** ①ゲームを楽しく行うためのきまり ②他のゴール型や昨年度までの学習で学んだ、ボール操作やボールを持たないときの動き ③他のボール運動系や昨年度までの学習で学んだ、ゲームをより楽しく行うための方法
整理運動	3分	**運動で使った部位をゆったりとほぐす** ○足首などを中心にゆっくりと動かし、ほぐす。 ○怪我がないかの確認をする。
まとめ	7分	**(1)今日の学習について振り返り、学習カードに記入する** ①楽しく運動できたか。 ②サッカーの行い方を理解できたか。 ③仲間と助け合って安全に運動できたか。 **(2)運動についてや仲間と助け合えたこと等を発表し合う**

1 「はじめのルール」について

★共通理解を図ることが大切であり、揉め事の原因となるものは確実におさえる。

　（以下のものは子供に自由に決めさせず、意図をもち教師が決めておく）

［チームの人数］4〜6人

［ゲーム出場］4人

［ゲーム時間］1ゲーム6分

［ドリブル］ドリブルあり

［キーパー］キーパーあり。手を使える（順番で行う）。

［ファール］押したり叩いたり、危険なプレーをしてはいけない。

［ファールをしたとき］その場から相手のフリーキックとする。

［得点後］中央から点を取られたチームボールではじめる。

［ラインから出たとき］ライン外より相手チームのスローイン（下手投げで転がす）。

リスタートが苦手な子供にとって恐怖心のあるものにならないようにする。

☆第2時以降、子供と共にルールをつくり上げていく。そのために、第1時ではできるだけシンプルなものとする（以下は子供と工夫していくことができる）。

［得点］1ゴール1点

［オフェンスの制限］足裏で止めたらもう一度ドリブルをできない。

［ディフェンスの制限］足裏で止めた人からボールを奪うことはできない。

2 場や用具について

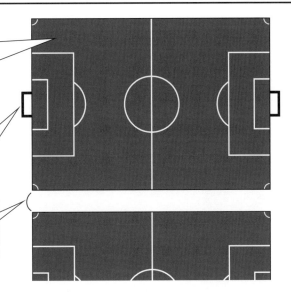

手で扱うゴール型よりもスペースを使った攻め方に気付けるサッカーでは、コートの横幅を十分に確保したい。

ボールコントロールが十分ではない子供もいるため、記録や審判係の子供の安全面からもコート間を狭くし過ぎない。校庭によっては2コートでも可。

様々な子供に得点の楽しさを味わわせるため、ゴールは横幅のあるものにする。（コーンなどでも可）高過ぎるゴールは顔付近へのシュートにつながるため十分配慮する。

　　　　サッカーに苦手意識のある子供は少なくない。得意な子供の意見に振り回されることなく、安心感のある柔らかいボールを使用したい。特によく弾んでしまうボールを使う際はボールコントロールが難しくなるため、空気を事前に抜いておくとよい。

本時案

「みんなが」楽しい
サッカーにしよう ②/⑩

本時の目標

サッカーに楽しく取り組み、だれもが楽しくゲームに参加できるようルールを工夫できるようにする。

評価のポイント

得意な子が難しくしていくのではなく、「全員が楽しめる」という視点で考えるようにさせる。

週案記入例

[目標]
全員が楽しいサッカーのルールを考える。

[活動]
ゲームに取り組み、ルールを考える。

[評価]
誰もが楽しくゲームに参加できるように、ルールを考えることができたか。

[指導上の留意点]
安全に運動するためのきまりや約束をしっかりと確認したり、ゲーム前後の挨拶やマナーを大切にするようにする。

本時の展開

	時	子供の活動
はじめ	5分	**集合・あいさつ** ○今日の学習内容を知る。 ○学習のめあてを立てる。
準備運動 ボール慣れ	5分	**本時の運動につながる準備運動をする** ○音楽やリズム太鼓に合わせて動的な準備運動をする。 ○一人一個ボールを持ち、ボールタッチやドリブル等、ボール操作に慣れる運動に取り組む。
ゲーム① 前半3分 後半3分	8分	**既習事項を生かしてゲームを行う。** ・ゲームを楽しく行うためのきまり　1
振り返り	7分	**全体でルールについて考える**　2 ○楽しかったこと、困ったことについて意見を出し合う。
ゲーム② 前半3分 後半3分	8分	**既習事項を生かしてゲームを行う** ○全員がゲームを楽しめているかという視点をもってゲームに取り組む。
整理運動	5分	**運動で使った部位をゆったりとほぐす** ○足首などを中心にゆっくりと動かし、ほぐす。 ○怪我がないかの確認をする。
まとめ	7分	**(1)今日の学習について振り返り、学習カードに記入する** 　①楽しく運動できたか。 　②全員が楽しむことのできるルールを考えることができたか。 　③仲間と助け合って安全に運動できたか。 **(2)運動についてや仲間と助け合えたこと等を発表し合う**

15　ゴール型（サッカー）

238

1 ゲームを楽しく行うためのきまり

★共通理解を図ることが大切であるが、教師が押し付けるのではなく、子供が自発的に行った行動や言動を大いに価値付けたり、質問を投げかけたりするなどして全体に広めていきたい。

○全員が楽しく行うためのよい行動

チームの団結力を増し、よい雰囲気でゲームを行うことができるようにする。	勝敗にこだわるのではなく、相手チームと高め合う雰囲気づくりを促す。	仲間とよいところを素直に認め合う雰囲気づくりを促す。

△全員が楽しく行うために気を付けたい行動

相手チームや審判、記録係に文句を言う。全体だけでなく個別に対応したい。	ゲームに熱中することはよいが、怪我があると楽しくないことをおさえる。	全員で協力することで活動時間がより確保できることに気付かせる。

2 みんなが楽しむことのできるルールについて考える

○楽しかったことを全員が味わうための工夫

「ゲームをしていてどんなことが楽しかった？」	「得点を決めた時が楽しかった！」	「（例）全員が得点を決めたチームはボーナス点を入れよう！」

△困り感を解消するためのルールの確認

「何か全員で確認しておきたいことはある？」	「足裏でキープしているのかドリブルの途中か分からない」	「キープしてパスする相手を落ち着いて探したいときは大きな声で『ストップ』と言ってボールを止めるきまりにしよう！」

本時案

みんなが楽しめる サッカーを考えたり、 自分のチームのよいと ころを見付けたりしよう

3/10

本時の目標

自分たちのチームの特徴を知るとともに、全員が楽しくゲームに参加できるようルールを工夫できるようにする。

評価のポイント

「全員が楽しめる」という視点でルールを考えたり特徴を考えたりするようにさせる。

本時の展開

	時	子供の活動
はじめ	5分	**集合・あいさつ** ○今日の学習内容を知る。 ○学習のめあてを立てる。
準備運動 ボール慣れ	3分	**本時の運動につながる準備運動をする** ○音楽やリズム太鼓に合わせて動的な準備運動をする。 ○一人1個ボールを持ち、ボールタッチやドリブル等、ボール操作に慣れる運動に取り組む。
ゲーム① 前半3分 後半3分	8分	**ゲーム（総当たり戦）を行う** 1 ○全員がゲームを楽しめているかという視点をもってゲームに取り組む。
振り返り	3分	**全体でルールについて考える** ○楽しかったこと、困ったことについて意見を出し合う。
ゲーム②	8分	**ゲーム（総当たり戦）を行う** ○記録係の子供は自分のチームのよいところを見付ける。 2
ゲーム③	10分	**ゲーム（総当たり戦）を行う** ○ゲーム間に自分のチームのよいところを共有する。
整理運動	3分	**運動で使った部位をゆったりとほぐす** ○足首などを中心にゆっくりと動かし、ほぐす。 ○怪我がないかの確認をする。
まとめ	5分	(1)**今日の学習について振り返り、学習カードに記入する** 　①楽しく運動できたか。 　②全員が楽しむことのできるルールを考えることができたか。 　③仲間と助け合って安全に運動できたか。 (2)**運動についてや仲間と助け合えたこと等を発表し合う**

1 総当たり戦について

　様々なチームと対戦することで、自分のよさや自分のチームのよさに気付くことができる。対戦相手や対戦するコートが毎試合異なるため、教師は事前に対戦する相手やコートを決めておき、子供に分かりやすく提示し、可視化して伝える。

「今日の対戦相手とコートだよ。
覚えておこう」

対戦相手や対戦場所の図の例

	Aコート （校舎側）	Bコート （中央）	Cコート （校門側）
ゲーム①	赤 vs 青	黄 vs 橙	桃 vs 紫
ゲーム②	赤 vs 黄	桃 vs 橙	青 vs 紫
ゲーム③	紫 vs 黄	赤 vs 橙	青 vs 桃

※コートの移動が少なくなるよう配慮する。
※マグネットやマジックテープを活用すると毎時間つくり直さなくてよい。

2 自分のチームのよいところ（特徴）を見付ける

　集団対集団で勝敗を競い合うことがサッカーの特性である。チームの悪いところを見付け指摘し合うのではなく、よいところを見付け、伝え合えるようにしたい。得意な子供もそうでない子供も、お互いのよいところを見付け合い、単元後半の作戦につなげていきたい。

【記録カードの例】

チーム名【　　　　　　　　】			月　　日（　　）	
正の字で回数を書こう			記録者 _____	
名前	ナイスシュート	ナイスパス	ナイスドリブル	ナイスディフェンス	ナイス声

【記録カードの活用の仕方】

〈ゲーム中〉

A君「○○さんが今いいシュートをしたよ」
Bさん「ナイスパスもたくさんあるね」

〈ゲーム間〉

C君「△△さんは試合中の周りの友達への声掛けが素晴らしいね！」

〈作戦を考える〉

D君「□□さんはシュートがうまいからゴールの近くにいるといいかもしれないね」

本時案

自分のチーム のよいところを 見付けよう

本時の目標

　自分たちのチームの特徴を知ることができる ようにする。

評価のポイント

　自分たちのチームの特徴に気付くことができ るようにさせる。

本時の展開

	時	子供の活動
はじめ	5分	**集合・あいさつ** ○今日の学習内容を知る。 ○学習のめあてを立てる。
準備運動 ボール慣れ	3分	**本時の運動につながる準備運動をする** ○音楽やリズム太鼓に合わせて動的な準備運動をする。 ○一人一個ボールを持ち、ボールタッチやドリブル等、ボール操作に慣れる運動に取り組む。
ゲーム①	8分	**ゲーム（総当たり戦）を行う** ○記録係の子供は自分のチームのよいところを見付ける。
振り返り	3分	**全体でよい動きについて考える** ◀**1** ○ボール操作とボールを持たないときの動きのそれぞれについてよい動きを全体で考える。
ゲーム②	8分	**ゲーム（総当たり戦）を行う** ○振り返りで考えたよい動きを意識してゲームに取り組む。
ゲーム③	10分	**ゲーム（総当たり戦）を行う** ○ゲーム間に自分のチームのよいところを共有する。
整理運動	3分	**運動で使った部位をゆったりとほぐす** ○足首などを中心にゆっくりと動かし、ほぐす。 ○怪我がないかの確認をする。
まとめ	5分	⑴**今日の学習について振り返り、学習カードに記入する** 　①楽しく運動できたか。 　②仲間のよいところを見付けることができたか。 　③仲間と助け合って安全に運動できたか。 ⑵**運動についてや仲間と助け合えたこと等を発表し合う**

1 よい動きの共有

　第6学年であること、本単元がボール運動系の最後の単元であることを考慮し、よい動き方について教師が提示するのではなく、子供に考えさせたい。考える根拠となるものは「これまでに学んできたこと」と「ゲーム中のよい動き」とする。

【特に取り上げたいよい動きの例】

〈ボール操作〉

①ボールの蹴り方（パス）
　強すぎると取りにくい。
　フリーの味方に出す。
　空いているスペースに出す。
②ボールの蹴り方（シュート）
　相手が来る前に蹴る。
　ゴールに体を向ける。
　軸足の向きに気を付ける。
③ボールの止め方
　足の裏で止めるときにかかとを上げない。
　足の内側を使うと止めやすい。
④ドリブル
　相手がいないときはドリブルをするとよい。
　顔をできるだけ上げると相手の位置や仲間
　の位置が分かる。

〈ボールを持たないときの動き〉

①ボール保持者と自分の間に守備者がいない
　ところに移動するとパスが回る。

②得点をしやすい場所に移動して、パスを受
　けるとシュートしやすい。

③コートを広く使い、コートの空いていると
　ころを使うと攻めやすい。

○学習の積み重ねが視覚的に分かるよう掲示物を工夫する。

【掲示物の例】

6年1組が見付けたナイスパス

・○○くんみたいに、受ける人のこと
　を考えたやさしいパスがナイス！
　（△△さん）

・2学期のバスケの時みたいに、
　フリーの味方を見付けたらすぐに
　パスを回すとナイス！（□□くん）

※具体的な場面や子供の名前を記述する
　ことで、意欲の向上だけでなく、自分
　たちの学びを確認することができるよ
　うにする。

> さっきの振り返りで
> ○○くんが言っていた
> パスのポイントは…

本時案

自分のチームの
特徴に応じた
作戦を考えよう

本時の目標

　自分たちのチームの特徴を知るとともに、チームの特徴に応じた作戦を考える。

評価のポイント

　仲間のよさを生かした作戦を立てることができたか。

<table>
<tr><td colspan="4">週案記入例</td></tr>
</table>

【目標】
自分たちのチームの特徴に応じた作戦を立てることができるようにする。

【活動】
ゲームに取り組み、自分たちのチームの特徴や作戦を考える。

【評価】
チームの特徴に応じた作戦を考えることができたか。

【指導上の留意点】
チームのよさを生かして作戦を考える必要があることに気付かせる。

本時の展開

	時	子供の活動
はじめ	8分	**集合・あいさつ** ○今日の学習内容を知る。 ○学習のめあてを立てる（チームごと）。　**1** 　・自分たちのチームのよいところと課題について振り返り、自分たちは何をすべきかについて話し合い、チームごとにめあてを設定する。
準備運動ボール慣れ	3分	**本時の運動につながる準備運動をする** ○音楽やリズム太鼓に合わせて動的な準備運動をする。 ○一人１個ボールを持ち、ボールタッチやドリブル等、ボール操作に慣れる運動に取り組む。
ゲーム①	8分	**ゲーム（総当たり戦）を行う** ○記録係の子供は自分のチームのよいところを見付ける。
振り返り	10分	**チームごとに作戦について考える**　**2** ○単元の前半でつかんだ、チームの特徴に応じた作戦について考える。
ゲーム②	8分	**ゲーム（総当たり戦）を行う** ○記録係は作戦が有効だったかを記録する。
整理運動	3分	**運動で使った部位をゆったりとほぐす** ○足首などを中心にゆっくりと動かし、ほぐす。 ○怪我がないかの確認をする。
まとめ	5分	**(1)今日の学習について振り返り、学習カードに記入する** 　①楽しく運動できたか。 　②仲間と作戦を考えることができたか。 　③仲間と助け合って安全に運動できたか。 **(2)運動についてや仲間と助け合えたこと等を発表し合う**

1 学習課題の設定について

○チームのめあては「チームで共有する目指すチーム像」と捉える。
○作戦は「チームで共有する具体的な動き方」と捉える。
○個人のめあては「チームのめあてや作戦を達成するために具体的に取り組むこと」と捉える。

【チームのめあての例】

「勝っても負けても全力でフェアプレーするチームになろう！」

【作戦の例】

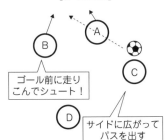

ゴール前に走りこんでシュート！

サイドに広がってパスを出す

【個人のめあての例】

「ぼくは周りをよく見て、ゴール前でフリーの仲間にパスを出そう！」

2 チームで考える作戦について

　第6学年の最終単元であることから、既習事項の中で選ばせてきた作戦や単元前半で学んだよい動きをもとに子供に考えさせていくことも考えられる。しかしその際、子供任せにするのではなく、子供が立てた作戦についてきちんと教師が評価と指導をすることが求められる。その際、教師は指導する視点「ボール操作、ボールを持たないときの動き、役割等」をもつと具体的な評価と指導ができる。

【Aチームの作戦カード】

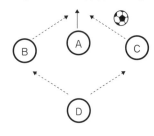

「サイドを広く使って
中央にパスする作戦」

「動き方（ボールを持たないとき）がよく考えられているね！どのようなパスを出す（ボール操作）のかも考えておくともっとよいね！」

【Bチームの作戦カード】

相手のマークをかわしてフリーになる

味方がとりやすい短くやさしいパスを出す

「細かいパスをきちんとつなぐ作戦」

「動き方（ボールを持たないとき）とパス（ボール操作）がよく考えられているね。誰がどんな役割をしたりどこにいたりするの？」

【Cチームの作戦カード】

前の二人は攻めるシュートを決める

```
  B    A

 C    D
```

後ろの二人は守る
前の二人に縦パスを出す

「攻めと守り分かれて
縦パスを出す作戦」

「パス（ボール操作）や役割について考えたのか！どんな動き方（ボールを持たないとき）をすると成功するかな？」

本時案

作戦を立てて
対抗戦を楽しもう①

6/10

本時の目標

　チームの特徴に応じた作戦を考えてゲームに取り組むことができるようにする。

評価のポイント

　仲間のよさを生かした作戦を考え、作戦を意識してゲームに取り組むことができたか。

週案記入例

[目標]
自分たちのチームの特徴に応じた作戦を立てることができるようにする。

[活動]
自分たちのチームの作戦を考えてゲームに取り組む。

[評価]
チームの特徴に応じた作戦を考えたり作戦を意識した動きをすることができたか。

[指導上の留意点]
チームの時間は作戦を確認するだけでなく、ゲームを振り返ったり次のゲームのめあてを考えたりできるようにする。

本時の展開

	時	子供の活動
はじめ	5分	**集合・あいさつ** ○今日の学習内容を知る。 ○学習のめあてを立てる（チームごと）。
準備運動 ボール慣れ	3分	**本時の運動につながる準備運動をする** ○音楽やリズム太鼓に合わせて動的な準備運動をする。 ○一人１個ボールを持ち、ボールタッチやドリブル等、ボール操作に慣れる運動に取り組む。
ゲーム① 前後半４分ずつ	10分	**ゲーム（対抗戦①）を行う** 1 ○記録係は作戦が有効だったか記録する。
振り返り チームの時間	9分	**チームで活動する** 2 ○チームごとに作戦を確認する。 ○記録カードをもとに作戦がどうだったのかを振り返る。 ○次のゲームに向けて動きを確認したり練習したりする。
ゲーム② 前後半４分ずつ	10分	**ゲーム（総当たり戦）を行う** ○記録係は作戦が有効だったか記録する。
整理運動	3分	**運動で使った部位をゆったりとほぐす** ○足首などを中心にゆっくりと動かし、ほぐす。 ○怪我がないかの確認をする。
まとめ	5分	**(1)今日の学習について振り返り、学習カードに記入する** 　①楽しく運動できたか。 　②仲間と作戦を考えることができたか。 　③仲間と助け合って安全に運動できたか。 **(2)運動についてや仲間と助け合えたこと等を発表し合う**

1 総当たり戦・対抗戦について

★ゲームの形態は学習のねらいによって変更することが求められる。

総当たり戦

	Aチーム	Bチーム	Cチーム	Dチーム
Aチーム		0-3 ×	1-2 ×	3-4 ×
Bチーム	3-0 ○		2-0 ○	4-2 ○
Cチーム	2-1 ○	0-2 ×		1-2 ○
Dチーム	4-3 ○	2-4 ×	2-1 ○	

○様々なチームと対戦することができる。
○自分のチームの特徴をつかみやすい。
△そのつど相手が変わるので作戦について振り返りにくい。

対抗戦

| AvsB | チームの時間 | AvsB |

1単位時間

○対戦相手が固定するため1回目の試合結果をもとに2回目の試合をどうするか話し合いがしやすい。
○1回目の試合の改善点が修正できたのか振り返りがしやすい。
△固定したチームと対戦するため、勝敗が一定になり**モチベーションが下がるチーム**もある。

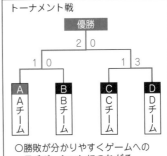

トーナメント戦

優勝

2　0

1　0　　　　1　3

A Aチーム　B Bチーム　C Cチーム　D Dチーム

○勝敗が分かりやすくゲームへのモチベーションにつながる。
○子供になじみがあり行いやすい。
△勝敗に思考が左右され、めあてを振り返りにくい。

キャプテン同士で話し合って決めたり、負けが多いチームから優先的に対戦相手を決めたり（指名制）するなどの実態に応じて配慮が必要である。

2 チームの時間について

★単元後半では作戦に対しての振り返りが学習の重点となる。考えた作戦が有効だったか、ゲーム結果だけでなく、内容をもとに振り返る必要があるためゲーム内容の記録が求められる。しかし記録カードが複雑すぎると、記録が煩雑になったり指導時間が圧迫されたりするので注意が必要である。

【記録カードの例】

記録カード		月　日（　）
チーム名【　　　】	対戦相手【　　　】	

	ゲーム①	ゲーム②
ドリブル	正T	
パス	下	
シュート	正一	
得点	一	

正の字でうまくいった回数を記録しよう

記録カード		月　日（　）
チーム名【　　　】	対戦相手【　　　】	

	ゲーム①				ゲーム②			
Aさん	/	/	/	◎				
Bさん	V		V	V	○			
Cさん	○	V	/					
Dさん		◎	V					

シュートは○、得点は◎、パスはV、ドリブルは／で、記録しよう

【ICT機器を活用する例】

タブレットで動きをチェック

苦手な子供にとってもゲーム中のできごとを振り返りやすく、話し合いに参加しやすい。データ管理することで前時との比較もできるようになる。

第6時
247

本時案

作戦を立てて
対抗戦を楽しもう②

7/10

本時の目標

　チームの特徴に応じた作戦を考えてゲームに取り組むことができるようにする。

評価のポイント

　仲間のよさを生かした作戦を考え、作戦を意識してゲームに取り組むことができたか。

週案記入例

[目標]
自分たちのチームの特徴に応じた作戦を立てることができるようにする。

[活動]
自分たちのチームの作戦を考えてゲームに取り組む。

[評価]
チームの特徴に応じた作戦を考えたり作戦を意識した動きをすることができたか。

[指導上の留意点]
チームの時間は作戦を確認するだけでなく、ゲームを振り返ったり次のゲームのめあてを考えたりできるようにする。

本時の展開

	時	子供の活動
はじめ	5分	**集合・あいさつ** ○今日の学習内容を知る。 ○学習のめあてを立てる（チームごと）。
準備運動 ボール慣れ	3分	**本時の運動につながる準備運動をする** ○音楽やリズム太鼓に合わせて動的な準備運動をする ○一人１個ボールを持ち、ボールタッチやドリブル等、ボール操作に慣れる運動に取り組む。
ゲーム① 前後半４分ずつ	10分	**ゲーム（対抗戦①）を行う** 1 ○記録係は作戦が有効だったか記録する。
振り返り チームの時間	9分	**チームで活動する** 2 ○チームごとに作戦を確認する。 ○記録カードをもとに作戦がどうだったのか振り返る。 ○次のゲームに向けて動きを確認したり練習したりする。
ゲーム② 前後半４分ずつ	10分	**ゲーム（総当たり戦）を行う。** ○記録係は作戦が有効だったか記録する。
整理運動	3分	**運動で使った部位をゆったりとほぐす** ○足首などを中心にゆっくりと動かし、ほぐす。 ○怪我がないかの確認をする。
まとめ	5分	**(1)今日の学習について振り返り、学習カードに記入する** 　①楽しく運動できたか。 　②仲間と作戦を考えることができたか。 　③仲間と助け合って安全に運動できたか。 **(2)運動についてや仲間と助け合えたこと等を発表し合う**

1 ゲーム中の指導と評価

　審判は子供同士の相互審判にしたり、審判係を設けたりするなどし、教師は子供の学習に対して、指導と評価を適切に行うことが求められる。

勝ちが続き、作戦が機能している
チームに対して

・勝敗の結果ではなく、具体的にどこがよいのか称賛する。
・次はどうしたか問いかけ、めあてが具体的になるよう言語化させる。
・大きな声で称賛し、他のチームによいところを伝える。

負けが続き、作戦が機能していな
いチームに対して

・チームに進んで関わり、具体的に修正すべきポイントを伝える。
・うまくいった時を見逃さず、どうしてうまくいったのか具体的に伝える。
・よくなったところを伝えるなど具体的な励ましの言葉をかける。

運動が苦手な子供に対して

・1単位時間に全ての子供を具体的に指導と評価するのは難しいため、前時の様子やカードへの記述から重点的に関わる子供をあらかじめ決めておく。
・どのように動いたらよいか手をひいて教えたり空いている場所を伝えたりするなど直接的に指導する。

2 チームの時間の指導と評価

　「主体的に学習に取り組む態度」「思考力・判断力・表現力等」を評価したり指導したりする上で、チームの時間（「めあてを立てる」「作戦を振り返る」「1単位時間の学習を振り返る」）の場面での教師行動が重要となる。

勝ちが続き、作戦が機能している
チームに対して

・うまくいった場面を言語化させ、自分たちの学びを振り返らせる。
・振り返りが終わったら練習に取り組むよう促す。
・よいところを全体に紹介し、他のチームによいところを伝える。

負けが続き、作戦が機能していな
いチームに対して

・チームに進んで関わり、どうしたらよくなるか具体的に指導する。
・新たな作戦を試すことを促したり、よいところを授業のまとめで取り上げて称賛したりする。
・お互いのよかったところを伝え合わせ前向きな雰囲気づくりをする。

運動が苦手な子供や意欲的でない
子供に対して

・よい動きを動画で見せるなどして具体的な指導をする。
・作戦を確認させ、自己の役割を認識させる。
・励ましや挨拶などよいところを積極的に称賛し、チーム内での貢献を自覚させる。

本時案

作戦を立てて
対抗戦を楽しもう③

8/10

本時の目標

　チームの特徴に応じた作戦を考えてゲームに取り組むことができるようにする。

評価のポイント

　仲間のよさを生かした作戦を考え、作戦を意識してゲームに取り組むことができたか。

本時の展開

	時	子供の活動
はじめ	5分	**集合・あいさつ** ○今日の学習内容を知る。 ○学習のめあてを立てる（チームごと）。
準備運動 ボール慣れ	3分	**本時の運動につながる準備運動をする** ○音楽やリズム太鼓に合わせて動的な準備運動をする。 ○一人１個ボールを持ち、ボールタッチやドリブル等、ボール操作に慣れる運動に取り組む。
ゲーム① 前後半４分ずつ	10分	**ゲーム（対抗戦①）を行う** ○記録係は作戦が有効だったか記録する　1
振り返り チームの時間	9分	**チームで活動する** ○チームごとに作戦を確認する。 ○記録カードをもとに作戦がどうだったのか振り返る。 ○次のゲームに向けて動きを確認したり練習したりする。　2
ゲーム② 前後半４分ずつ	10分	**ゲーム（総当たり戦）を行う** ○記録係は作戦が有効だったか記録する。
整理運動	3分	**運動で使った部位をゆったりとほぐす** ○足首などを中心にゆっくりと動かし、ほぐす。 ○怪我がないかの確認をする。
まとめ	5分	**(1)今日の学習について振り返り、学習カードに記入する** 　①楽しく運動できたか。 　②仲間と作戦を考えることができたか。 　③仲間と助け合って安全に運動できたか。 **(2)運動についてや仲間と助け合えたこと等を発表し合う**

1 ICT 機器の活用

ゲームの内容をチームで振り返ったり、自分の考えを表現したりするために ICT 機器を有効に活用する。

【ICT 機器の撮影場所】

タブレット

センターラインの横、自陣ゴールの後ろ、相手ゴールの後ろ、など撮る場所によって映像の見え方が異なるため事前に何を撮るのか確認する。

【チームの振り返りの例】

ゲーム①の、1点目の得点場面を見てみよう！

「作戦について振り返ろう」など視点を明確にさせる指導の後、動画を見るようにさせる。

【自分の考えを表現する例】

みんなが中央に集まりすぎているから、次はもっとサイドを使って攻めよう！

具体的な場面を映像で振り返ることで苦手な子供も自分の考えを言語化することができる。

2 チームの時間の練習

練習例と練習のねらいを掲示物にするなどし、子供が選びやすいようにする。

【3対2】

数的優位な状況をつくることで、攻め方の確認をしやすくする。

【3対2ハンドサッカー】

手を使うことで、攻め方の確認をしやすくする。

【4対2（ゴールなし）】

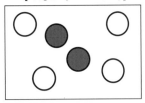

相手のいないところに動いたり、フリーの味方にパスを出したりする練習をする。

【ボールを受けてシュート】

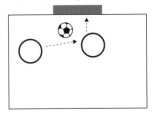

「止める」「蹴る」の動作の確認をする。

【走りこんでシュート】

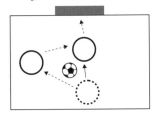

スペースに動いてから、「蹴る」の練習をする。

【ロングパス、キープ】

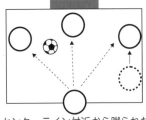

センターライン付近から蹴られたボールを止める練習をする。

本時案

サッカー大会を
開こう①

本時の目標

学習してきたことを活かし、学級全員でサッカー大会を楽しむことができるようにする。

評価のポイント

今までの学習で学んだことを活かして、サッカー大会の運営、参加をすることができたか。

週案記入例

[目標]
今までの学習を振り返り、サッカー大会を開く。

[活動]
サッカー大会を企画・運営したり、参加・応援したりする。

[評価]
今までの学習内容を生かしてサッカー大会に参加することができたか。

[指導上の留意点]
全員の子供で役割を分担し、全員がサッカー大会の運営に貢献できるようにする。

本時の展開

	時	子供の活動
はじめ	5分	**集合・あいさつ** ○今日の学習内容を知る。
大会の準備	10分	**大会を楽しむための準備をする** 🔲1 ○チームの中での役割を決める。 ○必要な用具の準備をする。 ○６年○組サッカー大会の開会式を行う。
サッカー大会	22分	**ゲームを行う** ○準備運動をする。 ○前時までの学習を活かすことができるようにする。 ○対戦方法は子供と相談し、決定する。 ○勝敗にこだわるのではなく、作戦を意識してゲームに取り組むことができるようにする。
整理運動	3分	**運動で使った部位をゆったりとほぐす** ○足首などを中心にゆっくりと動かし、ほぐす。 ○怪我がないかの確認をする。
まとめ	5分	**(1)今日の学習について振り返り、学習カードに記入する** 　①楽しく運営したり運動したりできたか。 　②楽しく取り組むための方法を考えることができたか。 　③仲間と助け合って安全に運営したり運動したりできたか。 **(2)運動についてや仲間と助け合えたこと等を発表し合う**

1 サッカー大会を楽しむために

「全員が参画すること」「全員が楽しむこと」「今までの学習を生かすこと」を共通課題とした上で、大会の企画運営を子供が主体となって行うようにする。

【掲示物の例】

> ☆6年〇組サッカー大会☆
>
> | 目標 | 今までの学習を生かして全員でサッカーを楽しもう！ |
> |---|---|
>
> 1. はじめの言葉
> 2. ルール説明
> 3. サッカー大会
> 4. 振り返り
> 5. 表彰
> 6. 先生から

目標を可視化したり、意欲の向上につながるものを子供と作成する。

【役割分担の例】

（　　　　　）チーム

役割	名前
司会	Aさん
審判	Bさん
掲示物	Cさん
用具	Dさん
実況・盛り上げ	Eさん
賞状づくり	Fさん

一人一役を決めたり、他のチームの同じ係の友達と協力したりすることで参画の意識を高める。

【話し合いの例】

> トーナメントだと負けたチームはどうしよう？指名制で対戦相手を決めるのはどうかな？

「全員が楽しめるか」という視点で話し合うようにする。

【賞状の例】

> ☆表彰状☆
> ナイス応援賞
> 〇〇チーム殿
> あなたたちのチームはどのチームよりも温かい声援の声が響き…

> ☆表彰状☆
> ナイス作戦賞
> 〇〇チーム殿
> あなたたちのチームはチームに合った、チーム全員が活躍できる…

勝敗だけでなく、様々な要素をもとに称える賞状を複数用意する。

【学習を生かす例】 大会ではあるが、学習したことを生かしている子供は進んで称賛するようにする。

> どんなときでも、挨拶や勝敗の受け入れは大切だね！しっかり行おう！

> パスがあまりつながらなかったから、フリーの味方を見付けたらすぐにパスを出すようにしよう

本時案

サッカー大会を
開こう②

本時の目標

　学習してきたこと生かし、学級全員でサッカー大会を楽しむことができるようにする。

評価のポイント

　今までの学習で学んだことを生かして、サッカー大会の運営、参加をすることができたか。

週案記入例

[目標]
今までの学習を振り返り、サッカー大会を開く。

[活動]
サッカー大会を企画・運営したり、参加・応援したりする。

[評価]
今までの学習内容を生かしてサッカー大会に参加することができたか。

[指導上の留意点]
全員の子供で役割を分担し、全員がサッカー大会の運営に貢献できるようにする。

本時の展開

	時	子供の活動
はじめ	5分	**集合・あいさつ** ○今日の学習内容を知る。
大会の準備	10分	**大会を楽しむための準備をする** 1 ○チームの中での役割を決める。 ○必要な用具の準備をする。 ○６年○組サッカー大会の開会式を行う。
サッカー大会	22分	**ゲームを行う** ○準備運動をする。 ○前時までの学習を活かすことができるようにする。 ○対戦方法は子供と相談し、決定する。 ○勝敗にこだわるのではなく、作戦を意識してゲームに取り組むことができるようにする。
整理運動	3分	**運動で使った部位をゆったりとほぐす** ○足首などを中心にゆっくりと動かし、ほぐす。 ○怪我がないかの確認をする。
まとめ	5分	(1)**これまで学習について振り返り、学習カードに記入する** 2 　①楽しく運営したり運動したりできたか。 　②楽しく取り組むための方法を考えることができたか。 　③仲間と助け合って安全に運営したり運動したりできたか。 (2)**運動についてや仲間と助け合えたこと等を発表し合う**

1 スポーツとの多様な関わり

「する」「みる」「支える」の視点をもとに、スポーツとの多様な関わりをもち、スポーツの意義や価値に触れ、豊かなスポーツライフの実現を目指す。

【具体的な子供の姿】

審判がいるから、安全に楽しくゲームに取り組むことができるね！文句を言わずに感謝しよう！

楽しい大会になるように丁寧に字を書こう！

○○チームはいつも全力プレイで見ていて気持ちがいいな！どっちのチームも最後まで頑張れ！

2 子供の記述を指導に生かす

　カードや体育ノートへの記述は、「子供の考えを読み取り、教師が指導を改善するため」「子供が自己の学びをメタ認知的に振り返り、自己の学習を改善するため」に重要である。丁寧に読み取り、指導に生かしていく。

どうして次はそのようにしたいと考えたの？そのために次の時間はどんなことをするの？

なるほど。○○チームは今作戦がうまくいっていないのか。次の時間の作戦も心配だな。次は重点的に関わるようにしよう

DVD 収録資料

「ゴール型（サッカー）」学習カード

使用時 **第1～10時**

個人用カードは単元を通して使用する。子供が自己の学習を振り返ることに重点を置く。チームカードはチームのめあてや作戦に対して、個人のめあてを書いたり振り返ったりできるようにする。

収録資料活用のポイント

①使い方

15-01（個人カード）は画用紙に印刷したり体育ノートに添付したりして、個人で保管する。15-02 と 15-03 はチームで共有する。チームの時間に活用できるよう板目紙に貼るなど強度を工夫する必要がある。また。板目紙に貼り付ける際は前時との比較ができるように貼りためさせていきたい。

②留意点

子供が具体的なめあてを立てたり、学習を振り返ったりできるように文章で記述させたい。一方で運動時間が短くならないように短時間で記述するように繰り返し指導したい。15-01 では、自己との対話、15-02 と 15-03 では、仲間との対話が目的となるため、指導の重点によって使い分けたい。

学習カード 6-15-1

「サッカー」めあてカード

日にち（　　　　　　　）

6年　　組　　番　名前（　　　　　　　）

	めあて（②から自分で書きます）	振り返りの視点→楽しく取り組めたか、ルールや作戦を考えられたか、仲間と協力できたか、今日できた・分かったこと、次の時間のめあて
① 月 日	全員で楽しみながら 試しのゲームをしてみよう!	
② 月 日		
③ 月 日		
④ 月 日		
⑤ 月 日		
⑥ 月 日		
⑦ 月 日		
⑧ 月 日		
⑨ 月 日		
⑩ 月 日		

学習カード 6-15-2

「サッカー」記録カード

日にち（　　　　　　　）

6年　　組　　番　名前（　　　　　　　）

ボール運動「サッカー」

チーム名	対戦相手	記録者

〈使い方〉

・「正」の字を書いて、チームの友達のよいところを見付けましょう。

名前	ナイスシュート（得点は線2本）	ナイスドリブル	ナイスパス（仲間にパスをする）	ナイス動き（空いているスペースに動く）	ナイスディフェンス	ナイス声（アドバイスやボールを呼ぶ声）
① さん						
② さん						
③ さん						
④ さん						
⑤ さん						
⑥						

月　　日

「サッカー」チームカード

チーム名【　　　　　　　　　　　　】

①チームの学習課題

②チームの作戦

作戦

合言葉　「　　　　　　　　」

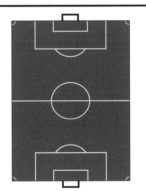 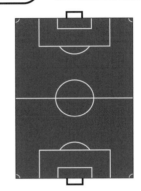

③チームの時間の練習

理由

④個人のめあてと振り返り（切り分けておいて、書いたら貼り付けても可）

名前（　　　　）	名前（　　　　）	名前（　　　　）
めあて	めあて	めあて
振り返り	振り返り	振り返り
名前（　　　　）	名前（　　　　）	名前（　　　　）
めあて	めあて	めあて
振り返り	振り返り	振り返り

編著者・執筆者一覧

[編著者]

藤﨑　敬（ふじさき・けい）　　　　元東京都小学校体育研究会会長
　　　　　　　　　　　　　　　　NPO 法人　健康・体育活性化センター理事長

古家　眞（ふるや・まこと）　　　　東京学芸大学教授
　　　　　　　　　　　　　　　　公益財団法人日本学校体育研究連合会理事

[執筆者] ＊執筆順、所属は令和 2 年 3 月 1 日現在

		[執筆箇所]
藤﨑　敬	（前出）	はじめに、第 6 学年年間指導計画
古家　眞	（前出）	第 6 学年における指導のポイント
小清水　孝	港区立港南小学校主幹教諭	単元 1
松井　直樹	東京学芸大学附属大泉小学校主幹教諭	単元 2
高嶋　佑樹	港区立港南小学校主幹教諭	単元 3
安藤　亨	中野区立緑野小学校指導教諭	単元 4
両角　知子	八王子市立第五小学校主任教諭	単元 5、単元 11
永瀬　功二	稲城市立稲城第三小学校長	単元 6
今井　明人	調布市立深大寺小学校主任教諭	単元 7
青鹿　和裕	世田谷区立中町小学校長	単元 8
福多　信仁	葛飾区立南綾瀬小学校副校長	単元 9
森賀　慎一	杉並区立浜田山小学校副校長	単元 10
野口　由博	港区立青南小学校主幹教諭	単元 12
菊池　修	立川市立第九小学校長	単元 13
矢田　啓将	江戸川区立船堀小学校教諭	単元 14
世取山拓平	港区立港南小学校主任教諭	単元 15

『イラストで見る全単元・全時間の授業のすべて　体育　小学校 6 年』付録 DVD について

・各フォルダーには、以下のファイルが収録されています。
① 板書の書き方の基礎が分かる動画（出演：成家雅史先生）
② 授業で使える短冊類（PDF ファイル）
③ 児童用の学習カード・資料
④ 付録イラストデータ（Png ファイル）
・DVD に収録されているファイルは、本文中では DVD のアイコンで示しています。
・これらのファイルは、必ず授業で使わなければならないものではありません。あくまで見本として、授業づくりの一助としてご使用ください。また、付録イラストデータは本書と対応はしていませんので、あらかじめご了承ください。

【使用上の注意点】
・この DVD はパソコン専用です。破損のおそれがあるため、DVD プレイヤーでは使用しないでください。
・ディスクを持つときは、再生盤面に触れないようにし、傷や汚れ等を付けないようにしてください。
・使用後は、直射日光が当たる場所等、高温・多湿になる場所を避けて保管してください。
・PDF ファイルを開くためには、Adobe Acrobat もしくは Adobe Reader がパソコンにインストールされている必要があります。
・PDF ファイルを拡大して使用すると、文字やイラスト等が不鮮明になったり、線にゆがみやギザギザが出たりする場合があります。あらかじめご了承ください。

【動作環境　Windows】
・〔CPU〕Intel® Celeron® プロセッサ360J1. 40GHz 以上推奨
・〔空メモリ〕256MB 以上（512MB 以上推奨）
・〔ディスプレイ〕解像度640×480、256色以上の表示が可能なこと
・〔OS〕Microsoft Windows10以降
・〔ドライブ〕DVD ドライブ

【動作環境　Macintosh】
・〔CPU〕Power PC G4 1.33GHz 以上推奨
・〔空メモリ〕256MB 以上（512MB 以上推奨）
・〔ディスプレイ〕解像度640×480、256色以上の表示が可能なこと
・〔OS〕Mac OS 10.12（Sierra）以降
・〔ドライブ〕DVD コンボ

【著作権について】
・DVD に収録されているファイルは、著作権法によって守られています。
・著作権法での例外規定を除き、無断で複製することは法律で禁じられています。
・DVD に収録されているファイルは、営利目的であるか否かにかかわらず、第三者への譲渡、貸与、販売、頒布、インターネット上での公開等を禁じます。
・ただし、購入者が学校での授業において、必要枚数を子供に配付する場合は、この限りではありません。ご使用の際、クレジットの表示や個別の使用許諾申請、使用料のお支払い等の必要はありません。

【免責事項】
・この DVD の使用によって生じた損害、障害、被害、その他いかなる事態についても弊社は一切の責任を負いかねます。

【お問い合わせについて】
・この DVD に関するお問い合わせは、次のメールアドレスでのみ受け付けます。　tyk@toyokan.co.jp
・この DVD の破損や紛失に関わるサポートは行っておりません。
・パソコンやアプリケーションソフトの操作方法については、各製造元にお問い合わせください。

イラストで見る　全単元・全時間の授業のすべて

体育 小学校 6 年
～令和 2 年度全面実施学習指導要領対応～

2020（令和 2）年 3 月 1 日　初版第 1 刷発行
2024（令和 6）年 6 月 21 日　初版第 4 刷発行

編 著 者：藤﨑　敬・古家　眞
発 行 者：錦織　圭之介
発 行 所：株式会社東洋館出版社
　　　　　〒101-0054　東京都千代田区神田錦町 2 丁目 9 番 1 号
　　　　　　　　　　　コンフォール安田ビル 2 階
　　　　　代　　表　電話 03-6778-4343　FAX 03-5281-8091
　　　　　営 業 部　電話 03-6778-7278　FAX 03-5281-8092
　　　　　振　　替　00180-7-96823
　　　　　Ｕ Ｒ Ｌ　https://www.toyokan.co.jp

印　　刷：藤原印刷株式会社
製　　本：牧製本印刷株式会社

装丁デザイン：小口　翔平＋岩永　香穂（tobufune）
本文デザイン：藤原印刷株式会社
イラスト：スタジオパペル
DVD 制作：秋山　広光（ビジュアルツールコンサルティング）
　　　　　　株式会社オセロ

ISBN978-4-491-04008-0　　　　　　　　　　　Printed in Japan